人骨檔案

Written In Bone

Hidden Stories In What We Leave Behind

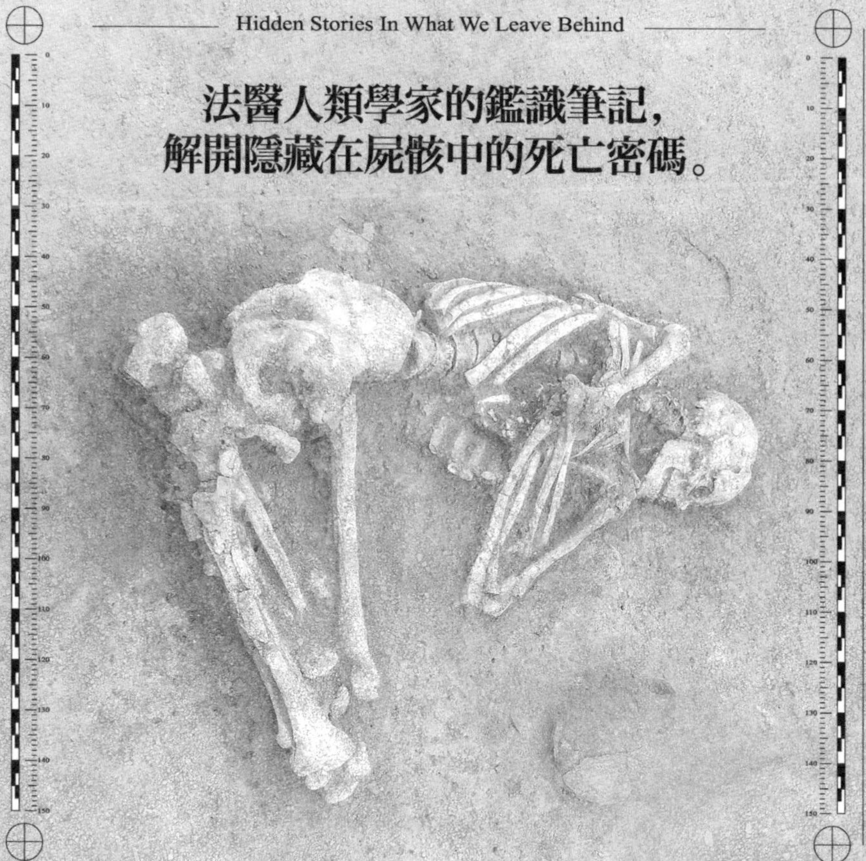

法醫人類學家的鑑識筆記，
解開隱藏在屍骸中的死亡密碼。

全球頂尖解剖學家暨法醫人類學家

蘇・布萊克——著

SUE BLACK

譯——陳岳辰

推薦序

進入法醫人類學的真實世界

孫家棟醫師

法醫鑑識是一種由各類專家組成的團隊，當然法醫人類學家的意見也是重要一環，這門專業在國外有特殊證照，如創立世界第一所專門研究人體腐化的實驗場「人體農場」（the Body Farm）、美國田納西大學的 William Bass 博士，曾來臺灣協助井口真理子的骨骸鑑定。而本書作者蘇．布萊克正是以人類學家的身分，訴說在法醫鑑識中所扮演的角色，全書依傳統解剖骨頭的架構分成三大部：顱骨、軀幹中軸骨和四肢；再細分十章分別敘述。

最引人入勝的是作者帶入自身接觸的實際案例，茲將每一部的例子提出分享：

顱骨的章節中，「棚頭謀殺案」最初以為是自然死，後來找到失蹤的頭顱骨和頸椎，藉由頸椎的骨頭切痕將死亡方式由自然死翻盤成他殺。顏面的章節中，作者介紹「行李箱女屍命案」利用電腦和理想中軟組織厚度，以顏面復形法（restoration）或疊影（superimposition）模擬出原有樣貌以協助判案，正確找出受害者身分。面顱包括口腔內的牙齒，可提供樣貌、年齡，甚至DNA的比對，皆有意想不到的效果。此外，作者提出顏面鑑識中不可忽略的洗鼻動作可找出毒物的證據。

第二部背脊的章節提出「賽蒙．弗雷澤骨骸被盜案」，利用開棺發現的骨骸確認歷史懸案。「貝瑞案」分析上吊（hanging）和勒殺（Strangulation）之鑑別，實務上兩者有死亡方式（manner of death）不同的意義，上吊較偏向自殺，在鑑定時特別檢查寰椎（Atlas，第一頸椎）與顱骨交界和腦幹的關係。這一點在現代法醫學實務上仍是非常實用，尤其只剩骨頭的大體頸椎的表現在判斷上吊時更為重要。而胸骨（manubrium）不僅於心臟外且與發育相關，前面所提行李箱女屍案部分即是根據胸骨來推斷年齡。此章更提出「嬰兒搖晃症後群」（Shaken Baby Syndrome）的爭議，其中肋骨有無骨折與虐兒有很大的關聯性；虐兒通常有新舊骨折存在。此章最後還提到藉由肉眼和顯微鏡判定舌骨斷裂是發生在死前、死後，還是死時的精彩案例。

最後一部主要介紹胸帶（shoulder girdle）及骨盆帶（pelvic girdle）兩個連接點。在英國法律中，懷孕二十四週是辨別死產或墮胎的分界點，而胎兒胸帶中的鎖骨尤其具有判斷力；作者提出鎖骨在胎兒二十四週的長度特別精準之理論，並藉此鑑定出一堆骨骸中有三個嬰兒的骨骸，根據鎖骨推斷為四十週左右，這也是一項法醫人類學的鑑定例。然而也有因時間而無法判定是活胎或死產的案例。而在「瑪瑟拉案」中，被害者被焚燒到剩小碎骨且無法驗DNA，後來根據牙科紀錄確定死者身分，儘管已無法確認死亡原因及死亡方式。由此可知並非所有鑑定實務一定都能夠確定死因，但至少要想辦法確認身分。骨盆帶則是目前實務用於判定年齡和性別重要的骨頭，甚至可找到胎兒的骨頭而推測懷孕。還有十一歲男孩的自殺案，藉由長骨上的哈里斯線配合調查，才發現死者爺爺施暴的真相。另外，骨頭在分屍案也占有相當角色，書中案例藉由長骨比對失蹤人口，尋線找到人頭而順利破案。作者也提出以骨頭來辨別慣用左手或右手的有趣例子。

諸如這些作者親身接觸的案例，目的不在於呈現作者有多厲害，而是闡示法醫鑑定團隊的重要：法醫病理、法醫牙科、法醫毒物、法醫生物學家，甚至現在被重視的法醫昆蟲學家（Forensic Entmologist）。此外，檢調系統和鑑識搜集都必須完整，畢竟鑑識團隊也沒有看到案件實際發生的經過，唯有完整的配合才能得出最接近真實的結果。本書由書名《人骨檔案》看來像是專業的法醫書籍，實際上作者利用淺顯的字句加上實際的案例，引領讀者進入法醫人類學的真實世界，不僅適合一般有興趣的讀者閱讀，更是合法醫師對日常實務的理論補充（畢竟作者提出很多實務的理論說明）。就我個人三十多年的實務和一九九二年在美國 Smithonian 人類學進修過的經驗，仍然頗有收穫，期待並榮幸推薦給有興趣的讀者。

本文作者為臺大法醫學研究所教授暨臺大醫院病理部主治醫師

推薦序

解讀人體骨骼的無字天書

吳木榮醫師

走入血肉，檢視骨骼，解讀夙影，還原真相。

常有學生、法醫人、刑事人員和檢察官問到：「這些枯朽骨骼，能看出什麼端倪呢？」聽完這句話後，我總是淡淡地笑道：「她是女的，臺灣人，有年六十幾了，身高一百五十幾公分，脊椎上有骨刺，腦部有開過刀，另外，她是被人掐死的！」他們聽了這些話之後，一個個瞠目結舌說不出話來，面露佩服之色！但是隨後又問到：「法醫怎麼會知道這些資訊？」我則雲淡風輕地回著：「是法醫人類學告訴我的，讓我能一步一步地解讀出她的生活資訊、病史、死亡原因及死亡方式。」

什麼是法醫人類學（forensic anthropology）呢？這是一門專門研究人類殘骸知識，而應用於犯罪偵查和司法調查審判上的法醫學門。在美國最著名的大師是William M. Bass，於二〇一一年九月二十七日創建了The Dr. William M. Bass III

Forensic Anthropology Building 法醫建築物。

本書作者 Susan Margaret Black 是另一位在英國非常有名的法醫人類學大師，也是英國法醫人類學協會的主席及國際法醫人類學的身體力行者，其著作當然是深入淺出，經驗豐富，令人津津樂道！

本書包括基本的人體骨架介紹及配合上其相關的司法案例，如果你是文學愛慕者，就像是在看犯罪推理小說；如果你是法律人，對法醫學識會有極大的幫助；如果你是醫學追風者，更是如魚得水；如果你是一般的市井小民，則會有長者說書的感受，深入內心！

這是一本值得各位讀者深入探索的法醫書，謹此與諸君共勉之！

本文作者為臺大醫學院法醫學科暨研究所醫師

獻給湯姆Tom，

我整個人生似乎始於你也終於你。

目錄

前言

人體骨架

血肉會遺忘，骨頭卻能記住。

——作家強恩．傑佛遜 Jon Jefferson

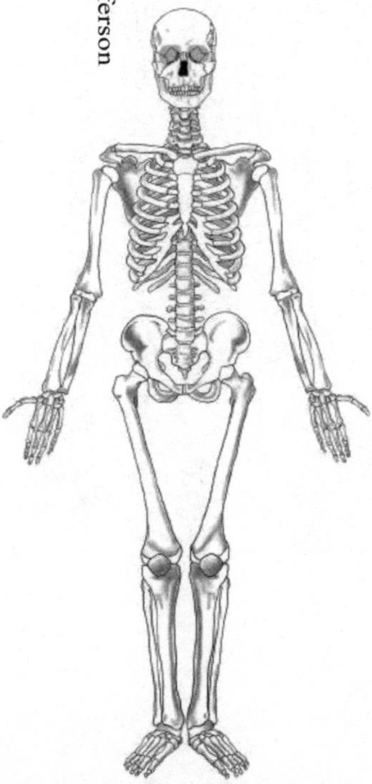

人類保存生命記憶的器官並非只有大腦。成人骨骼超過兩百塊，各有不同故事；有些骨骼很願意分享，但也有些守口如瓶，想問出真相需要研究者的敏銳和耐性。骨骼是身體的支架，比起皮膚、脂肪、肌肉和臟器更晚回歸塵土。它們堅固，能夠維持人類形態的直立與穩定，也因此理所當然會見證生命直至最後。

通常我們看見的骨骸已經失去水分與生氣。其實人活著的時候骨頭也活著，切開會流血、敲碎會疼痛，受損了會試圖自癒並回復原貌。骨頭隨著我們成長，根據生活模式做出調適變化。既然骨頭具有生命又結構複雜，當然也就會透過周圍動脈自消化系統取得養分，再經由同樣複雜的靜脈和淋巴網絡排出廢棄物。

骨骼不斷吸收或轉換特定物質才變得如此堅硬，其中包括鈣與磷這類礦物質，微量元素如氟化物、鍶、銅、鐵、鋅等等。但是如果骨骼純粹由無機物構成會很容易折斷，因此需要有機緩衝成分膠原蛋白（collagen）賦予它柔韌性。膠原蛋白的命名淵源是「膠」（glue）的希臘字根，而它也名副其實將礦物成分黏著於骨骼，造就剛柔並濟的完美組合。

我在學校教室裡會透過實驗展示骨骼的二元性：找兩塊骨頭，通常是兔子的大腿骨（大多是我父親去打靶帶回來的）。第一塊放進爐子燃燒去除有機物，骨頭裡就沒了維持結構的彈性成分，剩餘的基本上只是灰燼。燒完取出時外觀看似變化不大，但輕輕碰觸就會斷裂粉碎。

另一塊骨頭則用鹽酸浸泡去除礦物成分，取出的骨頭缺乏礦物質也跟著失去了硬度，以手指按壓會感覺它Q彈得如同橡皮擦，即使彎曲兩端繞個圈也不會折斷。由此可見，純粹的有機或無機都會導致骨骼失去功能，兩者相輔相成才可以支撐人類的生存演化。

骨骼外表堅硬，但從橫切面看得到內部另有一層結構，帶骨食材或給狗兒咬的骨頭是很好的觀察對象。厚而硬的外層稱為緻密骨（compact bone），視覺上與象牙相似。細密格狀的內層稱作枝狀骨、海綿骨或者鬆質骨（cancellous bone），形狀類似蜂巢，孔隙裡是血管與構成骨髓的脂肪，紅血球、白血球與血小板在此生成。換言之，骨骼並非只是放置肌肉的框架，還承擔了儲藏礦物質、生產血液成分以及保護內臟的重責大任。

人類一生中骨骼會持續重組，學界認為骨架大約每十五年經歷一輪完整更新，但各部位變化速度不同，例如鬆質骨較快、緻密骨最慢。鬆質骨常會出現小破損和個別區塊碎裂，必須在失去支撐力之前完成修補。修補過程一般而言不會影響骨架形狀，但既然是壞了才修，年紀又會影響人體再生能力，骨架形狀便隨歲月增長漸漸變化。

因此骨骼是否保持最佳狀態與養分攝取息息相關。骨骼的礦物質密度約在四十歲達到高峰，耗損隨年齡增加，懷孕及哺乳婦女的需求也比較高，缺乏礦物質會導致骨質易碎的問題。停經後女性尤其明顯，內分泌變化與雌激素不足，保護作用降低，礦物質像打開水門傾瀉後一去不返，骨骼變得特別脆弱，也就是所謂的骨質疏鬆，因此容易骨折，好發於手腕、臀部、脊椎。不過任何部位因跌倒或其他外傷受創都很危險，而且不必大動作，一個不小心扭到都有可能骨折。

所以建議未成年到成年之初要攝取大量礦物質。鈣質對骨骼是最重要的元素，通常鈣質最佳來源是奶類，所以二次大戰後英國小學開始供應免費牛乳，目前五歲以下幼童在幼稚園仍享有這項福利。

另一項對骨質很重要的養分是維生素D，它能幫助人體吸收需要的鈣和磷。維生素D雖然能從奶蛋以及含油較高的魚類攝取，但最好的辦法其實是曬太陽，陽光中的UVB可以將皮膚內的膽固醇轉換為維生素D。維生素D不足會引起許多臨床症狀，孩童尤其為甚，嬰兒太長時間裹襁褓、幼兒足不出戶會罹患軟骨症，導致骨質軟而脆，表現為下肢的O型腿或X型腿。

封存在骨骼裡的記憶

無論組織軟硬，人體幾乎各部位都會留存我們的生活體驗、習慣與活動痕跡，使用對應工具便能取得跡證進行解讀詮釋。舉例而言，酗酒會在肝臟留下疤痕，冰毒成癮造成牙齒腐爛退化（即所謂「冰毒嘴」），而高脂肪飲食不僅在心血管手術切開胸腔後能得到印證，其實從皮膚、軟骨、骨骼都看得出端倪。

許多記憶也封存在骨骼內，比方說素食者的骨頭很不同，而鎖骨癒合的縫隙可能是騎車摔過，常去健身房做重訓不只會增加肌肉量，對應部位的肌肉與骨骼密合度也更高。

或許這些並非常人所謂的「記憶」，但的的確確像一張原聲帶保留我們生活的每個小節，可惜平常無法播放，多半是由他人透過醫學造影，或死於非命時為查明身分與死因進行解剖檢驗才得以聆聽。

要受過專業訓練才能聽得懂藏於骨骼的樂曲，然而完整重現所有音符是不切實際的期待。即便如此，很多時候需要的只是蛛絲馬跡，好比聽見前奏就猜得到曲名。

法醫人類學家的工作是將骨骼視為唱盤，以專業唱針在表面搜索可供辨識的片段，取得身體記憶後轉譯為人生樂章，再現許久前已然終止的演奏。多數狀況下，演奏者生命已經結束，我們試圖還原這副軀體度過怎樣的人生，抽取儲存其中的經驗拼湊出故事，若是可以便將姓名歸還。

法醫人類學從法醫學的角度研究人類，或者說人的遺體。面對遺體，無論是否完整，執業人士需要探究四個基本問題。一般而言，只要由正確的人以正確的方式提出了正確的問題，這些都能迎刃而解。

基本問題第一題：是人類的遺骸嗎？

在意料之外的情況下發現骨頭時，這個問題沒得到解答之前，警方連展開調查的理由也沒有。若專家向警方表示遺骸為人骨，最後卻發現其實是貓、狗、豬，甚至烏龜，結果不僅勞師動眾還所費不貲。因此法醫人類學家必須能夠確認自己面對的骸骨來自何種生物，這也代表他們得對服務地區常見物種的骨骼有充分知識。

英國四面環海，常有各種生物遺體被沖上岸，其中許多屬於海洋生物，所以本地法醫人類學家必須能識別海豹、海豚、鯨魚生前死後、以至於腐爛中的各部位長相。

同時我們也要熟悉各種家畜，牛馬羊豬都不例外。寵物貓狗自然不必贅言，野生動物如兔、鹿、狐狸同樣不能放過。每種動物的各部位骨骼都存在些微差異，但若功能相同外觀就會高度相似，股骨（即大腿骨）無論在馬還是兔子身上都差不多形狀，必須透過體積大小與其他細節做研判。

不同物種但有共同先祖的情況更難判斷，比方說綿羊與鹿的脊椎骨就不容易分辨。所幸大部分動物與人類的骨頭有明顯區隔，只要調查人員具備基礎解剖知識應當不至於混淆。但是仍有需要警覺的情況，例如人類與豬的肋骨很像，馬尾骨與人類指骨也神似。最危險的當然是生物學遠親，也就是其他靈長類動物。以英國而言，這類情況不算常見，但鑑識科學領域的黃金原則就是不要覺得理所當然就掉以輕心，後面章節會以真實案例進一步說明。

骸骨會出現在地表也會出現在地底。我們可以推論把遺體埋葬好是有意為之的行為，通常行為者是人類。我們直覺認為人會埋人也會埋葬自己愛護的動物，多數是寵物。另一項原則是，埋葬動物的地點較隨意，花園或樹林都無妨，但埋葬人類就有特定地點，正常都是在墓園。如果人類遺體就這麼躺在地上，或被埋在不合乎常識的環境，如居家後院或農田，法醫就有一連串問題需要找出答案，白話說法就是該啟動調查了。

基本問題第二題：遺體是否值得進一步檢驗？

遺體或許被發現不久，但並不代表死亡時間也不久，挖到羅馬帝國時代的骸骨，再怎麼調查也不會破案。犯罪類電視劇裡，人物角色面對醫師、病理學家、人類學家總是劈頭就問：「這人死了多久？」其實這並不是個簡單的問題，但粗淺判斷的話，還有皮肉附著、保有脂肪、散發臭味就代表死亡發生在近期，最好展開後續檢驗。

如果骨頭已經乾燥、軟組織不見了就比較棘手。依據地理區不同，遺體進入這個階段所需要的時間也有差異。溫暖氣候下昆蟲活動頻繁，未經埋葬的遺體只要一兩週就只剩下骨骸，但埋葬後由於土壤冰涼、昆蟲活動大減，化為骸骨的時間難以估計，短則兩週、長者可達十年。相對地，遺體在極度寒冷乾燥的地方或許擺多久都不會化為白骨。變數過多讓警方很頭疼，然而研判死後間隔時間的技術限制目前還是無解。

基於實務需求，遺體死亡超過一定時間通常可略過後續檢驗，但當然某些情況下無論經過多久都有調查必要。舉例來說，英格蘭西北方薩德沃斯沼澤（Saddleworth Moor）發現未成年人遺骨都必須詳細檢查，因為可能與一九六〇年代伊恩．布雷迪（Ian Brady）和麥菈．辛德利（Myra Hindley）犯下的連續凶殺案有關。該案受害者遺體並未全部尋回，兩個凶手卻已經將真相帶入墳墓。

普遍原則是死亡超過七十年以上者的骸骨很難查出確切死因並成案，技術上通常將其歸於考古學領域。這條分界線只是因時制宜，背後主要理由是人類預期壽命不過如此，但科學上並不存在確切理由阻止我們進行調查蒐證。

某些情況下脈絡是關鍵。死者身旁有羅馬古硬幣、地點又在知名考古遺跡，當然無法引起警方興趣，奧克尼（Orkney）[1]沙丘被風暴暴露出來的屍體也差不多道理。話雖如此，還是會做基本調查以防萬一。法醫人類學家進行初期鑑識，如果結論不夠確切則取樣本送驗。化驗項目主要是碳十四，這種放射性同位素會在大氣與有機物如木頭或骨頭自然生成。一九四〇年代開始，考古學家就活用放射性碳定年法來判斷有機物的年代。動植物死亡以後碳十四含量逐漸減少，換句話說，骨頭年紀越大裡頭的碳十四就越低。碳十四要幾千年才會完全消失，可是放射性碳定年法只對五百年以上的遺骨有意義，無法將死亡時間推近到現代。

巧的是近一百年內地表上放射性碳濃度受到人為干預，核彈試爆創造出人造同位素鍶九十（strontium-90），半衰期僅三十年。由於核試爆前這個同位素根本不存在，如果遺骨含有鍶九十，顯而易見是死者在世時進入體內，所以能夠縮小死亡時間到過去六十年左右。但由此可證，類似檢驗都會隨時間流逝越來越不精準，所以電視上法醫斬釘截鐵表示「遺體被埋在地底十一年」只是戲劇手法。

1. 譯按：蘇格蘭東北部的群島。

基本問題第三題：死者是誰？

遺骸經過確認是近期的人類就必須找出它活著時的身分。雖然基本上沒有人會將姓名刻在骨頭上，但骨骸往往可以提供足夠的線索，藉此比對生前各種紀錄、病例、牙醫紀錄、家族遺傳等等，就有機會查出死者是誰。法醫人類學家的科學專業正是判讀骨頭上的各種訊息。死者是男是女？死亡時的年齡？種族血統？身高多少？

這幾個問題的答案就能夠建立起四項基本的生物特徵檔案：性別、年齡、族裔與身高。例如：男性，介於二十到三十歲，白人，身高在六呎到六呎三吋之間。比對檔案時可以直接排除不符合特徵的失蹤人口，縮小後續調查範圍。為了幫助大家理解偵查規模，最近有個案子，即使有了上述的生物特徵檔案，名單上還是有一千五百個名字等待警方追蹤調查。

法醫人類學家還希望能夠從骨頭裡探知更多訊息。死者是否分娩過？關節炎是否影響行走？髖關節置換術在哪兒做的？橈骨何時斷裂又是如何斷的？左撇子還是右撇子？鞋子穿幾號？幾乎身體各個部位都留存著一段人生故事，活得越久內容越精彩。

想當然耳，DNA鑑定是為死者尋回姓名的王牌之一，不過同樣有技術限制，如果調查員找不到可以比對的樣本，技術再尖端也無用武之地。前提要件是死者曾經留下ＤＮＡ紀錄，但現實生活中僅極少比例人口符合，例如軍警和法醫基於職業因素必須呈交給政府，或者曾經遭到起訴定罪者。但若警方對死者身分有所推測，可以搜查目標住家、辦公室、座車等空間嘗試取得樣本，又或者與目標對象的父母、手足、子女做比對。如果罪犯資料庫裡有親人留下的檔案，也可以迂迴一圈進行比對。

要是分子化學技術幫不上忙，法醫人類學以及人骨研究通常就是最後手段。查出姓名身分前，檢警很難研判犯罪事件經過，更難給司法體系與傷心欲絕的家人一個滿意的交代。

最後一個問題：對於死亡原因與死亡方式的調查有沒有幫助？

就英國而言，法醫人類學家未必具備醫師資格。調查死因與死法顯然是法醫病理學的專業範疇，比方說「死亡方式」若是被害人頭部遭到鈍器重擊，「死亡原因」則應說明為失血過多。不過調查時，病理學與人類學可以截長補短，有些案例中骨頭不僅僅指出死者身分，還能分析他們有過什麼樣的遭遇。

現實常常比小說更離奇

對於死法和死因，法醫人類學家能提出不同層面的問題。孩子身上是否太多癒合的舊傷，除了虐待無法解釋？死亡過程出現骨折，是否指向女子曾經試圖自衛？

不同專家會從不同角度分析人體：臨床醫師主要檢查軟組織和內臟疾病；臨床病理學家化驗腫瘤切片、記錄細胞變化以斷定疾病和症狀的進程；法醫病理學家著重死亡的原因與方式；法醫毒理學家分析包含血液、尿液、眼球玻璃體和腦脊髓液等各種體液，以確認死者是否攝入藥物或酒精。

各領域的專家專注於自身所學，有時反而因此失焦導致見樹不見林。對臨床醫師與病理學家而言，骨頭就是要拿鉗子、電鋸設法切開的障礙，底下別的器官更重要，沒有明顯外傷或疾病時無需多心。法醫生物學家在乎的也不是骨頭本身，而是隱藏在骨頭內部空間的細胞，為了取得裡面的細胞核密碼會把骨頭切斷或磨碎。還有法醫口腔學家雖然關注牙齒，但興趣很少擴及到支撐口腔的其餘骨骼。

所以骨骼裡的樂曲很難得到賞識。明明是人體最持久的部位，延續千百年不壞，即使軟組織的故事結束了，它們依舊在漫長歲月中留存著我們的身體記憶。

既然比對DNA、指紋或牙齒就能查明身分，遺骨自然很少得到關注，專家學者做完那些檢驗也就去忙別的事了。發現遺體之後也許要過好幾個月，甚至好幾年才輪到法醫人類學家上場，直到此時骨頭封存的記憶才得以重見天日。

身為科學鑑識人員沒辦法對工作內容挑三揀四。死亡時間較短、骨骸相對完整時，重建亡者際遇自然簡單；可惜遺體不會總是完好無損或保存得當，不論是否經過藏匿掩埋都會隨時間愈發殘破。骨肉是動物的食糧，也受到天氣土壤等等化學反應影響，能重現的生命音符只會越來越少。

法醫人類學家面對什麼樣的遺骸都要盡力拼湊真相，為此必須瞭解合適的切入點、什麼地方能夠找到線索。如果很多塊骨頭指向同一事件，我們對結論當然更有信心。但若只找得到一塊，我們不得不在詮釋時更加謹慎小心。現實中的法醫人類學家沒有小說戲劇那樣的揮灑空間，每個分析意見都得有憑有據。

法醫人類學處理的人類活動紀錄屬於近代，而非遠古歷史，與骨質考古學、體質人類學[2]有所不同。我們會進入法庭攻防擔任證人，陳述辯護觀點和意見。我們的論述建立在堅實科學基礎上，事前必須充分研究、反覆測試理論正確與否，並且要訓練表達能力以求清楚解釋結論的統計可能性。同時法醫人類學家也要瞭解並遵守《刑事

2. 譯按：biological anthropology，又稱生物人類學。

訴訟程序規則》第十九章對專家證據做出的規定，以及兒少保護法條針對資訊披露、案情文件與未使用資料事後如何處理的規範。一旦陪審團採用專家證詞就牽涉到被告清白，我們理所當然得接受大量的交互詰問，因此科學理解與詮釋不能有疏漏，論述要簡明易懂，準備證據的每個步驟必須符合程序要求。

鑑識科學十分有趣，一度有人視法醫人類學為進入這個領域的捷徑，工作內容也的確令人聯想到懸疑刺激的犯罪小說。然而時空環境已然不同，目前法醫人類學在英國是一門需要王室特許狀（royal charter）的專業，受到政府管理，執業者每隔五年都要重新接受考核、證明能力才能繼續以合格專家的身分出席法庭，業餘偵探在這一行混不下去。

本書旨在帶領讀者遨遊人體，從現實世界的解剖學與法醫人類學的角度進行觀察認識。每個章節鎖定不同身體部位，介紹具備專業素養的法醫人類學家如何確認死者身分、協助病理學家判定死亡原因與方式、與口腔專家或放射科醫師各自發揮所長釐清疑點。此外也會說明生活經驗如何在骨骼留下紀錄，而我們又是如何透過科學手段將其重現。掌握骨骼知識可以發掘許多不為人知的祕密，讀者隨故事一同探索之後或許會有同樣的感慨：現實常常比小說更離奇。

書中引述的案件都是真人真事，但為尊重死者及家屬更動了大部分名字與地點，只有曾經開庭審理、當事人已經被媒體詳細報導過才會寫出真名。即使人走了，還是留點隱私給他們才好。

第一部

頭部：顱骨

The Head: Cranial Bones

第一章

腦的容器：腦顱

生命真實的面貌，就是骷髏頭。

——作家尼可斯．卡山札基 Nikos Kazantzakis，1883-1957

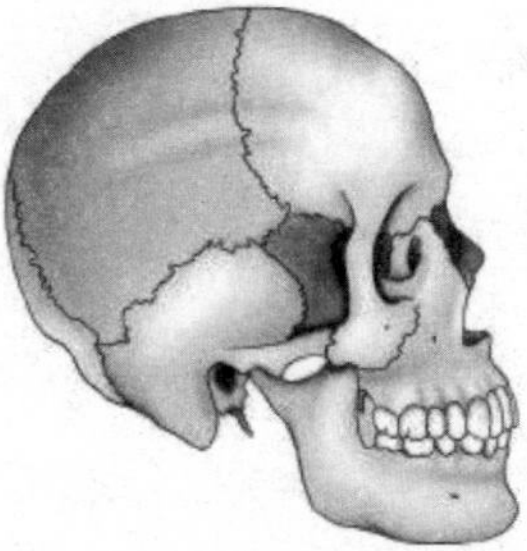

最令人一眼聯想到死亡的圖像就是骷髏頭。自古以來，頭骨或類似意象在多數社會文化裡都具有儀式象徵的意義。即使到了現代，大眾每逢萬聖節仍然習慣以骷髏營造恐怖氣氛。頭骨圖案後來成為重金屬搖滾、重機騎士、早期海盜的愛用標誌，並且是國際通用的毒物警告符號。無論旁人喜歡與否，歌德風T恤也常印上大大的頭骨。

頭骨曾被當作古董。維多利亞時代有特殊的文物交易市場，商品除了裝飾華麗的一般骷髏，還有宣稱來自前哥倫布時期阿茲特克和馬雅文明的水晶頭骨。可惜後來發現都是贗品，實際上出自十九世紀晚期當代人之手，偽造古文明風味只是為了刺激買氣、獲得富裕收藏家青睞。假頭骨不僅能賣錢，還可以當作科學理論的「偽證」：一九一二年皮爾當人偽造事件（Piltdown hoax），研究者對學界發表一顆特殊頭骨，聲稱能夠補足猿猴演化至人類過程中「失落的環節」。根據他的說法，頭骨得自英國薩塞克斯郡皮爾當村的一座砂石坑，然而一九五三年有人提出強而有力的證據揭發真相——作為樣本的腦顱（也就是大腦容器）來自身材瘦小的現代人，形狀怪異的頜骨（顎骨下半部）則取自紅毛猩猩。對重視倫理操守的英國學術界而言，這段歷史頗不光彩。

作為藝術品，骷髏頭也可能具有天文數目的價值。二〇〇七年，達米安・赫斯特（Damien Hirst）充滿視覺衝擊的《天啊》（*For the Love of God*）便是這樣一件作品，名稱由來是他母親常說：「天啊，你又要幹嘛？」他交出的答案十分誇張：以頭骨為模具，純白金打造，表面鑲嵌八千六百顆淨度無瑕的鑽石，前額中央特大號梨形粉鑽代表全知全視的第三眼。評論家認為作品提醒世人何謂死亡，觀者透過人造藝品進行反思，體悟自身壽命終有極限，但藝術與美的不朽或許可以跨越生死永恆延續。據說造價高達一千四百萬英鎊，外界無從確認買主何人，甚至是否真的有人買下收藏，只知道賣價高達五千萬英鎊。

我個人對赫斯特這件作品有兩個想法。大手筆揮灑鑽石是否真有所謂的藝術意涵倒是與我無關，但是作為模具的頭骨據說購自英國大倫敦地區伊斯靈頓自治市（Islington），這點就令我感到困惑：無論年代是近是遠，買賣先人遺骨是不是值得探討的倫理議題？易時易地，死者也曾是某人活生生的家屬，換作自己親人朋友的遺骸被販售，我們大概會忿忿不平，是否應該推己及人？再者，作品上牙齒是真的，換句話說得從原始頭骨拔下來當零件，也就是為了成就藝術損毀遺體，想到這一點我很不安，更何況我總覺得他把某些牙齒位置弄錯了。

骷髏頭的象徵意義如此強烈，一個原因或許是它在遺骸上最顯眼，最能提醒大家自己身為「人」。它容納大腦，保護智慧、才華、人格、感官，有人認為靈魂也蘊藏其中。我們認人通常先認臉，不太可能是認膝蓋骨，平日互動也都對著頭顱講話。良知和智能，亦即人性與自我，都藏在頭骨內。我們一直對骸骨、頭骨有諸多想像，或許有更單純的理由：身體人人皆有，但平時誰也看不見自己的骨頭。

法醫人類學家協助警方調查時，事前就明白遺體未必完整，而且當下未必找得出原因解釋。多數人生來肢體健全，但並非沒有例外，不是人人的手掌腳掌、手指腳趾都形狀清楚。舉例而言，羊膜帶症候群（amniotic banding）這種罕見病變會導致胎兒還在子宮就被截斷指頭或肢體。有些人因為後天意外而斷肢，或因傷病不得不接受截肢手術。此外，遺體尋獲時本就未必完好無缺，通常是食腐動物搗亂，但偶爾是遭人切割或分屍。法醫人類學家工作時必須保持開放心態，無論遺體完整與否、狀態如何，都要盡可能從蛛絲馬跡中查出線索。

幾年前，自倫敦一所教堂墓窖的鉛棺取出遺體時，我對同事說：「找不到右腿。」她出於本能反應叫我找仔細點，畢竟人都有兩條腿才對。然而這次真的是例外，約翰・弗雷瑟爵士（Sir John Fraser）於一七八二年直布羅陀包圍戰被槍彈射斷腿，遺體當然只剩下一條腿。反過來說，儘管缺了指頭手腳都能活，沒有頭就另當別論，所以每具遺體都應該有頭骨，也是我們最主要的搜查目標。

「棚頭」謀殺案

初進這一行在倫敦工作時，我曾經遇上一樁迷霧重重的案件。那天早上警方來電接洽，希望找專家參與「頗不尋常」的案件。說老實話，從法醫人類學的角度來看，每個案子都不大正常，或多或少有些匪夷所思。警方希望我協助他們從花園回收骸骨，並前往附近太平間進行司法相驗。

鑑識小組成員在警局內集合，辦公室背景如同大眾印象是樸實無華一片灰色。警局總會招待很大杯的茶，運氣好的話還有培根三明治。資深偵查佐過來為大家說明如下的案情概況。

一位稍有年紀但保養得宜的女士悶不吭聲闖進警局，開口之後情緒激動。她對櫃檯值勤員警說：去附近某戶一樓，翻開地磚，會找到屍體。

警方拘留那位女士，派人搜查她說的住家。做筆錄時，女士提到二十年前她為住在那兒的年邁婦人當看護，有天剛進門就看見老人家倒地斷氣，當下極度惶恐、不知所措，怕自己無法對警方解釋清楚所以私下埋葬，然後對房東聲稱老太太病情加劇，已經住進照護機構，並將屋子收拾清空。追查之下卻發現事情並不單純：老太太亡故後，女士連著好幾年繼續代領養老金。你可能覺得事有蹊蹺，早該有人察覺不是嗎？

房子已經有別人入住，但鑑識小組要進去蒐證，只好請他暫居別處。穿過玻璃拉門就是花園，地上鋪著灰色混凝土磚。磚片很容易翻動，挖不到六吋（約十五公分）就找到第一根骨頭，此時警察決定聯絡我。

繼續挖掘搜索，找出一具大致完整的骨骼，卻怎麼也找不到頭。我將此事告知警方，他們問我真的確定嗎，會不會看漏了？我聽了五味雜陳，意思是我能力差到連骷髏頭都認不出來？於是我帶著點火氣回答：足球大小的東西怎麼看漏？當然不是我的問題。頸椎第四節以下全齊了，上三節和頭骨很明顯不在現場。

到了太平間，我確認無頭骸骨確實是名年長女性。通報者提及她手掌腳掌患有關節炎，曾經動過髖關節置換手術，這兩點從遺體上得到印證。警方甚至挖到老太太用來勒緊褲頭的腰帶，原本屬於她已故的丈夫，帶釦部分是軍制所以很好辨認。病理學家提出報告，死因與死法方面沒有異樣，死者身分應該不必懷疑。

病歷指出死者臨終前幾年更換過右側髖關節，可惜沒有產品編號，否則很容易確認。牙醫則說死者有裝假牙，問題在於沒找到頭，自然沒有牙齒做比對。她沒有在世親屬，要做DNA比對也無從下手。

觀察尋獲的頸椎頂端表面，我告訴警方：從痕跡來看，可以斷定頭顱是死亡事件發生前後被砍斷的，損傷與碎裂狀況足以證明是人為。即便如此，仍得找到頭顱才算數。

警方質疑前看護既然出面自首為何略過斷頭不提，她最後坦承當年覺得被老太太盯著看，沒勇氣將那張臉埋進地底，於是用鏟子切開頸部，頭顱裝進塑膠袋。但留在原地一定會東窗事發，所以她拿回住處藏好，每次搬家都帶走。接下來問題自然就是：去哪兒可以找到頭？答案是她家花園棚子內，一堆花缽壓著的塑膠袋。

警方立刻派人過去搜。她沒說謊，裝在超市購物袋內的骷髏頭被送回太平間，我的第一項任務是確定頭顱吻合身體。那個年代DNA檢驗剛起步，比對身體部位依舊仰賴解剖結構與性別年齡這些指標。我手邊有頭骨、顎骨、第一與第二節頸椎，偏偏第三節還是沒找到。可想而知，當初鏟子砍斷了第三節，然而進一步檢查有別的發現：從顱骨顎骨結構判斷，死者是位老婦人沒錯，但死亡時已經完全沒有牙齒。據我所知警察始終沒找到假牙。

令人訝異的發展還沒結束。頭顱底部以及頸椎第二節都有切痕，代表無論最後用的是不是鏟子，應該還有其他銳器牽涉在內，大型切肉刀可能性最高。更值得注意的是，頭骨表面有大量裂痕，代表死者頭部至少受鈍器重擊兩次，凶器有可能就是鏟子。病理學家聽了附和，認為死亡方式可能是顱骨後側鈍器外傷，凶手為隱瞞真相在受害者死亡後才切下頭顱，這也就解釋了為何女看護每次都帶著髑髏搬家。

老婦人從未被通報為失蹤人口，也沒有家人出面尋找。為何自稱與其關係並不差的女看護會下重手我不得而知，但無論如何她遭到殺人罪起訴，涉嫌重擊老婦兩次導致死亡，凶器或許是把鏟子。或許後來看護試圖以鏟子切斷老婦頸部未果，前去廚房取來其他銳器。成功讓老婦身首分離之後，看護將人頭裝進塑膠袋帶走，在花園地磚下挖洞埋了其餘部分。

看護掩飾罪行、搬空屋子並竊占養老金，在此之前必然費了很大一番工夫將現場跡證清理乾淨。

如果動機是錢，只能說她心狠手辣。

但無法排除其他可能性，例如兩人發生口角或看護失去耐性，總之一時情緒失控引發悲劇。我不清楚後來她如何解釋自己的行為，不過二十多年來完全沒人察覺真相，直到她良心發現，又或者不斷圓謊的壓力太大，終於主動到警局自首，說出駭人聽聞的往事。看護最後自己認罪，罪名包括謀殺、肢解、藏匿遺體、詐領養老金，後半輩子必須接受法律制裁。年紀再大都無法減輕罪刑，尤其又是情節嚴重的殺人案。

多數刑案到最後會有個代號，這個案件很理所當然被叫做「棚頭」謀殺案。我常向犯罪作家提議：寫些法醫人員碰上的真實案件試試看，說不定讀者反而覺得虛構杜撰的成分過高，嫌棄故事太過誇張荒謬。

本次案情裡，透過骨頭不只發現頭顱是被砍下的，也揭露老太太並非自然死亡，而是遭人殺害。不過想要閱讀藏在骨頭裡的故事，第一步其實得先確定眼前所見究竟是不是骨頭，有些東西外觀與骨頭非常相似，不知道如何判斷就會上當。例如未成年人的骨骼有些部位乍看就像小而圓的礫石，容易與動物骨骸、甚或石頭混淆。單論腦顱通常沒有這種問題，畢竟顱骨在分娩前就開始發育，但事情總有例外。

二〇〇八年，英國澤西行政區拉加雷訥山莊（Haut de la Garenne）的育幼院受到全球關注，因為有人聲稱在那裡發現未成年人的顱骨。「骨頭」都出現了，虐待事件鐵證如山，開始有人臆測院內曾有兒童慘遭折磨殺害，屍體都被藏起來。問題來了：所謂的未成年人顱骨其中一片送交實驗室分析後，結果根本不是骨頭而是植物纖維硬塊，最大嫌疑是椰子殼。

最後警方坦承院內找不到命案證據，挖出約一百七十片懷疑是骨頭的東西僅三片有可能是人骨，而且恐怕都有幾百年歷史。

但沒有遺體不代表沒有暴虐，調查還是揭發了拉加雷訥和澤西行政區內其他育幼院一系列的虐待事件，最遠可追溯到一九四〇年代。好幾位犯案者遭到起訴定罪，然而醜聞披露時許多涉案者已經不在人世，因此躲過法律制裁。無論如何，追查假線索消耗大量時間、警力與納稅人的血汗錢，警方與鑑識專家為此受到猛烈抨擊，也變相妨礙了偵查過程。

澤西虐童案點出鑑識科學上的一個道理：外觀符合預期不代表必然是證據。滿心都是兒童遺體就會忽略其他可能，這種現象稱為確認偏誤（confirmation bias）。人類有天生的心理傾向，其中之一是尋求證據維護先入為主的理論或信念，並且戴上有色眼鏡詮釋調查發現。身為鑑識人員必須努力對抗這種傾向，無論如何先徹底調查，再斷定找到的究竟是石頭、木頭還是塑膠（尤其火災現場），畢竟看似骨頭的東西竟然有可能只是椰子殼。

在遺體頭骨找到孔洞

骷髏頭不僅具備歷久彌新的文化與情感意象，整個顱骨的結構、功能、發育過程都令人驚嘆。儘管我們寄居其中的時間算不上長，顱骨卻忠實反映了每個人的生命，甚至死亡。

從胎兒在母體內第二個月開始顱骨便漸漸成形，再經過七個月孩子出生了，此時頭骨各部分形狀清楚，即使散開來也能逐一辨識；當然前提是對頭骨有足夠的認識。成人頭骨由（大約）二十八塊組合而成，每一塊都會成長，因此是人類骨骼最複雜、最難重建的部分。

出生時的嬰兒頭骨分成將近四十塊，其中不少才幾毫米而已。顱骨在子宮內成長特別快，但若不保持彈性會無法鑽過相對窄小的母親陰道，於是胎兒顱骨有稱為囟門（fontanelle）的「柔軟部位」，分娩時骨頭藉此重疊以縮小體積，出生後也可以向外延伸擴大容量，否則腦部發育速度比起周圍骨頭來得快。但也因此有時候新生兒的顱骨形狀看似不太對勁，要等骨頭回到正常位置、六個囟門都關閉才會好轉。囟門關閉始於出生後第二或第三個月，整個過程需要一年到一年半。

打從人類呱呱墜地，顱骨就負責好幾項重要任務：

一、保護極為柔軟脆弱的腦部和腦膜。

二、留有棘孔容納神經與血管，也有外部開口連接感官器官（眼耳口鼻）以發揮完整作用，協助人類有效與周遭環境互動。

三、保留齒列空間以利咬合與咀嚼，並發展出顳頷關節（即上下顎）供牙齒摩擦作為消化起點。

四、容納呼吸道和消化道頂部，否則我們無法呼吸及吞嚥嚼碎的食物。

頭骨大致分為兩區，較大那邊是腦顱，或稱作顱腔，總共有八塊骨骼。腦顱十分堅硬，內部中空，存在意義幾乎等同於上述第一點：保護並支撐精細脆弱的腦組織。較小那一側稱為面顱或咽顱，成年時骨骼數量較多，共計十四塊，功能為上述第二到第四。新生兒的面顱相對較小，約為腦顱的七分之一。

所以嬰兒頭部看來很大（也是分娩為何危險），加上眼睛直接自腦部延伸出來，顱骨的眼眶部分更顯得不成比例。迪士尼和華納的漫畫家與動畫師設計角色時就利用了這種特徵，將頭顱的幼稚感與成年感誇張化，藉此突顯「善惡」兩種特質：想獵殺兔巴哥（Bugs Bunny）的艾默小獵人（Elmer Fudd）設定上矮矮胖胖、有個大光頭與嬰兒肥臉蛋，缺少下巴輪廓，眼睛又大又圓。簡單來說就是兒童化了。反觀真正邪惡作亂的人物，如《阿拉丁》的賈方、《睡美人》的黑魔女之類都又高又瘦、眼睛細斜、頭部比例特別小。縱使現在的卡通和動畫賦予角色更多深度，仔細留意會發現這些大方向依舊顯著。

嬰兒外觀如此吸睛，主因是顱骨尺寸對應腦和牙齒兩種不同組織。腦部發育比起牙齒早很多，胎兒早期的成長需求尤其明顯。胚胎的神經系統最初只有薄薄一層組織，後來蜷曲為吸管狀的管子貫穿身體，兩端分別成長為腦部和脊椎。懷孕第四週，胎兒未來的腦幹開始彎曲，即將變成腦的那端如氣球膨脹、神經迅速擴張，發展至一定程度後顱骨在周圍成形並發揮保護作用。腦與多數神經組織會發出訊號刺激骨骼形成屏障，因此顱骨、尤其腦顱理所當然會特別早發育。

骨頭成長的狀況可以用於區別未出生的胎兒與新生兒，位於顱底中央的蝶骨（sphenoid）就是一例。蝶骨由六個部分組成，兩片蝶竇、兩片蝶骨大翼以及兩片蝶骨小翼。懷孕五個月時，胎兒的蝶竇前側和蝶骨小翼融合，融合後的骨頭又會在八個月時與蝶竇後側銜接。所以出生時，嬰兒的蝶骨通常分為連結完畢的蝶竇、蝶骨小翼以及蝶骨大翼三個區塊。

蝶骨各個部分會在出生後第一年慢慢連接，接合程度呼應成長狀況及年齡，法醫人類學家藉此判斷孩童年紀的準確度比起只靠一塊骨頭好得多。顱骨不少地方都具有類似特徵，是調查時非常好的切入點。

有些情況下大腦沒能發展出兩半球，無腦畸形（anencephaly）是其中之一，接收不到刺激，顱骨無法成形。嬰兒或許仍然能夠出生存活，但眼窩輪廓不完整，腦部特別小，缺少外圍堅硬的骨骼所以看似氣球塌陷。無腦畸形兒通常幾小時內便會死亡，少數能撐到幾天。缺少腦部與安置腦的容器，生命變得十分短暫。

腦顱會沿著發育中的大腦構築一層膜，因此與身體其他種類的骨骼外觀有所不同。薄膜稱作「板障」（diploic bone），語源是希臘語的「雙層」（double fold）。板障是多孔結構，乍看彷彿充滿氣泡，兩側被象牙般的硬骨夾住，讓人聯想到三明治。

如果三明治結構發育不完整，便會出現某些部分較稀疏而易受傷的現象。有種特殊遺傳疾病叫做「卡特林印記」（Catlin mark），症狀是頭骨後側頂骨部位形成兩個大而圓的洞，也有人形容為「頭後面長眼睛」。命名者為美國生物學家威廉・戈德史密斯博士（William M. Goldsmith），他在卡特林家族五個世代的十六個成員身上都觀察到相同缺陷，一九二二年發表研究結果。病人沒有其他問題，就只是頂骨那兩個區域不會發育。面積算小，對預期壽命沒有影響，但缺損部位較不堅固，所以得避免頭部外傷。

卡特林印記的症狀與頭部穿孔術差異很大。頭部穿孔存在於世界各地的歷史文化中，做法就是直接在受術者（通常保持清醒）頭骨上以鑽、鑿、磨的手法開孔。對於施作如此原始粗糙的手術，每個案例的目的不同，包括治療惱人的頭痛或精神疾病（有時候是「釋放」造成病痛的靈體）等等。中世紀過後多數社會拋棄這種習俗，然而直到一九〇〇初期，非洲與玻里尼西亞還留有相關紀錄。沒有現代麻醉技術，頭部穿孔的疼痛難以想像，但有種說法指稱受術者會體驗到媲美升天的幸福感。人類能熬過這種手術很不可思議，不過頭骨孔洞周圍確實找得到癒合痕跡加以佐證。

頭部穿孔的施作手法可以從十八世紀一種形狀怪異的工具看出端倪：明明是手套，前端卻又伸出尖鑿。現代木工一看就知道是手搖鑽，而骨科模仿木工工具也行之有年，雙方相似度極高。我聽說威爾斯一位外科實習醫生為了精進手術能力，特地花了一個月時間到建築工地當木匠學徒，而他後來確實頗為高明。

總之，法醫人類學家在遺體頭骨找到孔洞時，理由各有千秋，未必與當事人之死有直接或間接關聯。對有經驗的專業人士而言，卡特林印記和頭骨穿孔術的痕跡很好分辨。首先，位置與對稱度不同，卡特林印記通常左右排列在頂骨後側，孔洞的大小與高度相仿；穿孔術打出的洞則多半在同一側，而且會出現在腦顱任何部位。更仔細觀察的話，還能從孔洞邊緣看出差距，卡特林印記的開口較銳利；手術痕跡則帶有碟狀凹陷，這是因為受術者若沒有死亡便會開始自癒，骨骼再生導致形狀變化。如果穿孔造成受術者在術中或術後不久死亡，孔洞則會呈現出工具留下的細紋或凹槽，可能再加上未癒合的骨頭裂痕。

板障骨的特徵明確，很難與其他骨頭混淆，就算單獨一片也容易判斷。腦顱其餘部分則不盡然。

蘇格蘭小鎮有位中年婦女忽然失蹤，警方試圖查明真相。現場負責的警官只找到一個極其細小的東西作為線索，他認為那是人骨。

下落不明的女子名叫瑪麗，最後有人目擊到她是報案一週前她穿上大衣離開工作地點。那天瑪麗對同事說自己受夠了丈夫的欺騙隱瞞，決定回家攤牌。同一天她曾經在工作場所接到電話，銀行通知她帳戶異常活動，夫妻倆簽下五萬英鎊貸款。瑪麗沒申請貸款，對她而言確屬「異常」，合理推論是丈夫偽造自己的簽名。

她丈夫名下好幾項投資都失敗，債務越堆越高。瑪麗管不住另一半，常對朋友開玩笑說，要是哪天她沒去上班、警察跑來找人的話，就把她家後院挖開看看。結果瑪麗真的失蹤，她丈夫也拖了五天沒報警。警察詢問時，丈夫說那天瑪麗氣沖沖回家大吵一架之後自己跑出去了，他心想妻子氣消了自然會回家。而且兩人孩子已經成年，其中一個住倫敦，他以為妻子待在那兒。實際上瑪麗根本沒過去。

偵辦小組封鎖兩人住處，在浴室查到血跡，檢驗出瑪麗的ＤＮＡ。警方利用內窺鏡查看浴缸排水孔，找到一小塊牙齒琺瑯質。到此為止的各種線索還無法指向此人已經身亡，畢竟如果瑪麗在浴室滑倒、撞傷下巴都會出現同樣結果，血跡與琺瑯質或許來自小意外。

現場指揮官再調查廚房，發現洗衣機門邊也有血跡，同樣驗出瑪麗的ＤＮＡ。再來則是洗衣機濾網上找到怪東西，警方認為是小塊人骨。送去比對ＤＮＡ之前，他們希望請法醫人類學家先初步判斷：是不是骨頭？是不是人類的骨頭？如果是，來自人體什麼部位？

針對小型證物進行分析得留意處理順序。大原則是不會毀損證物的檢驗優先，之後才考慮不可逆的手法。本次案例中的骨片（假設確實是骨片）大約一公分長、半公分寬，若直接檢驗 DNA 必須磨粉，等於全毀。事涉謀殺，解剖辨識十分重要：有些骨頭出現在體外不代表人死了，但也有些骨頭不在體內就代表沒命了。

於是警方將骨片送來實驗室，大家圍著桌子看著我和同事拿起放大鏡觀察。由於骨片實在太小，我們連夾起來都不敢，怕會造成更多損傷。這種情境壓力很大，因為我們必須將腦袋裡的思考過程一字一句說出來給在場所有警察聽。一開始的想法通常會被後續分析推翻，思路碰壁或兜圈子還得老實交代真的很尷尬，讓人不由得擔心外人對我們的性格和專業會做出什麼評價。

我們對於遺體身分的推測、排除和確認自有一套嚴謹規範，倚靠的是經驗和正規學術討論，沒有替代方案。可惜我們沒辦法像戲劇裡的福爾摩斯那樣，拿著一根骨頭就叫道：「啊哈！華生，如果我沒看錯，這是胸椎骨第三節的左側上關節切面，屬於二十三歲女性，她走路跛腳！」現實世界裡，每副人體都是解剖學上獨一無二的拼圖，這個案子的情況則是一千片拼圖裡我們只拿到一片。有稜角嗎？有紋路嗎？紋路出現在不只一個地方嗎？

回到瑪麗，最初就可以肯定證物確實是骨頭，而且來自頭顱。表面光滑、外層較薄，內面微微彎曲且有脊線，人體沒有別的部分符合。

再來進入部位排除階段：沒看到板障，所以不會是顱頂，換言之來自頭部兩側、顱底或面部。內側脊線是配合大腦兩半球腦溝（sulci）與腦回（gyri）的形狀，範圍縮小到三個：額骨框板（眼窩上方）、顳骨鱗狀部（頭部兩側耳朵上方）、蝶骨大翼（眼球後耳朵前，大家頭疼時本能會去按摩的部位）。

繼續推敲，我們認為證物太厚，不會是眼窩頂端。再來，顳骨沒有對應腦溝與腦回的脊線，因此也排除。只剩下一個可能性：既是顱骨一部分又沒有板障結構，內側弧度呼應腦半球，還有與額骨接合的脊線，那就是蝶骨。這個結論沒有破綻，理由充分，何況已經排除其他合理的可能性。幾個法醫人類學家七嘴八舌聊了一小時，旁邊警察應該聽不懂解剖術語滿臉煩躁。

最後要判斷是左邊還是右邊。沒看錯的話一定是左邊，否則內面脊線的位置與方向就該反過來。顱骨這部位的骨頭較薄且有粗大血管（中腦膜血管）行經，現在不只是碎裂，還有一塊都已經來到體外，可以肯定瑪麗已經斷氣。

不過人究竟是死是活，結論還是得交給病理學家。他坦言根據骨片外觀判斷部位已超過自身所學，但認同我們的推論和想法。乍聽之下，專業知識得到別的專家認可，法醫人類學團隊似乎該覺得高興，但我們反而戒慎恐懼，因為如此一來骨片鑑識結果將成為案情關鍵，一旦開庭勢必得擔任證人。地方檢察官後來也證實：本案轉為謀殺調查。

骨片送去化驗，DNA與瑪麗相符。丈夫此時改口，聲稱妻子回家以後兩人爭執太過激烈，瑪麗當時正在做三明治所以手中有刀，他害怕妻子失控會出手攻擊，於是扣住瑪麗的手往旁邊推，瑪麗就這麼剛好跌到廚房門外，頭顱撞在階梯底部的混凝土地板。他描述現場血液腦漿四溢，但我想補充：頭部撞擊混凝土表面未必會血肉模糊，事實上警方也沒有在他家階梯底下採到很多血跡。

丈夫說瑪麗頭部左側靠近耳朵的傷口大量出血，於是他知道妻子死了，便將屍體拖進浴室放進浴缸裡，接著清理屋內各處，再拿塑膠布裹住遺體搬進汽車行李廂。翌日凌晨兩點，他開車出門棄屍，這一段警方得到證實，因為車子行李廂採到血跡，道路監視攝影也拍到畫面。他說瑪麗被丟進附近的湍急河流，但屍體一直沒被尋獲。

他將染血的衣服丟進洗衣機洗，沒料到竟因此保存了瑪麗的蝶骨碎片。對檢警而言，另一個僥倖是他沒用熱水和生物清潔劑，否則恐怕驗不出DNA，屆時檢察官與鑑識團隊很難證明骨片來自瑪麗的頭顱。一般人會認為除了瑪麗沒有別的可能，但為了維持審判公平，英國司法系統要求公訴人負舉證責任，辯方只要提出合理懷疑[1]。先前的顧慮成真，我被傳喚出庭作證，人體解剖專業知識經由小小一塊骨頭受到嚴格檢視。對科學家而言，法庭是非常異樣的環境：不能主動開口，別人問什麼我們答什麼，偏偏有時候問話的人一直問錯問題，心裡不免煎熬挫折。此外，蘇格蘭法庭規定證人不能旁聽，所以進去前我沒機會知道檢方策略，也不清楚什麼證據已經用過、什麼證據還沒拿出來。

控方代表是一位我沒見過面的副檢察總長，他首先請我描述自身專業，接著讓我提出證據、詢問我如何得出結論。在法庭上，面對起訴的檢方通常最簡單，沒有特殊因素的話檢察官不會故意挑戰專家證人。我上臺大約一個鐘頭，時間主要用來說服法庭承認我有發表意見的資格。

法庭陳述有個重點：言論盡可能基於自身專業的知識及經驗，避免扯到不相關的地方。那天證詞的主軸單純，我認為碎片是骨頭、是蝶骨左大翼，但我的身分不適合評論骨頭的主人是死是活，也不針對骨頭是否來自瑪麗妄下定論，連骨片在洗衣機濾網上待了多久也無法確認，更不可能回答骨片為何會在那種地方。

法官和陪審團通常都想準時午餐，我算了算推測辯方的反詰問最多就兩三小時。

1. 譯按：reasonable doubt，源於英國十八世紀的法律術語，意指司法抗辯中舉證責任落在檢方，他們必須證明提出的指控超越合理懷疑、在理性自然人（即理性且公正的第三方）心目中不存有任何疑點，否則罪名不成立。

辯方律師恰好是我認識也欣賞的人，可惜畢竟是法庭對峙，雙方互動很難愉快熱絡。他十分優秀且風格出眾，儘管堅稱未刻意營造氣氛，但衣著、言行、絡腮鬍、以至於福爾摩斯菸斗都充滿戲劇張力。要是有一天我遭到起訴必須面對法官，也想找個這樣的律師代表自己。

在蘇格蘭，依規定證人必須站在證人席上，我會乾脆脫掉鞋子讓腳輕鬆些，反正別人看不見。在證人席上時時刻刻都能意識到陪審團的視線，所以要盡力保持撲克臉。法官請辯護律師對我進行反詰問，他竟然停在座位沒起身，法庭內果不其然有人倒抽涼氣。接著真的和電視上演的一樣，他忽然探身從桌底下撈出一本又大又厚的教科書，起立時彷彿拿不動似地動作緩慢，卻又猛然將書本拍在前方板凳揚起一團灰塵，畫面戲劇到極點。那本書是解剖學聖經《格雷氏解剖學》（*Gray's Anatomy*），律師操著字正腔圓又斯文有禮的愛丁堡腔開口，第一句話我記得清清楚楚：「教授，我完全不懷疑妳的專業素養……」

接下來他卻好比逼供，拷問我兒童骨骼發育和成長過程、骨折如何發生、骨骼周圍軟組織有什麼、如何透過排除法得出碎片所屬部位的結論、為何知道骨片是頭顱左側而非右側等等。先前檢方詢問我不具資格回答的問題，其實也是變相防堵辯護律師的攻擊範圍，包括骨片是否有可能來自另一個人、為什麼會在洗衣機裡這些。法庭攻防有很多心機與手段，作為專家證人必須時時保持警戒。

午餐時間一到，我的部分結束，三十分鐘後我已經搭上火車回家。經過交互詰問的考驗，專家資格應該能夠獲得陪審團信任，我也相信自己陳述證據的方式容易理解，既表達出對於分析結論的信心，也避免了武斷專橫的高傲態度。我與這個案子的交集到此為止。

之後我就像一般大眾，透過電視和報紙才能追蹤後續。起初涉入極深，之後一下子抽離，感受總是有些突兀。身為科學家，我們對案件沒必要投入多餘的私人情緒，否則未免太不專業，甚至影響心理健康——不過看見案件裁判的報導，心裡總是更加踏實。

本案最後，瑪麗的丈夫被判有罪，罪名是應受懲罰的殺人罪（culpable homicide[2]，約等同於英格蘭的 manslaughter）而非蓄意謀殺，判處六年徒刑。但因為他藏匿遺體妨礙司法，另外再求處六年刑期。經過上訴，刑期縮減到九年。實務上他只要服刑一半的時間，大部分日子在開放式監獄[3]度過。最近聽說他出獄不久便搬家到黑潭（Blackpool）[4]再婚，女性的信任與寬恕能力時常令人嘖嘖稱奇。

2. 編按：在蘇格蘭法律中，指未達到謀殺罪程度的殺人罪，包括應受懲罰的故意殺人（voluntary culpable homicide）和應受懲罰的過失殺人（involuntary culpable homicide）。
3. 譯按：open prison，另一常見譯詞為不設防監獄，不採用圍牆、鐵柵、警衛等積極方式限制囚犯以求維護犯人尊嚴和協助社會適應。
4. 譯按：位於英格蘭西北。

後不久，我在一個訓練工作坊遇見辯護律師，開玩笑怪他那天咄咄逼人，明明我的證詞根本不重要。警方透過DNA確認骨片來自瑪麗，丈夫也坦承殺人棄屍，之所以得上法庭只是因為檢方提出謀殺或有責殺人，但他不肯認罪。實際上律師為了當事人豁盡全力當然值得讚賞，他們的職責就是質疑每項證據，試圖在專家的資格、邏輯與檢驗過程中找到破綻。

律師操著蘇格蘭口音慢條斯理地回答說：「的確。不過詰問妳比較有趣呀，病理學家太容易上當了。」

我討厭上法庭也是有所本的。

排除所有不可能，剩下的即使再不可思議，也就是真相

顱骨是立體的，形狀類似一顆蛋，不過可以細分很多部位，各自在結構上又有細微差異，因此鑑別顱部創傷自成一門學問並不奇怪。如果傷勢複雜，尤其牽涉到拼組破碎的頭顱，對於法醫人類學家的經驗要求就很高，否則無法分辨碎片部位，推論破碎的原因與事發經過。

我曾經在丹地大學（Dundee University）從事法醫人類學工作六年，期間受警方委託研究某位九十二歲老先生的離奇死亡案件。他頭骨碎裂以及死亡方式中存在諸多疑點，警方花了很長時間調查卻百思不得其解。四年後，新成立的懸案小組重新檢查手中證據希望找到破口，忽然想起還有人類學這門領域或許能指點迷津。

到了警局，病理學家與我坐下來和懸案小組複習案情，先研判前一次調查小組是否有所遺漏、什麼部分值得續查。多數證據沒問題，但進入死亡方式討論就開始出現分歧。病理學家表示他只能確認一點：老人因為頭部多處創傷死亡。然而死者被發現的房間只找到一點點血跡，而且他面朝下趴在地上，大腦前額葉有一塊噴在前方地毯，這幾個現象連病理學家都無法解釋。檢驗腦部並未找到特殊痕跡，也就是頭骨沒被異物侵入，卻有一塊腦組織不僅脫落，還是從左眼窩旁邊的傷口掉出來的。

眾人開始設想各種罕見情境，經過討論分析都被打回票。隨著時間越來越晚，提出的理論也越來越不可思議，最後只能先喊暫停。顯然首要之務是整理好現場與驗屍的照片及X光，所有人找個安靜的地方鉅細靡遺看清楚，然後用力思考、不斷思考直到生出合乎邏輯可能性的推論，除了要解釋老人的傷勢和死亡，還得符合現場證據狀況。老人死後不久便被火葬，我們無法檢查遺體。這也是為何警方調查強調全面、清晰、準確的攝影存證，因為往後會不會派上用場沒人能預料。

老先生名叫柯林，二戰時服役於英國海軍，沒有結婚，獨自住在維護良好的小屋長達四十年。認識柯林的人不少，關係也不壞，但沒有互動密切的對象。他很有活動力，喜歡溜冰、游泳、健走、滑水，一直玩到很大歲數。根據鄰居描述，柯林每天早上出門買報紙，最後一天也不例外，書報攤也證實這個說法。

後來因為牛奶擺在前門沒收走，幾個鄰居過去探問。沒人應門，鄰居們在小屋周圍繞來繞去，隔著窗戶觀察叫喊，最後從後側客房窗戶瞥見他趴在地上。救護車和警察趕來為時已晚，柯林早已斷氣。

起初沒人懷疑是他殺，都朝心臟病發作當場死亡的方向思考。然而急救員將遺體翻過來以後狀況截然不同，各種跡證指向曾有他人在場。

既然小屋沒遭到破壞，柯林很可能認識凶手。他存了不少錢，而且直接放在家裡，但積蓄沒被盜走，住處也看不出少了什麼東西，所以排除劫財殺人這項動機。

驗屍發現柯林頭骨受到重創，力道等同於從五樓墜落或高速行駛撞擊的車禍。問題在於無論怎麼看，柯林死亡的地點只會是自家後方的臥室。房內沒有大量濺血或家具損毀，而且找不到凶器，這些都成了不解之謎。命案得到不少報導卻沒有迴響，似乎真的沒人看見或聽見異狀，也沒人想得通凶手為何加害年邁體衰又沒有仇家的老先生。死因記載為頭部多處創傷後，遺體就被送去火化了。

我反覆翻看照片和圖片，企圖構思出滿足各種面向的可靠理論。首先需要一段思緒不受干擾的時間，再來得靠同事質疑自己提出的每項假設。去除不切實際或不可能的情況，就能建構出最可能的情境。就這點來說，我們確實與福爾摩斯有共通之處，遵循同樣一條原則：「排除所有不可能，剩下的即使再不可思議，也就是真相。」

分析骨骼裂痕，要先建立能解釋裂痕形成的事件順序，再來才是推論襲擊的實際經過。骨骼有了第一條裂痕，後續施加的力道如果與其相交就會被裂縫分散吸收，根據這個原則可以判斷傷痕的先後次序。穿過既存裂痕還能繼續延伸的傷痕極其罕見，甚至有些學者堅稱不可能，但實際上力道夠強的話還是做得到。

驗屍前警察拍攝了柯林的面部照片，可以看到左眼窩內側角落有個不小的破洞，足夠一小塊大腦前額葉脫落後噴濺至遺體前方的地毯。對我們而言，難處在於找出這種現象的前後脈絡。

神經病理學報告指出沒有物體貫穿頭骨造成破洞。明明腦組織都掉出來了，卻沒有東西刺進去留下的痕跡。兩眼眼周瘀青，頭皮有些小擦傷，但僅此而已，難以對應到驗屍照片的後續內容：翻開頭皮後，顱骨破裂十分淒慘。腦顱碎成好幾塊，裂紋交錯縱橫彷彿蛛網。

重點是找出最初的裂痕，這條主裂痕會妨礙或中斷其餘裂紋形成。透過照片與X光，我們發現這條裂痕位於後腦勺，成因是兩次重擊。頭皮留有兩兩成對的穿刺傷，板障內層被推入顱腔。既然傷口兩兩成對且間距相同，顯而易見凶器要有兩個凸起點。凶手持同一把凶器敲打柯林後腦兩次，使出的力氣非常大。儘管柯林上了年紀，頭骨還是有相當厚度，沒有一定力道不至於打穿頭皮並擊碎堅固的板障骨。

重新研究現場照片，我們留意到死者住處的客房內有個腳踏式單車充氣幫浦，底座部分正好就是兩個尖銳凸起，間隔也與照片上的頭骨穿孔一致。可惜當初偵辦時警察沒有將其視為證物帶回保留，因此無法藉由指紋或DNA判斷是不是凶器。

我們推測兩次重擊造成柯林頭顱後側水平裂痕，長度幾乎橫跨兩耳，應該就是致死的主要創傷。鎖定第一條裂痕就可以推測第二條，從柯林左眼和鼻梁的瘀青位置推敲應當發生在臉部。後腦遭到重創，柯林或許陷入暈眩，恐怕緊接著立刻被凶手狠狠捶打顏面（有可能是拳頭，瘀青疑似有戒指痕）。

第二條裂痕為縱向，相對筆直，自眼窩往後腦勺延伸，終點就是初始裂痕的細縫。這個階段應該尚未明顯出血，但皮膚會瘀青。眼窩邊緣那個大小的開放傷口不太可能由拳頭造成。

辨認第三個創傷就稍有困難，可以肯定是暴力攻擊導致已經受損的頭骨嚴重碎裂，但是得從身體其他部分尋找線索，否則推敲不出是什麼情形造成這種結果。驗屍報告指出左肩菱形肌，也就是肩膀內側連接脊柱的地方有瘀血。我們又在案發現場照片發現端倪——客房牆邊有一張舊床墊。根據這點提出假設：或許凶手抓住柯林左手臂猛甩，過程中菱形肌斷裂出血，柯林頭顱撞上床墊，顱骨頂端得到緩衝。

當初的調查人員並未檢查床墊是否留有血跡。被害人倒在地板、大腦一部分灑在地上，乍看之下確實與床墊無關，所以我們不覺得意外。床墊和充氣幫浦一樣沒有送去檢驗也沒有保留，跟著房子裡其他東西一起丟掉了。

凶手將柯林甩向床墊的力道頗大，或許不只足以撕裂右肩肌肉，還將脊柱往上朝顱底推擠，於是驗屍照片出現嚴重粉碎性骨折。果真如此，不僅顱骨底部會碎裂，也能解釋左右兩側為何出現朝顱頂延伸的放射狀裂痕。左側尤其嚴重，紋路穿過第一條和第二條裂縫，延伸至頭骨右方才消散。顱骨底部受創，裂痕經過橫向大靜脈竇，勢必引起大量內出血。病理學家判斷在這種情況下當事人無法存活，只願當時柯林老先生已經失去意識不會痛苦。

然而很難想像他經歷的噩夢尚未結束。靠近眼睛的破洞也要釐清成因。柯林的頭骨側面有小挫傷，形狀像是撞到房間內的折疊式工作梯。梯子同樣沒採驗血跡或DNA，隨屋內其他物品一起處理掉。我們推論死者摔向床墊以後頭往梯子倒，接著遭到踩踏，留下顱骨前側連接左右太陽穴的兩條橫向傷痕。

隨後柯林可能被凶手拉起來往地上丟，畢竟從傷勢來看他無法自己起身。柯林倒向地板，呈現遺體最後的姿勢。此時碎裂的腦顱底部如門鉸鏈轉動，刮開左眼上方皮膚。他向前趴下，銳利的顱骨碎片好比刀片劃過大腦左側前額葉，於是腦組織從破洞噴落地毯。

不過一切都只是理論。我們從各種角度討論驗證，結論是種種假設雖然殘酷暴戾但符合人體結構，也就是能以科學解釋所有裂痕如何形成，並且建立可信的事件順序。懷著緊張不安，甚至可謂膽怯的情緒，我們在下次懸案檢討會上提出這個曲折離奇的故事：死者後腦被人以單車充氣幫浦重擊兩次，面部中拳，凶手拉著他手臂往靠牆的床墊甩，踩他頭顱以後再將他往地板扔。警方人員靜靜聽著我們敘述事件順序、解釋背後邏輯。我們補充說明：如果需要的證物有保存下來，時至今日依舊可以檢驗這些假設是否成立。

報告結束，我們的視線集中到病理學家身上，提心吊膽等他表態接受與否，感覺好像表演完畢等評審給分。最後他點頭回應，認為既然沒有更好的答案，我們說的至少不無可能。然而理論終究沒辦法徹底驗證。

柯林這番遭遇還有個案外案。一對西班牙年輕情侶渡假時在酒吧與陌生人聊了起來，對方正好來自柯林居住的地區。聊到夜深，酒酣耳熱之際，男子分享了以前參與準軍事組織的刺激生涯。情侶問他有沒有什麼後悔的事，男子說某次返鄉殺了個老頭子，事後頗為懊惱。兩人沒多想，還以為是他酒後胡謅。

但回家之後，兩人竟然在BBC電視節目《犯罪追蹤》（*Crimewatch*）看到柯林命案的報導。意識到案發地點正是陌生男子口中的老家，覺得未免太巧，於是報警。說明時兩人還怕被當作胡鬧，神情十分尷尬，但警方最重視這種巧合，於是循線追查。情侶遇上的男子頗有來頭，問題在於若凶手是他，檢警無能為力——多年前這位男士就因為擔任汙點證人而豁免一切刑事偵查與起訴。

節目報導最新發展之後居然接到電話：嫌疑犯現身說法了。他曾經揭發反獨立組織的行動內情，阿爾斯特志願軍[5]一直想取其性命。嫌犯聲稱自己在酒吧說的故事被

5. 譯按：Ulster Volunteer Force，支持英國君主，要求北愛爾蘭留在英國的組織，曾針對羅馬天主教平民採取暴力行動，被大不列顛、北愛爾蘭、美國視為恐怖組織。

情侶錯誤解讀，內容與柯林之死毫無關係。他承認案發時自己人在英國境內，卻否認與命案有任何牽連。

迄今我們無從得知凶手是他抑或另有其人，也想不出殺害獨居老人且如此殘暴的動機為何。柯林從未在警方資料庫留下紀錄，也沒有擔任過警察或獄警而有可能成為被攻擊的目標，與避居西班牙的汙點證人之間亦找不到連結。

絞盡腦汁想出的模擬情境無用武之地，沒能將凶手繩之以法是個遺憾，但至少我們對疑雲重重的懸案提供了一些方向。檢視證據、嘗試拼湊出可能的故事在法醫人類學的工作中占很大比例，不過不保證正義必定獲得伸張，畢竟有時連自己是對是錯都說不準。案子石沉大海的確令人挫折，我入行不久便學會調整心態。這些故事或許寫不成劇本，卻反映出現實世界的真正面貌。

完全發育之後，成年人顱骨的形狀沒有太多變化空間。為了提供足夠保護，每塊骨頭必須彼此密合。不過成長中的骨骼有彈性與可塑性，也就是說孩童的頭顱可以改變形狀。

歷史上許多文化曾有過趁孩童腦顱「定形」前加以改造的習俗，有時是因為當地人相信特定頭顱形狀有助思考，有時單純是審美考量。一些部落社會的上流階層將顱骨塑形視為身分地位的象徵，是孩子一生的保障。

顱骨塑形的手法包括將孩童頭顱夾在木板中間，或者以布條或繃帶緊緊纏繞，藉此改造出想要的線條，可能是長形，也可能是錐形或圓形。通常出生後一個月便開始，持續到嬰兒六個月大、甚或一兩歲，等到囟門閉合之後形狀大致就不可逆。有人聲稱這些做法不會影響孩童腦神經，對此我個人有所保留。

顱形改造是個跨越時空的習俗，曾出現在南北美、伊拉克、埃及、非洲、俄羅斯，歐洲和斯堪的納維亞半島也有特定地區風行過。其中有些案例，比方說法國南部鄉村地區延續到二十世紀初的「土魯斯整顱」（Toulousian Deformation），施術者的用意只是保護孩童脆弱的頭部，顱骨形狀改變純粹是副作用而非有意為之。

無論頭顱什麼形狀，顱骨透露一個人很多訊息，特別是性別與年齡，有時候還看得出種族。男女之分通常表現在雄性肌肉發達、雌性身形纖細，而腦顱上沒什麼肌肉附著，不過透過觸診檢查後頸肌肉與顱底骨骼連接處，通常會留意到男性有一大塊肌肉，女性卻沒有。這種現象稱為枕外隆凸（external occipital protuberance），是男性脊柱上很發達的項韌帶（ligamentum nuchae）所在位置。項韌帶可以穩定頸椎，並保持頭顱在頸椎上的平衡。

澳洲一所大學前不久上了頭條新聞，因為該校有研究團隊經過小規模研究發表結論，從青春期和成年不久的調查樣本身上觀察到現代人的枕外隆凸較祖先來得大。雖說樣本僅兩百一十八人，他們還是很有勇氣將成因指向電子產品帶來的低頭族問題。其實我在榮譽學士進修班研究時常發現青銅器時代骸骨的枕外隆凸特別大，但怎麼找也沒能找到他們將手機藏在哪兒。

科學很強大，偽科學則很危險。想與全世界分享自己的理論並不為過，但若一廂情願擴大解釋有局限性的觀察結果就不太妙。法醫人類學家不能因為個人偏見採用未經證實的資訊，否則將嚴重影響警方辦案和司法審判。

耳朵後面的小隆起也是骨頭，學術上稱作乳突（拉丁語原文 *mastoid processes*，直譯即為「小乳」）。乳突同樣能判定性別，只是有誤判的可能性，它們其實是胸鎖乳突肌（sternocleidomastoid muscle）的連接端點，這兩條肌肉從耳後一直延伸到前胸，只要伸展脖子並向一側轉頭就能觀察到。胸鎖乳突肌越強壯，耳後的顳骨乳突就越大，所以一般情況下可以分辨性別。

有報告指出顳骨乳突朝下的人，耳垂不會與臉頰分離（稱為「連生耳垂」）。反之，顳骨乳突指向前方的人，通常耳垂就與臉頰分開（是為「離生耳垂」）。

單憑腦顱判斷死者年齡並不容易，除非正好是幼兒。成年後腦顱各塊骨頭的關節與縫隙融合了，用來判斷年紀只能猜個大概。

偶爾顱骨骨縫之間可以找到附屬縫間骨。縫間骨有可能指向特殊體質，譬如唐氏症或軟骨症。此外，縫間骨在某些血統的群體比例較高，比方說印度人頭骨常有小塊縫間骨，還有許多祕魯木乃伊後腦有特別大塊的單一縫間骨，因此取名為「印加骨」。由於附骨與基因關係密切，若在顱骨骨縫發現對於判斷死者族裔很有幫助。

頭骨內側偶爾會有循前後方向發展、與矢狀脊平行的小凹陷，它們也是一種鑑識工具。凹陷起因是覆蓋大腦的腦膜之一「蛛網膜」出現凸起顆粒，看起來像小小的花椰菜。腦脊液穿行於腦室和蛛網膜下空間，經由顆粒滲回叫做上矢狀竇（superior sagittal sinus）的中心靜脈。

隨著年齡增長，蛛網膜顆粒向上擠壓朝前後向延伸的血管，在顱骨內側留下稱為「顆粒小凹」的痕跡，因此看見顆粒小凹我們便能合理推斷死者較為年長。一度風行的說法是計算小凹數量就能知道死者年齡，好比數樹幹年輪那樣可靠。有趣歸有趣，卻是無稽之談。

從顱骨也能在一定程度內判斷死者是否耳聾。耳朵分為三大區塊，發育過程各自不同。外耳主要是耳殼（頭顱外那片肉）、耳殼開孔通往位於顱骨內的耳膜，或稱作鼓膜。若顱骨外沒有開孔，音波無法抵達鼓膜，人當然就成了聾子。

中耳在顳骨較深處，由鼓膜往內耳壁延伸，範圍內三塊小骨（聽小骨）互相配合將音波振動自鼓膜傳遞到內耳，若三塊小骨（分別為錘骨、砧骨、鐙骨，作用從名字應該就能看懂）的接合不良會導致耳聾，鐙骨與內耳壁黏在一起也是。耳聾成因千百種，這裡僅列出能從顱骨證物判斷的線索。

內耳形狀異常（顳骨岩狀部內）導致的耳聾較難判斷，需要鑿開耳軟骨囊周圍的硬骨才能確認。這部分骨骼很有趣，出生時已經完全發育，目前研究認為它不具再生重塑能力。正因如此，耳軟骨囊非常適合用於檢驗穩定的同位素，測量氧、氮、磷在組織中留下的標記。耳軟骨囊體積小，成分來自母親懷胎期間的飲食，研究者可以藉由子女內耳狀態分析出父母的食物種類和水質，並據此推論居住的地理環境和位置。

預期外找到的顱骨無論看起來多像人頭，警方必須請專家確認過後才能繼續處理。有一次他們在荒地找到骷髏頭，拍照發來給我們分析。東西做得很精美，然而從牙齒能立刻判斷是模型。事發時間是十一月剛過萬聖節，或許能解釋為什麼會有人亂丟這種東西。

漁船撈起身首分離的人頭和顱骨不是什麼稀罕事，但對漁夫而言是個兩難：發現遺體的話，整批漁獲都得作廢。攸關生計，影響重大，因此我相信有很多人撈到了也不報警。

譬如某天蘇格蘭西海岸某個碼頭的牆壁上就端坐著一顆頭骨（缺了顎骨），想必是船長在兩難之間取折衷。頭骨表面有藤壺附著，顯而易見泡在海中很久了，可是這會兒又出現在大家都能看見的地方，意思就是希望由別人報警。警官拍照後發過來請我們確認，這次總算是真的人頭沒錯。

警方接著請我們推估死亡時間、辨識特徵並取樣本檢驗DNA。眼眶上方隆起發達、顳骨乳突及枕外隆凸大小這幾點指向男性。牙齒磨損少且沒有補牙，歲數應該在青少年到二十出頭之間。骨縫尚未全部閉合，腦顱底部蝶骨枕骨的間距還清晰可見。這條溝稱作蝶枕軟骨聯合（spheno-occipital synchondrosis，解剖術語之中我挺喜歡的一個詞），男性在十八歲前後才會關上。

實驗室採不到DNA。考量種種情況，我們懷疑死者過世並非近期事件，於是對一小截骨頭做了碳十四定年法，果然在六百到八百年間。無論死者何人願他安息，但法醫沒必要繼續調查。恐怕是海岸受到侵蝕破壞，古代墓穴暴露，遺骨便被沖進海洋，卻又經過漁網回到人類社會。

沖上海岸或漁船尋獲的頭骨通常只剩下腦顱。面部骨骼較脆弱，容易被拖網破壞，在海床滾動太久也會裂開。雖然證物常常只有腦顱，但光從這裡就能得到很多訊息。

第二章

顏面：面顱

臉是心靈的畫像，透過眼睛詮釋。

——西塞羅 Cicero，106-43BC

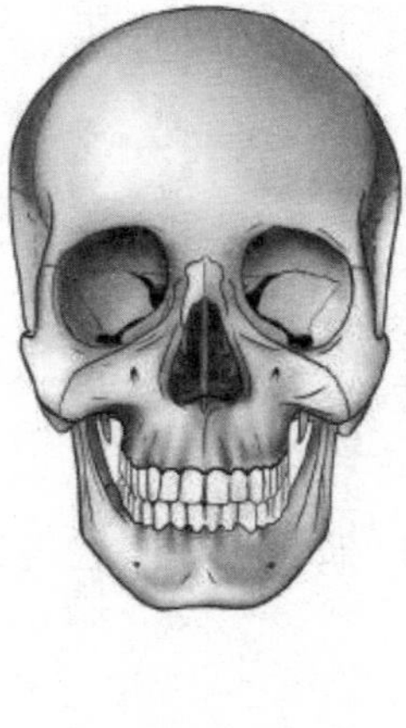

一般而言，大家欣然展露的身體部位有兩個，一處是手掌，另一處則是臉。我們透過這兩個部位進行表達溝通，其中臉部不僅是視覺焦點也是交流指標，於是多數人都靠認臉辨識身分。

然而某些社會裡的成員習慣遮蔽臉部，或者某些情境下我們必須注意身體其他部位，此時會發現其實人類仍然能夠適應。前陣子有個腫瘤科護理師就跟我說，這麼多年來天天找病人的手背血管，現在看到手的模樣和裝飾品就像看到臉，同樣能夠判別誰是誰。

不久前我受到沙烏地阿拉伯鑑識科學學會邀請，前往該國首都利雅德參加研討會。這是我第一次去中東，事先有人告知並不需要像當地女性那樣遮蔽眼睛之外全身上下，但基於對地方風俗的尊重，我換上符合穆斯林傳統的露臉黑色罩袍與頭巾，身體和頭髮都蒙起來，只露出臉和手。

我個人覺得和其他女性相同打扮挺自在的，好像大家隸屬同個姊妹會，而且不會被男性指指點點。另一位西方國家的女性與會者選擇不照當地習俗行事，雖然穿著樸素低調依舊遭到非議，無論會場走廊、以至於酒店各處都有學會的男性會員風言風語，直說她不成體統、沒把頭髮蓋住。

這或許也是我初次從社會文化的層次感受到男女階級差異。職場生涯一路以來很幸運沒有明確遭遇性別歧視，說不定原因出在我父母沒特別要我當女孩子。比方說我爸希望我學會怎麼烤個好吃的大黃奶酥派，卻也會要求我幫忙拋光餐桌、一起獵兔子回來剝皮掏內臟。

軍警世界常有厭女文化，不過我倒真沒感覺自己因為XX染色體而遭到差別待遇。也許是我神經太粗、太遲鈍一直沒能察覺，又或者運氣特別好。例外就兩次而已，我意識到自己成為滿足「平等多元包容」原則的工具，有趣的是反而都是在學術場合，然後我的處理方式想必令兩位男性資深高層不想再搭理。與解剖相關的職業有個額外福利：有些詞彙一般人聽見會瞠目結舌，但在我們的工作是常態，所以愛說就說。在那兩次的情況下，與會不久就能察覺對方問我問題只因為我是在場唯一女性，於是我十分客氣地反問一句：「請問你們是對我的意見有興趣，還是怕有子宮的人受冷落？」他們當然尷尬至極拚命解釋，好玩的是嘴上說想理解我的想法，後來再也不那樣子問我問題。

沙烏地阿拉伯那場研討會將男女座位分在講臺左右兩側，間隔距離很大。也就是在這種環境下，我才留意到佩戴尼卡布[1]的女性們在往來時有個不可思議的現象。明

1. 譯按：niqab，即穆斯林女性的蒙面面紗。

明蒙臉遮髮坐在椅子上，身上都是類似的黑袍也沒有顯眼首飾，結果她們一進入會場遠遠地就能認出朋友。我實在很訝異，後來就向當地的男性同行問起，結果他也說不出個理由，索性請我去家裡坐坐，直接請他妻子解釋。

他妻子聽了表示，的確能夠辨認罩著面紗的親友。但一如許多人類自小發展的技能，習慣了就理所當然，她自己都不懂為何辦得到。身為科學家，碰上無法解釋的事情只有一個辦法：深入探究。那位男性友人與我招募一群當地女性科學家，著手設計針對該國的實驗，希望分析沙烏地阿拉伯女性如何隔著全套尼卡布認出熟人。

不過第一個問題就是湊齊樣本數。雖說研究人員全是女性，但當地社會瀰漫不輕信外人的風氣，因此受試者依舊難尋。我們強調絕對遵守研究倫理、事後一定銷毀相片、不對任何第三方開放使用，然而詢問的女性仍有許多人感到惶恐，擔心肖像流入有心人士手中。

當地女性遇上其他披戴頭巾面紗的人，有些是親友、有些則不認識，她們辨認身分時眼睛到底看著哪兒？幫助我們找到線索的工具是眼球追蹤技術。根據過去的相關研究，人類辨識未受遮蔽的熟悉面孔時，視覺焦點放在由眼睛、鼻子、嘴、下巴組成的倒三角形。然而我們的受試者必須透過眼睛、對方的體型與全身輪廓，加上舉手投足的姿態來判斷身分。實驗發現目標對象的面部被蒙住時，眼睛不會成為唯一判斷依據，我們會將對方站坐、行走和手勢都納入觀察。

研究尚未結束，所以沒有確切答案。如果能徹底理解人類不靠五官怎麼辨認彼此，對於維安保全領域應該有很大助益。

臉部辨識能力

臉部的骨骼稱為面顱，是顱骨兩區較小的一邊。面顱可以再細分為三個部分：上段包括額頭與眼睛，中段是鼻子與臉頰，下段則有嘴、牙齒、下巴。面顱上的組織有許多是負責感官，像是視覺、聽覺、味覺、嗅覺。這些器官在人類出生之前就開始發育，出生後的成長幅度較有限。例如前章提過：眼眶骨在分娩時已經很大，眼睛直接與腦部相連，成熟得特別早。

中耳和內耳也一樣，體積從我們出生到成人之間變化不大。相對而言，接收氣味訊號的鼻子、顱骨外的耳廓都會隨年齡長大，這也是為什麼老人家耳朵看來較大。成長幅度最大的是嘴，幾乎所有（並非全部）新生兒都沒有牙齒。

一般而言，辨識自己認識的人沒什麼問題，但研究同時顯示我們非常不擅於回憶萍水相逢的陌生面孔。像我一直被家人取笑見過好幾次面的人還是記不得。有一次非常糗，參加某律師事務所喬遷派對時，我特地去向合夥人自我介紹一番，後來卻聽說對方曾到我家裡做客。

不過更經典的是我第二次去伊拉克出差後回國，那天亞伯丁機場起大霧，搭乘的班機轉往愛丁堡，丈夫決定開車來接我。邁出機場大廳時，兩個金髮小女孩興高采烈蹦蹦跳跳衝過來，嘴裡喊著：「媽咪！媽咪！」聽了我當然能反應過來是自己的女兒，可是她們的爸爸怎麼不見蹤影——我老公雙手叉腰站在我背後猛搖頭，不敢相信竟然被自己老婆視而不見。附帶一提，事發當時兩人認識超過二十五年，沒認出的主因其實是他蓄起山羊鬍，與我出發前看到的造型不同。很適合他就是了。

此外，我參加研討會之類場合常常盯著別人胸口（不良示範），為的是看清楚名牌上寫了什麼。我想一定有些人誤會我很跩，居然見了面還不理不睬。認不得人本來就尷尬，正好我的工作項目又是辨識人類，或者說人類遺體，專業能力遭到懷疑也無可奈何。能說什麼呢？我記的是名字不是臉。

然而社會上有一群人（想當然耳我不是其中一員），他們記憶與辨識人臉的能力高於平均值，即使一面之緣也有辦法留下印象。常人只能從所有見過的面孔裡認出兩成左右，這群「人臉辨識大師」卻能辨別高達八成。可想而知，具備這種天賦的人才在情報與治安領域十分搶手，從賭場到足球俱樂部等各種私人企業也有高度需求。未來或許能以電腦面部辨識技術加以取代，但目前強大的認臉能力對偵辦組織犯罪和性侵都是莫大助力。最近就有個很出名的案子：前俄羅斯軍方情報員謝爾蓋・斯克里帕爾（Sergei Skripal）與女兒尤利婭（Yulia）在索爾茲伯里（Salisbury）遭人下毒，警方就請了超級認臉人（super-recognizer）協助鎖定凶手。

超級認臉人這個概念來自截然不同的學術領域，連初衷都正好相反，是臨床心理學為了治療面部識別能力缺乏症（prosopagnosia）而得到的意外收穫。所謂面部識別能力缺乏症有時簡稱臉盲，是嚴重至堪稱疾病的狀態，患者辨識面部的能力低落至極足以影響日常生活，比方說父母到了學校認不出子女而無法接孩子下課，部分病人就算看著自己的照片也無法反應。臉盲通常是遺傳，也可能因中風或腦部受傷引發。網路上有臉盲測驗能判斷面部辨識能力是高是低，落在中間是常態，絕大多數人認丈夫應該比我快才對。

無論臉部辨識能力是好是壞，老化、體重增減、當事人刻意改變外形等等因素都有可能讓我們一時不察。容貌最主要當然取決於基因，不過大部分人生活中改變外觀的頻率頗高，例如普通眼鏡換成隱形眼鏡、上妝、染髮、不同風格的蓄鬍都包含在內。這些改變都屬於暫時性，也很少人會大幅改造面貌到熟人認不出來的地步。若真的連骨架都動了，比方說削下巴，又或者如臉頰植入物、瓷牙貼片這些處置都會大幅提高辨識難度，不少好萊塢電影有相關橋段。

人臉移植在過去只是科幻小說的情節，現在已經成真，只是還很罕見。因重大疾病、外傷、燒傷而毀容的病人可以接受皮瓣移植，材料是別人捐贈的組織（其中有肌肉、皮膚、血管、神經，某些案例甚至包括骨骼）。手術融合兩種改造，既非原封不動重建病人容貌，也並非直接貼上捐贈者的面孔，而是製作新骨架撐起另一張臉，過程中不得不做出許多修改調整，最終結果可謂雙方的拼貼融合。

因為排斥風險極高，術後病人依舊必須終生服用免疫抑制劑，只有其他治療方式無法見效時才會考慮皮瓣移植。此外，這種手術牽涉許多倫理、心理、以至於生理議題，受影響的不只當事人，對家人朋友也是很大衝擊。

面部移植是很新的醫學領域，二〇〇五年法國進行初次的部分移植，二〇一〇年西班牙完成全臉移植。就我所知受術者尚不必與法醫人類學家有牽連，但當然這只是時間問題。顏面移植技術再次突顯法醫人類學家必須敞開心胸、不帶成見、接納各種可能性，才能準確達成任務。

由於社會對外表的諸多標準，顏面殘缺使人苦不堪言又孤立無援。二次大戰後許多退役軍人需要重返社會，促成假體修復（anaplastology）作為獨立學門興起，針對小範圍面部殘缺提供修補。最早的假體可能是鼻子，戰場傷患或梅毒病患都用得到。初期假體採用惰性材料如象牙、金屬、木材，之後漸漸由更逼真的塑膠與乳膠取代。

時至今日，人工眼、鼻、耳的做工都十分精巧細緻。義鼻可以完全重現原本鼻形（當然受術者也可以利用機會換個形狀），義眼義耳也能唯妙唯肖模仿另一側，病人容貌大致上維持對稱不變。

辨認顏面是一種能力，描繪長相卻又是另一回事。大家應該看過辦案使用的顏面組合圖，這種工具將人臉分割為額頭、眉毛、眼睛、鼻子、臉頰、嘴巴、下巴七個獨立部分，警察可以依據證人敘述組合出嫌犯容貌。

組合圖問世之前，警察必須依賴畫家素描。一九五九年，美國廠商發明了第一套顏面特徵組合系統，名為 Identikit。後來還有 Photofits、e-fits 等等以照片或電腦軟體為媒介的新工具，產出的圖像更細膩，但仍舊需要操作者從龐大資料庫中找出對應特徵加以拼湊重疊。

這類系統的目的不在於精準呈現目標外貌。舉例來說，安潔莉娜．裘莉的眼睛、史蒂芬．佛萊的鼻子、厄莎．凱特的嘴巴放在同一張臉上就像狗啃的。組合圖只要足夠神似，可以刺激大眾提供情報給警方進行調查追蹤就發揮了功用，其實五官正確率可能低於五成。五成聽起來很低，但別忘記有些案子就只有這麼一條線索。人類有種天生傾向是眼睛留意、腦袋記住異常不自然的人事物，這個傾向有利有弊。遺體有異常狀況並經正確描述時能夠大幅推動鑑識進度，如果描述錯誤反而會導致調查方向偏離正軌。

人臉辨識能力一般情況下僅用於活生生的人，對象換成死者時感官認知會起很大變化。曾經陪伴臨終親友最後一程，或者葬禮前向遺體致意過的人應該都有經驗：失去生命，尤其五官不再活動、臉上毫無表情，那具軀體與記憶中熟悉的面容身影十分不同，通常顯得縮小許多，似乎看起來還空空的。

辨認死狀淒慘或死亡已久的親友不僅內心煎熬，實務難度也提升很多。二〇〇二年峇里島爆炸案後，前去認屍的人在一列列鼓脹、腐爛、殘缺不全的遺體間徘徊。儘管是親屬，最後仍然約有半數遭到錯認。

身處如此強烈的創傷情境，許多人認錯遺體並不奇怪。首先認屍者情緒波動很大，再者停屍間氣氛總是令人毛骨悚然，最後要考慮他們一方面急著找到、另一方面卻又不希望真的找到親人，種種因素交互作用下，判斷力自然弱了很多。無論找到與否，有些認屍者斬釘截鐵認定自己不會看錯，此時提出異議容易起衝突，於是國際刑警組織對災難遇害者辨認（disaster victim identification, DVI）流程做出規定，單憑面部識別不構成領回遺體的條件，還必須透過科學實證，也就是DNA、指紋或牙齒比對三項標準至少要符合一種。

死者面部因為腐爛或損傷難以辨識時，為了確認身分我們會試圖重建。這同樣是其他方式走不通才使出的最後手段，需要結合藝術與科學兩方面的才華。骨骼形狀與覆蓋其上的肌肉、脂肪、皮膚決定了人的相貌，面部重建技術便是由此著手。

重建工具有陶瓷模型和電腦3D影像。目前最為學界接受的黃金準則是曼徹斯特法（Manchester method），我個人也認為此法最嚴謹，但前提是找到顱骨，否則至少得有品質良好的翻模或3D掃描。無論實體或虛擬作業，首先在頭骨各處黏貼軟木標示出骨骼上的軟組織厚度，數字會根據目標對象的性別、年齡與族裔做調整。

接著依序一層層添上四十三條肌肉，盡可能準確搭建出皮下軟組織架構。腮腺、主要唾腺以及兩頰脂肪墊也在此時加入。之後按照顏面輪廓蓋上皮膚，有點像是在蛋糕表層鋪糖霜。

潤飾部分如何進行端看重建目的為何。譬如博物館的考古學遺骸是展示用途，就容許藝術家對皮膚及瞳孔色澤、髮型與髮色、鬍鬚樣式等等有較大的揮灑空間。

如果面部重建的用意在於發布媒體供民眾指認，則會刻意採用灰階影像，因為從鑑識科學角度很難確認死者膚色，我們也不願意臆測頭髮與瞳孔顏色，以免看到圖片的人因此誤判造成錯漏。

不過隨著DNA表型研究有所進展，這類顧慮或許即將成為過去式。學界已經有信心能夠從DNA鑑定出天生的髮色和瞳色，較複雜的特徵如眼睛形狀、鼻梁長度、嘴唇寬度等等似乎也有遺傳傾向性，雖然解碼比較困難但並非全無可能。我們期待有朝一日靠DNA就可以重建出完整面容。

行李箱女屍案

倘若目的不明確，重建損壞或已經腐爛的面孔時也未必需要描繪得太傳神，看的人懂意思就好。下面的案例中，北約克郡警隊原本打算如此處理。他們找到一具年輕女性遺體請我協助鑑識，狀況十分離奇。

兩個年輕小夥子開車經過鄉間，看見路旁小巷的水溝裡擱著一口銀色行李箱，起了好奇心停車查看。行李箱很沉，而且竟滲出紅褐色液體。兩人做了明智決定沒有當場打開，立刻撥電話聯絡附近警局。

警察將行李箱裝袋、貼標籤，同樣不打開直接送到太平間。裡頭裝了什麼其實無庸贅言，事實也證明他們沒猜錯：警方與病理學家一起打開箱子，裡頭是一個幾乎一絲不掛的年輕女性蜷曲如胎兒，臀部與膝蓋被強行拗折才塞得進去。女子面部和頭顱都纏著膠帶，從可見的五官特徵能判斷是亞裔。

死者的DNA與指紋經過資料庫比對找不到檔案，也不符合通報的失蹤人口描述。腐爛程度不算嚴重，病理學家判斷她死亡不過幾週，死因是窒息。

通常都是初步驗屍結束，已有線索無法推動調查，案情即將陷入膠著之際才輪到法醫人類學家登場。以本案情況而言，警方會請我們進行二次驗屍，試圖從遺體身上找出更多訊息。這次確實有了突破。

初次驗屍要處理的項目很多，二次驗屍比較能放慢節奏。我個人覺得這樣才好，情緒穩定、不受壓力影響做起事情更仔細。有時警方會派攝影師，但並非一定。病理學家大半過來打個招呼就走，停屍間內主要是法醫人類學家與操作技師，所以我們與解剖病理檢驗師關係都很好。上課時我們總會提醒學生：去太平間的時候帶點伴手禮絕不會錯，餅乾是好選擇（我隨身攜帶），巧克力更棒，而果醬甜甜圈則可以融化最冰冷的心。法醫人類學家得到檢驗師配合會事半功倍，他們也總是會熱情回應我們的善意。

經過一次驗屍，遺體多出許多痕跡，初入行者必須習慣這一點。為了看到頭骨會將頭皮向後掀開，採取腦部樣本前得鋸開顱骨頂端，事後再以藥棉填充並縫合。軀幹會有T字形或Y字形的切割線，橫向劃過鎖骨往下延伸到陰部。

去除縫線之後通常會在體內找到塑膠袋，裝的是腦部與內臟切片，用於之前和之後的各種檢驗。法醫人類學家主要觀察死者外形與內部骨骼，很少需要打開袋子。背部和四肢大都維持原狀，除非病理學家在這些部位找到外傷或可疑跡象。

有時還沒驗屍就會先拍X光或斷層掃描，再加上發現遺體的現場與太平間都有攝影存檔，二次驗屍能取得的背景資料之完善已經達到極限。

保存於冷凍櫃的遺體會在法醫人類學家前去相驗前一天取出解凍。太平間理所當然不是什麼溫暖的環境，加上遺體解凍不完全會變得冰冷濕潤，我們為了工作不得不接觸，下場當然是兩手刺痛難受。甜甜圈在此發揮妙用：禮尚往來，休息時間會有人送上一杯熱茶，那是世間少有的幸福體驗。

警方請我二次相驗行李箱女屍，主要是希望可以確定年齡和族裔。根據X光與實際觀察結果，我推斷死者年齡為二十至二十五歲間。可參考的線索很多，包括胸骨邊緣一些小細節（第四章會詳述）以及骨盆和頭骨的發育變化。

我從面部與頭骨形狀判斷她的血統來自越南、韓國、臺灣、日本或中國，不像更南邊的馬來西亞或印尼。推論根據是臉、鼻、眼、牙的形狀，頭髮類型與顏色。後來查到行李箱的製造地是南韓或黎巴嫩。

可惜即使有了新發現，仍舊沒能在失蹤人口資料庫裡找到吻合的檔案，而且連DNA和指紋都無法推動案情。我們建議警方向國際刑警組織發出黑色通報，正式告知找到一具無法判別身分的遺體。

警方先前已經找了畫家協助。雖然本案死者遺體已經變色、腐爛、浮腫，但鑑識藝術領域的專家受過特殊訓練，能夠將其轉化為方便大眾接受和認識的圖像，如此一來透過媒體流通才不會遭受阻礙。只是這案子又遇上特殊情況：理論上畫像應該是真實死狀與藝術詮釋揉合在一起，警察拿到的成品卻不是這麼回事。

畫家的美術基本工毋庸置疑，問題在於太過忠實呈現遺體「現況」，看上去省略的只有腐爛而已。然而腐爛產生的氣體導致死者身體嚴重腫脹，面部又曾被膠帶緊緊纏住、受過劇烈擠壓，按照看見的遺體原封不動轉為圖像當然詭異到極點。死者嘴脣中段像氣球鼓起，上脣長時間被壓在牙齒上所以成了荷葉邊。我可沒見過活人嘴巴長這個德行。

於是我強烈建議警方不要發布這張畫像。換作較有經驗的畫家應該會主動修正腐爛造成的相貌變化，直接用拿到的圖發出去意義不大，民眾看到的是死者遇害結果而非原本容顏，不太可能據此回想或指認，運氣不好還會妨礙偵辦過程。後來警察也同意我的看法。

幸好畫像沒有成為破案關鍵。國際刑警傳來消息，死者符合失蹤人口黃色通報，對象是來自南韓的二十一歲留學生，報案者是她就讀的法國大學。聯絡南韓大使館之後取得身分證件上的指紋資料，很快便查出死者身分。

陳孝靜（Jin Hyo Jung，音譯）前來英國觀光旅遊，在倫敦某公寓租了套房，男性屋主也是韓國人。警方搜查公寓，找到一捆「吉爾伯特與喬治」[2]造型膠帶，雖然

2. 譯按：Gilbert and George，藝術家品牌。

是屋主的女友購買，但與女留學生面部痕跡相符。巧的是同款膠帶在英國僅透過泰特美術館通路售出約八百五十捆，而這一捆偏偏又沾了他的血跡。公寓與屋主的汽車內都採到陳孝靜的血液，此外死者的銀行存款還被領光。

很多案件的經過詳情要上了法庭才會完整揭露，這次同樣不例外。屋主金圭洙（Kim Kyu Soo，音譯）被帶到老貝利街[3]接受審判，由於被害人身分已經確認就不需我出庭作證。開庭之後故事還有轉折：距離陳孝靜遺體被發現的幾週後，倫敦警察廳開始查另一樁南韓留學生失蹤案，於是和北約克郡警隊進行聯合調查行動。

第二位被害留學生遭到捆綁、以同款膠帶封口，遺體出現在金圭洙另一處房產的衣櫃中。他的罪名包括謀殺兩名女子，盜領她們的存款，以及藏匿屍體妨礙司法，遭求處兩次無期徒刑。

我在課堂上以這個案子作為教材，提醒鑑識藝術的學生理解圖像詮釋要點、死況如何影響顏面狀態。將陳孝靜生前照片與死後畫像兩者對比，超過九成學生表示無法聯想為同一人，甚至會反過來排除死者就是失蹤女學生的可能性。

至於當初那位畫家採取寫實手法的理由為何我不得而知，或許和我猜的一樣是經驗不足，又或者只在乎精準，然而卻造成一條線索險些胎死腹中。話說回來，所有鑑

3. 譯按：Old Bailey，英國中央刑事法院所在地。

識人員都應該提醒自己：即使死者過世不久，畫像和面部辨識都不該成為唯一的判斷依據。

顏面的圖像藝術與重建技術經由資歷豐富的專家融會貫通，成果可以準確到嚇人的程度。我在《解開死亡謎團的206塊拼圖》裡面也提過，二〇一三年有個案子靠頭骨斷層掃描與電腦影像生成技術，確認死者是一位失蹤女性。

遺體在愛丁堡近郊寇斯托芬丘陵（Corstophine Hill）被人發現。一名滑雪教練那天在山上騎單車，途中停下來休息，低頭竟看見土裡埋著一張臉凝視自己。他回想起來還清楚記得當時有多麼錯愕，看了好幾次不敢置信，怕是將扭曲糾纏的樹根誤以為人臉。只可惜打從一開始他就沒眼花，腳下不深的地底就是被砍斷頭顱與手腳的女子屍體。

經過分析檢驗，確認了死者的年齡、性別、身高，身上有鈍器外傷，咽喉遭不明方式壓迫。不過正好有位並非人類學專長的科學家在場，無心之言竟害警察繞遠路白費許多力氣。這位「非人類學」專家認為該女看起來「像東歐人」、「可能來自立陶宛」，但牙齒美容「感覺是匈牙利風格」，說不定居無定所。警方從這次經驗學到了一課：如果活在象牙塔裡的專家學者針對非其本科的領域隨意發言、妄加揣測，他們的意見並不值得當作參考依據。我們自己久而久之也學乖了，除非肯定沒有外人聽見，否則嘴巴最好緊一點。

於是警方轉而向我服務的丹地大學尋求具合適資格的科學家求助，希望找一位擅長分析肢解凶器痕跡、能夠從遺體找出身分線索、同時又可以描繪面部的專業人員。這項任務最後由我同事卡洛琳·威爾金森（Caroline Wilkinson）接下。

他們利用電腦繪圖將肌肉和軟組織一層層覆蓋在頭骨的電腦掃描圖上，接著按照解剖學的骨架鋪上皮膚，再根據調查團隊設定的年齡做修正、從找到的頭髮推測長度與造型，最後發布給媒體的圖片栩栩如生。

此外，警方也在遺體上找到幾件首飾，其中包括一枚樣式為雙手捧著加冕愛心的克拉達（Claddagh）戒指。由於克拉達戒指是愛爾蘭傳統飾品，代表死者可能有凱爾特血統，鑑識團隊便建議警方試試將死者的模擬照片往愛爾蘭發布。結果被害者真的不是立陶宛人而是都柏林人，親屬從唯妙唯肖的面部重建圖認出她之後立刻聯絡蘇格蘭警署。

原來死者生前到愛丁堡找兒子，而經過 DNA 檢驗證實身分後，她兒子因謀殺罪嫌遭到逮捕。起訴的罪名基於精神狀態減責而降低為有責殺人。法院判決有罪，針對殺害、肢解、藏匿母親遺體處以九年徒刑。被告聲稱精神失常，懷疑母親是爬蟲人假扮，所以想從其體內檢查確認。但為什麼還要砍下頭顱和手腳，再特地挖洞埋起來？被告沒有特別提出解釋，想必理由其實很老套：為了將屍體裝進行李箱帶出門丟掉。多數殺人犯都會發現將人體切分成小塊才好搬運。

泰拉佐怪物

面顱的十四塊骨頭會因應生活形態而有不同發育成長，造就每個人獨特的臉部特徵。專家能夠掌握骨骼與容貌之間的密切對應，面部重建技術才得以如此準確。

有時候鑑識專家拿到的東西很少，就一個頭骨與一個可能的失蹤人口檔案。這種情況下，專家可以使用的技巧是疊影（superimposition），也就是將顏面照片疊合於顱骨影像上，觀察兩者的解剖結構是否一致。若解剖點（眼窩邊框、下巴形狀、顴骨位置等等）都吻合，就能推論顱骨「套得進」這張臉。

疊影技巧初次運用在鑑識科學就提供了定罪的關鍵證據，時至今日學界依舊視其為經典案例。巴克．魯克斯頓（Buck Ruxton）身為醫師卻謀害兩名女子，一九三五年因殺妻被求處絞刑，調查過程採用許多新穎的鑑識技巧所以受到各界矚目，本書最後一章會詳細探討。其中以病理學家約翰・格雷斯特（John Glaister）和解剖學家詹姆斯・布瑞許（James Brash）做出最多突破性進展也最為知名，他們成功重組兩具遭肢解且腐爛的女屍。全案偵辦過程中最衝擊的影像是以凶手妻子伊莎貝拉・魯克斯頓（Isabella Ruxton）的顱骨與生前照片進行疊影，戴著鑽石頭冠的微笑臉龐與一顆骷髏頭重合起來，畫面極度不協調卻又若合符節，令人震撼且印象深刻。

疊影技術在過去較為常見，現代相對使用得少，原因單純只是科學演進到二十一世紀提供了更多調查工具。不過有些情況下，我們會選擇沿用八十五年前格雷斯特和布瑞許開發的手法。

一九九〇年代中期我也實作過疊影技術。當時我已經從倫敦搬回蘇格蘭，在格拉斯哥大學擔任法醫人類學顧問。義大利那邊因為一樁駭人聽聞的凶殺案請求協助，於是我出差前往維洛那（Verona）[4]拜訪卡賓槍騎兵隊[5]，主要目的是將「證物材料」帶回英國做檢驗。

既然是義大利，我與警方會晤的場所就不再是桌椅老舊、氣氛冰冷的警署辦公室，而是當地的高級咖啡廳。難怪大家都說卡賓槍騎兵隊在歐洲各國之中是特別時髦

4. 譯按：義大利北部古都，《羅密歐與茱麗葉》背景所在地，世界遺產之一。
5. 譯按：義大利的國家憲兵隊，軍警雙方事務皆有涉及，以國內治安為主。

的警察。兩位警官簡單向我說明了來龍去脈：一九九四年，吉安弗蘭柯．史蒂范寧（Gianfranco Stevanin）在北部省分維辰札（Vicenza）搭訕性工作者，提出如果願意一起回家並讓他拍照會提高酬勞，談妥之後對方上了車。

兩人回到位於維洛那省東南方泰拉佐市（Terrazzo）的偏遠農莊，進行長達數小時且愈發激烈的性愛遊戲。後來性工作者不肯繼續配合，史蒂范寧持刀架在她喉嚨。被害人提出以全部積蓄換自己一命，犯人便再次駕車載她回家取錢。然而途中駛近收費站，女子趁機逃脫後在附近找到警車，於是史蒂范寧因性侵、勒索被捕，處以兩年六個月徒刑。

但故事才剛剛開始，否則後來犯人就不會有「泰拉佐怪物」的別號。搜查他住處之後找到數千張其他女子的情色照片、個人檔案，以及至少兩個人的隨身物品，其中包括前一年被通報失蹤的性工作者畢莉安娜．帕夫洛維克（Biljana Pavlovic）。警方由此推論所有影中人都是街頭流鶯。詳細檢視後案情再升高：其中一張相片，女子私處受傷實在太過慘烈，能夠肯定拍照時已經身亡。

進入命案偵查階段，一九九五年夏季有位農夫在農地找到裝有遭肢解女性的布袋，位置距離史蒂范寧住處並不遠。義國警方快馬加鞭派出重型機具翻一遍農場，又挖出四具嚴重腐壞的女性遺體，有些被袋子套頭、有些頸部纏了繩索。最迫切的問題是，死者究竟何人？性工作流動率高，場所也時常變更，工作者可能在一個區域出沒些許時日就遷徙，而且不會告知別人。流鶯失蹤很難有人發覺，加上同行不想惹禍上身都會迴避警察。

義大利警方遭遇新難題：雖然從犯人家中搜到照片、檔案和隨身物品，但如何與遺體連結？病理學家驗屍可以判斷性別與年齡，但下一步重點是找出姓名，我正是為此遠赴義大利。警方認為有足夠證據證明兩名死者的身分，其中之一為畢莉安娜．帕夫洛維克，還有一位推測為失蹤人口布莉珍珂．斯莫利歐（Blazenka Smoljo）。兩人都是東歐血統，然而始終查不到親屬，也就沒有進一步資訊。

警官直接將照片放在咖啡廳的桌子上，卡布奇諾的馬克杯間閃過一幕幕性虐犯罪的殘酷，對照以茱麗葉的陽臺、壯觀的露天劇場聞名遐邇的古城，還有店內客人享用甜點飲料談笑風生，我心頭總覺得不太真實。這時我意識到氣氛沉悶的警局辦公室也有好處，照片內容再可怕也無妨，愛怎麼看就怎麼看不擔心嚇到人，但兩位義大利警官似乎不以為意。照片中遺體腐爛已久，警方想確定顱骨與照片是否吻合，但義大利當時沒有相關設備與經驗，於是找我們諮詢。

只不過在咖啡廳看個犯罪照片就大驚小怪的我道行實在太淺。為了確定死者就是畢莉安娜・帕夫洛維克和布莉珍珂・斯莫利歐，義大利警方決定將頭骨與照片送到蘇格蘭進行分析和疊影。兩顆人頭從遺體分割出來，裝進白色塑膠桶密封，再將桶子放進義大利名牌精品購物袋。警官毫無顧忌忽然就將袋子遞過來，附上英語和義大利語兩封公文，內容解釋並授權我帶著死人腦袋到處跑。

我遭遇的第一道關卡是機場報到，櫃檯人員提醒：按照規定，旅客只能帶一件手提行李。無可奈何，我取出義大利公文給她看，地勤面色鐵青，二話不說發了登機證。再來是安檢，總不能把兩個購物袋放上輸送帶過X光吧？機器後面的人看到豈不嚇死？於是我找一位航警到旁邊，再次亮出公文。他同樣臉色蒼白，帶我走角落沒有X光的小門過去。

上了飛機，會說英語的空服員很熱心，但又要求我將行李放進頭頂的置物櫃。這次我拿出英語信解釋辦不到，自己有責任確保證物不被掉包或損毀。至少這位空姐情緒算鎮定，不過處理方式很極端：將我調到幾乎空無一人的商務艙。原本我還心懷感激，後來才發覺她的用意是將我與其他乘客隔開。而且待遇沒變好，整個航程我像是關禁閉，連水也不送一杯。可想而知，我這種身分不受大眾歡迎，恐怕還被懷疑帶有傳染病。回到希斯洛機場，空服員沒有親切說再見，我隱隱約約聽見她們鬆了口氣發出嘆息。

英國海關一樣讓我很為難。到底該不該申報？畢竟我是蘇格蘭長老教會出身的好公民，最後選擇誠實申報。靠近櫃檯，戴著眼鏡的航警閒得發慌，腿都翹到桌上了。他抬起頭問我名牌購物袋內的東西是否「自用」，讀過英語信以後卻忽然慌了起來，以最快速度趕我進大廳。從維洛那到希斯洛，整個過程沒人願意掃描或檢查行李。換作現在應該不至於，我也不希望安檢有漏洞。

轉機到蘇格蘭又要排隊安檢，我一樣拿出英語版公文，但航警回答說雖然他不打算讓袋子過掃描，卻還是得稍微看看裡面。總算有人肯看一眼！偏偏他將桶子從購物袋取出以後竟然打算掀開，無視周圍帶著行李過安檢的旅客。我趕緊阻攔，警告他說要看也不能公開看，得找個隱密有空調的地點。桶子裝的不是骷髏而是完整人頭，上面有濕潤惡臭的腐爛組織，或許還生蛆。剛才泰然自若的航警忽然兩頰發白，跑去詢問上級意見，回來就把我趕到出境大廳，終究不願多看一眼。

登機後，男空服員讀了公文竟然輕聲尖叫。希望他沒受到太大驚嚇。他慌張地比劃要我到飛機最後面坐下，接著又是整個航程沒人理會。其實不如用帶刺的鐵絲網把我圍起來，給個鈴鐺逼我搖，然後大家激動叫罵：「不潔！不潔！」感覺更能突顯賤民身分[6]。其他乘客被換到前面空位，誰都不能靠近我。

回到格拉斯哥，我們除去頭骨上的軟組織，從各個角度拍照，做了3D立體掃描，盡量模擬與義大利警方提供的照片相同的姿勢。畢莉安娜與布莉珍珂兩人失蹤時約為二十四歲，兩顆顱骨的分析結果：一顆與畢莉安娜吻合、與布莉珍珂不吻合，另外一顆正好相反。十拿九穩，我們回報維洛那警方，卡賓槍騎兵隊請我們保留證物直到開庭審判。幾週之後他們再次聯絡，表示總算取得兩人親屬的DNA樣本，檢驗結果合乎我們的調查報告，至此正式確定兩名死者身分。

身分查明了，技術上來說並不需要我出庭作證，但一方面若能請到外國的鑑識專家介紹新技術將很有戲劇效果也能吸引媒體注意，檢察官不想錯過這個機會；另一方面畢竟得有人將顱骨送回義大利。橫豎都得替我出旅費，讓我上法庭才值回票價，於是卡賓槍騎兵隊請我擔任證人。

返還證物的旅途比較平順，因為帶的是清理完畢的乾燥頭骨，有人想檢查的話我樂意配合。然而與上次一樣，所有機場和航空公司人員寧可信我。到了義大利，他們送我到檢察官位於加爾達湖（Lake Garda）湖畔的住處用晚餐。風景優美，但我很緊

6. 譯按：此處以中世紀痲風患者被汙名化時的社會境遇自嘲。

張，接下來要出席外國法庭，證詞必須經過翻譯，也不知道會碰上什麼詰問內容。穿著打扮我不敢怠慢，鞋子夾得腳痛。進入法庭就座，氣氛令人膽寒。

我一生中沒多少次毛骨悚然的經驗，但吉安弗蘭柯．史蒂范寧做到了。站在證人席上，我很努力忽視犯人，然而他目光實在太銳利，簡直像催眠術能夠操縱情緒。證詞翻譯完畢，我回到座位旁聽，雖然大部分聽不懂還是跟完整個審判過程。花了一整天，最後犯人被帶離，他經過我座位時刻意放慢腳步轉頭凝視，嘴角微微揚起寒氣逼人的笑，笑意絲毫沒進入那對冷硬瞳孔。我彷彿血液凝結了。

先前就有傳聞，史蒂范寧曾經威脅要殺害發言對他不利的記者，所以我有些忐忑。出庭過後好幾個月裡，一丁點小事都能讓我心神不寧。這也是職業生涯中唯一一次，我打從心底擔憂自身與家人安全。

史蒂范寧的辯詞是他以前騎摩托車出過意外，腦部有損傷，所以根本不記得與被害人的性行為。同樣為了製造戲劇效果，他將頭髮剃光，露出頭皮上很大一條手術疤痕。開庭前精神科醫師報告認定他具備就審能力，辯方律師提出異議但無功而返。一九九八年一月，法院判決史蒂范寧謀殺包含畢莉安娜與布莉珍珂在內六名女子，處以終身監禁。

這樁連續殺人案引發義大利國內熱烈討論，主要議題是精神疾病患者究竟有沒有能力理解行為後果，又是否需要負擔刑事責任。史蒂范寧的辯護團隊趁勢追擊，多次要求重審，但無期徒刑直到最後都沒有撤回，「泰拉佐怪物」一直被關在阿布魯佐區（Abruzzo）監獄。印象中這幾年史蒂范寧還表態想成為聖方濟會修士，無論他是否得償所願，人關起來會讓外面的世界安全些。

面部骨骼在鑑識過程中的作用

如何透過面部骨骼認識一個人？從上面開始，第一區塊的成對凹陷就是眼眶。眼眶大致但並非百分之百對稱，中間以鼻梁或所謂山根分割。眼眶的功能在於包覆與保護眼球、淚腺、神經、血管、韌帶以及移動眼球的六條肌肉，周圍都裹著眼周脂肪以避免眼睛受到外力直接衝擊。

眼眶的頂、底及周邊總共由七片骨頭組成，分別是蝶骨、額骨、顴骨、篩骨，淚骨、上頷骨、齶骨。這幾片骨頭相對薄而脆，若有物體朝上射進眼眶，很容易刺穿骨頭觸及大腦前額葉。

成年女性的眼眶邊緣形狀尖銳，男性則較為圓滑，這點可以在調查初期暫時用於判斷性別。男性眼眶骨之上（眉毛之下）會凸出為眼骨上稜，如果上稜發達到像一層架子就叫做眼骨隆突。這個特徵在早期人類顱骨尤其明顯，學界推測是下顎發達、肌肉質量較大，需要分散力道而形成的結構。現有證據指出隨著食物加工程度提高、質地越來越柔軟，我們的下顎逐漸縮小。男性經過青春期，眼眶上方稜線以及鼻子山根變明顯，同時因荷爾蒙影響肌肉大幅增加。女性眉脊通常不隆起或程度輕微，相對保留了外觀的幼態感。

兩歲到六歲，眉毛上方兩層額骨之間形成氣孔，氣孔連接後成為額竇，內有呼吸皮膜，分泌的黏液最後流入鼻腔。額竇存在的意義目前沒有定論，但是觀察發現每個人額骨的氣孔形狀皆有不同，若能取得生前此部位的X光片與遺體對照便可以確認身分。然而某些具有先天性疾病的患者在此處沒有氣孔，如唐氏症。

面部是身體改裝的黃金地盤。在眉骨穿孔、由下而上插入導管便可以戴上鋼環鉚釘之類的裝飾品。穿孔可橫可縱，也可以縱橫並行構成T字形。鑑識科學界對於穿孔頗為留意，可以作為指認遺體的關鍵。所有空腔都需要檢驗，因為即使軟組織萎縮消失，裝飾品有可能還在原位。

眼睛也可能有植入物，位置在鞏膜下、眼白部分。甚至有人在結膜之下鞏膜之上注入墨水刺青（結膜是一層帶有黏液的薄膜，覆蓋眼球與眼瞼內側），可以為眼白染上自己想要的顏色，然而可能引發嚴重後遺症。

人類面顱的眼窩位置與其他動物差異很大，也清楚顯示出人類具有掠食者地位。自然界中，掠食者通常眼睛朝前以增加立體視覺並判斷深度，獵人藉由這種關鍵能力判斷獵物距離、需要多快速度才能捕捉。眼睛偏向頭顱兩側的動物則多半要躲避獵殺，視覺特性是觀察四周避免遭到偷襲。所以英語有句俗諺說：「眼睛長前面，動物會打獵；眼睛長兩邊，動物躲旁邊。」

鼻子位於面部的中心，介於眼窩和嘴巴間，左右是臉頰。鼻子容納最上面一截呼吸道，空氣自鼻孔進入後在這裡加溫加濕，因為太乾冷的空氣會導致疼痛。鼻子的另一個重責大任是作為肺臟守門員，利用鼻毛與覆蓋其上的黏液攔截外物，避免呼吸道遭到侵入。成功過濾空氣產生的綠色黏稠物大家都很熟悉才對，小朋友特別有興趣。

空氣被吸入鼻腔以後會經過鼻甲（鼻甲骨的英文是 conchal bones，鼻子的口語 conk 就源於這個字），此處有很多血管，功能機制就像壁掛暖爐的金屬葉片。鼻子坐鎮面部中央，容易遭到外力攻擊，底下有大量血液經過，受傷出血所在多有，感覺像是人體的設計瑕疵。檢驗頭骨常常發現鼻梁斷裂、鼻中隔嚴重扭曲，拳擊和橄欖球這類肢體碰撞較多的激烈運動是最常見原因。

鼻子另一個功能是捕捉氣味並傳遞訊息給大腦形成嗅覺。鼻腔最頂端一小塊約三公分平方的黏膜稱作嗅上皮（olfactory epithelium），進入鼻子的氣味溶於黏液成為神經訊號，訊號沿嗅神經穿過篩骨中細孔結構的篩板進入顱腔，再繼續沿著腦部嗅覺神經抵達額葉副皮質區才正式被大腦接收。

由於嗅覺皮質與大腦裡特別古老的區塊如杏仁核、海馬迴相連，某些氣味特別能夠挑動情緒。像我只要聞到木材亮光漆或松節油的味道，心思立刻回到孩提時代在工坊裡幫父親做事的日子。目前醫界已經將嗅覺衰退視為疾病的早期預兆，是神經退化以及失智症的風險因子。

鑑識科學對於人類吸進鼻腔的東西很有興趣，例如古柯鹼在鼻腔與上顎內無論軟硬組織都能偵測到。它會引發局部缺血或血管收縮，最終導致細胞壞死，甚至鼻子塌陷。一般而言受影響最嚴重部分是鼻中隔軟骨，但傷害可能蔓延到上顎，造成病人攝入的液體從鼻子噴出。

所以洗鼻是調查過程的重要一環。對鼻腔灌水，然後回收液體，就能取出其中的花粉、孢子或其他顆粒，對於判斷死者生前最後所處的環境很有幫助。如果從死者鼻腔檢驗到特定植物的花粉，或許會發現死亡事件與遺體被發現的地點並不一致。

洗鼻檢驗很費工，不過我與同事派翠莎．威爾特希爾（Patricia Wiltshire）合作研發出更有效的流程。派翠莎的專業是法醫孢粉學（forensic palynology，專門研究花粉、孢子這類物質），有一天我們討論工作上的難處，她說驗屍時回收洗鼻液很麻煩，生理食鹽水直接從鼻腔灌入會很快流進咽喉。她嘗試過反向進行，從咽喉灌水，結果沒有比較簡單，希望能找出別的做法。

我想起兩人前陣子聊到古埃及人，他們為了保存遺體會以帶鉤鐵絲插入鼻腔去除腦組織。以此為靈感，我提出一個做法：驗屍過程中，病理學家同樣得去除腦組織，自然必須切斷嗅神經。篩骨的篩板部分有孔洞，所以派翠莎從腦腔注入液體也會經過鼻腔自鼻孔流出。後來證實這法子的確省事，於是新的作業方式就此成立。兩個不同世界的碰撞常能擦出火花，為彼此的煩惱帶來一線曙光。

鼻子和兩頰可以判斷人種，從顱骨形狀看得出是否具有東方血統，高鼻梁和寬鼻翼也分屬不同族群。坐火車或地鐵時多觀察乘客的長相和五官，想像肌膚下的顱骨形狀，人類面相的繽紛多彩盡現眼前。但盯著陌生人不是社交常態，要有被白眼的心理準備。

穿孔裝飾在鼻子一樣常見，位置是鼻梁，從側面打進軟骨或者穿過鼻中隔。偶爾面頰也會有，近年潮流似乎是酒窩穿孔與在顴骨高點打鉚釘。

面顱下半也就是嘴與下巴，為了容納逐漸成長的牙齒而成為顱骨發育幅度最大的區塊。人類是兩期齒動物，會從孩童期的乳齒轉換為成人期的恆齒。實際上因為牙醫技術發達，我們可以算是三期齒了，所謂恆齒未必長久不變，至少和自然發展出來的形態會有些差距，甚至直接替換為塑膠、陶瓷材料。

鑑識作業的黃金法則是不要過度假設，可以拆卸的裝飾及假牙尤其如此，要意識到它們是能夠易主的物件。還記得一九九〇年代我在格拉斯哥大學當顧問，有一次死者是在地方公園灌木叢找到的遊民。死亡狀況沒什麼疑點，原本就是身體不好的老先生，零度以下寒冷冬夜的翌日清晨被發現，最大可能就是失溫症。麻煩在於警察不認識他，於是得找我們幫忙，看看是否有線索查明身分聯絡親屬。

老先生上排牙齒都是假牙（下排則沒有），牙托馬蹄形部分刻有流水號，不難找到製作假牙的工作室詢問客戶姓名。

孰料隨著調查才知道假牙根本不是做給老先生的。警察確實聯絡到假牙工作室，紀錄上的客戶活得好好的，但幾年前弄丟了假牙。追查下去竟發現至少還有三人用過同一副假牙，最後才來到死者口中。然後我們見證格拉斯哥人確實如傳聞般勇猛剛毅——即使聽說假牙是從死人嘴裡拔出來的，原主面不改色問警察能不能還他，因為那是「我用過最舒服的一副假牙」[7]。

假牙易手的情況恐怕比大家以為的來得多。我父親住在養老院，那裡的護理師說了一件事情：有個童心未泯的老太太每天晚上四處巡邏，將院友入睡後放床邊的假牙收集起來塞進水槽（「要把它們洗乾淨呀！」）。隔天早上院內人員得花很多工夫比對假牙與牙齦，但無法保證物歸原主。

牙齒是人類骨骼中唯一暴露於外肉眼可見的部分，因此對鑑識有很大意義，尤其適合判斷年紀。

追蹤一個人從小到大的容貌變化很有趣。面部成長大半都是為了騰出空間給牙齒，牙齒發育的過程痛苦不多但耗時漫長，孩童每年拍一次照片就能清楚看見。我也給我兩個女兒留了不少成長紀錄。

滿兩歲時輪廓不明顯的「娃娃臉」逐漸消失，長相開始趨近成年狀態。二十顆乳牙此時已經成形、在口腔探出頭，小臉必須有相應變化才能容納。到了六歲，齒列四

7. 譯按：此處原文為蘇格蘭腔調英語 “maist comfy wallies I ever owned”。

個後端的臼齒要換牙，於是臉型又會改變。這個階段可以看到的牙齒共二十四顆，但牙齦底下看不見的部分藏有很多祕密。

六到八歲比較辛苦，牙仙子[8]拔了乳齒、恆齒開始生長，孩子們的嘴巴看起來像被盜掘過的墓園，不同高度的牙齒彷彿東倒西歪的墓碑，於是臉型又轉變。等到大概十二歲，在青春期前會長出第二顆臼齒，接下來到十五歲間完全轉為成年樣貌。

最後出現的牙齒通常也造成最多問題，上顎本就擁擠的人更是如此，因為新牙得擠進二十八顆牙已經排好的牙齦。智齒得名正是因為接近成年才生長，社會期盼到了這個歲數的人能累積智慧。然而智齒有時根本不長出來，有時長了卻無法從牙齦突出，更討厭的情況是長的角度不好，霸凌似地推擠周圍牙齒。總而言之，不是每個人的口腔都有智齒，但只要看見智齒就能肯定死者有一定歲數。

乳牙自牙齦生長然後掉落的過程發生在六個月大到十歲之間。六、七歲時恆齒會推擠乳齒，到了十五歲左右換牙完畢。牙齒的變化階段十分明確，所以是判斷未成年人年齡重要的工具。

牙齒脫落的固定規則確立之後，在一八三三年得到有效運用。當時英國政府想建立更好的勞動環境，紡織廠是首要目標。《工廠法》（*Factory Act*）明訂不可僱用九歲

8. 譯按：西方民俗故事中，小孩乳牙脫落放在枕頭下，牙仙子會取走並留下小禮物。

以下兒童，可是連孩子們都未必知道自己歲數，大人除了猜也沒別的辦法，畢竟一八三七年之前英國沒有出生登記制度，就算實施之後也還要將近四十年才做到強制執行。為了判斷年紀、確保兒童具有足以勞動的體能，只能直接觀察牙齒發育情況。

司法也活用了這項知識。法律規定七歲以下小孩不受刑事審判，因為他們尚不具備為自己行為負責的能力。當年的判定標準是觀察第一顆恆牙臼齒存在與否，找不到臼齒就認定孩童未滿七歲，無需承擔刑事責任。

時至今日，法院仍會聘請法醫口腔學家。他們的專精範疇包括牙齒結構與疾病，能夠協助判斷孩童年齡。無論身為被害者或加害者，未成年人出庭未必能夠提出文件證明自己年紀，此時口腔學就派上用場。這世上還有許多地方並不開立出生證明，何況許多移民和難民逃命都來不及，帶不走那些東西。淪為奴隸的兒童即使有證件通常也會被奪走，藉此逼迫他們徹底依賴「主人」。想要判斷這類孩童的年齡，雖然可以照X光，但考量輻射的潛在危害，直接觀察牙齒發育狀況更安全。現在還有別的選擇：利用非游離輻射拍攝骨骼圖像，磁振造影（MRI）就是其中一種技術。

若要判斷嬰兒出生後是否存活、活了多少時間，可以觀察的是齒列。分娩是個痛苦過程，對母親如此，對新生兒也一樣。它會擾亂牙齒發育，下顎琺瑯質與牙本質（又稱象牙質）部分會產生一條用顯微鏡才能觀察到的線，稱為「新生線」（neonatal line）。目前學界認為新生線的成因是分娩引發的生理變化，由於只出現在牙齒且僅限於出生時，據此能夠分辨產前和產後的琺瑯質，測量新生線形成後的產後琺瑯質分量可以概略推估嬰兒存活時間。鑑識學上認定新生線代表出生後才死亡，若根本沒有新生線則很可能是難產，或者一出生立刻死亡。

牙齒不僅會隨時間慢慢變色，也會因為接觸不同物質呈現不同色澤，這個特徵一樣能用於辨認身分。服用抗生素如盤尼西林的孩童，牙齒較容易出現褐色斑點，後來發現產婦懷孕期間服用抗生素也會導致同樣現象。相對地，若攝取氟化物太多可能因礦質過少引發氟斑牙，牙齒出現白色斑點或條紋。

成年人牙齒可能顏色暗沉，原因是衛生習慣不佳，或者受咖啡、紅酒、香菸等物質染色。又黑又紅的牙齒代表愛嚼檳榔，主要為亞洲文化的風俗，食用人數超過六億。檳榔在常見的精神活性物質（psychoactive substance）名列第四，僅次於菸草、酒精以及咖啡因飲品。

當代牙醫界為了防治口腔疾患，向社會大眾訴求平整潔白的牙齒，希望大家開口就有能放上 Instagram 的燦爛笑容（陶瓷貼片也無妨）。不過這對鑑識科學界可沒好處，在我們看來無論自然變化或牙科治療修補都是重要線索來源。

二〇〇四年亞洲發生大海嘯，法醫口腔學家比對美白牙托、填充物、根管與牙橋來判斷遺體身分。牙齒做過越多治療，辨識起來難度越低，當然前提是能夠取得牙科病歷做對照。相對地，牙齒的美容整形越多，例如牙齒矯正，笑容美觀但因此失去獨特性。

大家活著的時候努力對抗飲食造成齲齒，死亡後牙齒卻顯得格外堅硬，尤其因為藏在口腔內得到多一層保護，被火焚燒或者捲進爆炸都不會壞，想想還真是諷刺。很多案例裡，牙齒的壽命比骨骼來得更長。

加上多數人看到牙齒都能認得，於是警方常常拿著單獨一顆牙齒來找法醫人類學家。然而認得出牙齒是一回事，判斷是否為人類牙齒又是另一回事，必須對常見動物的齒列變化有一定程度瞭解。其實在我們的桌子上，綿羊、豬、牛、馬的臼齒出現頻率高過人齒。確認為人類牙齒以後，要判斷它是小孩的二十顆乳齒之一，還是成人的三十二顆恆齒之一？位於上排還是下排，左側還是右側？

牙齒能夠呈現人或動物身上的很多訊息，大致分為系統演化樹（也就是演化）和個體發生史（個別發展）兩部分。牙齒的形成呼應食物類型，犬齒對肉食動物不可或缺，放在草食動物身上就嫌多餘。兩者都需要門牙與臼齒，可是臼齒也有不同形態，肉食為主的動物需要割截齒，也就是能像剪刀撕肉的臼齒；草食動物的臼齒則用於磨碎食物。人類是雜食動物，所以有適合用來咬住食物的門牙、撕裂食物的犬齒，以及方便磨碎食物的臼齒。

有時候科學家拿到的牙齒屬於人類，卻是來自歷史久遠的墓穴。有沒有現代牙醫治療痕跡是個判斷指標，再來則觀察磨損程度是否符合現代飲食。齲齒比較多是因為現代飲食含糖量高，換作古人通常是臼齒琺瑯質被磨光，可以看見牙本質，畢竟從前社會的飲食粗糙很多。

通常第三副牙齒最有趣，也就是人工製造的牙齒。從古人遺骸找到的範例非常多樣，可以看出以前的牙醫師心靈手巧。一九九一年，我參與挖掘倫敦肯辛頓聖巴拿巴教堂墓穴的研究團隊，墓穴中有三位家境優渥的女性，從她們身上正好能看見牙齒問題如何影響生活，而十九世紀牙醫師又如何解決。

東印度公司海軍威廉·馬克斯菲爾德（William Maxfield）上校，一八三二年當選林肯郡亨伯河口南岸大格里姆斯比區（Great Grimsby）國會議員，其妻莎菈·法蘭西斯·馬克斯菲爾德（Sarah Frances Maxfield）於一八四二年葬在聖巴拿巴教堂。

丈夫早她五年先走，夫妻長眠於彼此身旁。我們對莎菈所知甚少，除了上述資訊外，只能透過鉛棺內遺骸與牙齒進行推論。顯而易見她養尊處優，不僅負擔得起三層式鉛棺（材料為木頭和鉛板，那個年代的富人象徵），還花了不少錢在牙齒上。

開棺之後，所有人的目光立刻集中於同一點：絕對是黃金。進一步調查發現她右側上排中間的門牙曾被鋸斷，之後應當是以酸劑燒灼傷口，最後將牙冠固定於純金牙橋。距離莎菈下葬將近一百五十年，遺體化作一團褐色稀爛，但黃金不易變質，依舊閃閃發亮。牙橋停在原本位置，連接右側上排第一顆臼齒，固定這顆牙的圓環也是黃金打造。

臼齒腐爛嚴重，骨質大量流失，從程度判斷應該長期化膿直到莎菈死亡。它能夠留在原位靠的是牙橋。生前進食的痛苦、口腔散發的惡臭有多難受，現代的我們只能夠想像。

哈莉特．顧卓克（Harriet Goodricke）一八三二年過世，享壽六十四，遺體同樣放置在高價三層棺，不過牙齒修補沒有莎菈那麼豪華，只有上排牙齒換成馬蹄形假牙。由於假牙沒有固定，我們一開棺檢查就掉出來。假牙右邊留了個大洞，位置對應最前方的臼齒，可見製作時哈莉特至少還剩一顆真牙，後來恐怕僅存的臼齒也掉了，於是假牙無法固定便失去功能。其他人細心體貼，在她死後想到可以將假牙一起下葬，維護的或許是她的尊嚴，或許是容貌，即便人已經往生。

此外，不得不說的是這副假牙外觀很不真實，沒有一顆顆牙齒獨立製作，而是直接使用整條天然牙材（無法確認牙材取自什麼動物，大象是一個可能，但十九世紀也會以河馬或海象的象牙製作假牙），模仿人類牙齒分布位置粗略地在表面刻上線條。那個年代很多這樣設計的簡單假牙，多半不是牙科和醫學背景的專家，而是出自鐘錶匠之手，所以無法期待解剖學上的精準度。

悶在棺木內超過一百五十年，這副骨質假牙長期浸泡在褐色黏糊液體中（人體組織腐爛與棺木內側木材混合，形成微弱腐植酸），取出時已經變成深褐色。哈莉特看見自己愛用的假牙變成這副模樣應該不大開心。

漢娜・蘭登（Hannah Lenten）的假牙在三人中屬於勞斯萊斯等級。她一八三八年過世，享年四十九，顯然財力雄厚，鉛棺特別華麗，在牙齒也投注了不少心血。如哈莉特那樣以動物材料製作的假牙通常外觀很假，可想而知不缺錢的豪門會將腦筋動到真正的人齒上。

牙醫會先登報收購牙齒。那年代有所謂的復活工，實際上就是掘屍人[9]，他們提供一部分貨源。再來則取自戰死沙場的士兵（越年輕越好），所以拿破崙戰爭之後出現「滑鐵盧牙齒」（Waterloo teeth）這種術語。普通做法是將這些牙齒鑲嵌在動物牙材的底座上，但漢娜這副不同，選擇以鉚釘鎖在馬蹄形金條，達成極致的維多利亞奢華風。要知道十九世紀初，即使是動物牙材底座加上人類牙齒也超過一百英鎊（換算後等於現在的一萬兩千英鎊），漢娜這副假牙代表的財力不言可喻。

如此豪奢的作品出自克勞迪斯・艾許（Claudius Ash）。他原本從事金銀鍛造，後來轉型為上流社會製作最高等級的假牙，進而成為英國首屈一指的牙醫材料商，並在十九世紀中期稱霸歐洲高端市場。

口腔前段牙齒只有一條牙根，後側臼齒卻是多條牙根，處理起來麻煩，所以較少拔牙。而且前段牙齒是門面，若要替換會注重自然美觀，而後段牙齒並不顯眼，也就沒受到太大重視，假牙材質多半選用其他動物的牙齒或骨頭。

可是漢娜・蘭登不一樣，她拔了六顆臼齒，上下排都做假牙。為了預防假牙從嘴巴掉出來的糗事，左右分別裝上金絲彈簧並以轉軸固定，張嘴時上排假牙受到推擠會牢牢貼合上顎。

9. 譯按：body-snatcher，英國自十八世紀起成立較多大學和醫院，教學與研究需要解剖的遺體不易取得。由於法律上遺體並非財產，於是有了遊走灰色地帶、販售遺體的行業出現。

清點之後，漢娜有六顆靠前面的單牙根牙齒換成滑鐵盧牙齒，以金鉤鑲在黃金馬蹄形上顎牙托。另有六顆臼齒（左右各三）採用象牙，同樣以金鉤固定。下排沒有全做，材料大部分選用象牙，但仍有六顆不屬於她的人齒。

那個年代無法預防和治療蛀牙，掉牙齒是常態。然而從三位女士的案例來看，大家終究在意牙齒對容貌的影響，富裕階級付出大筆金錢並忍受不適也要保有一口燦笑，想來令人感觸良多。

莎菈、哈莉特、漢娜三人戴著寶貴假牙長眠一個半世紀，然而聖巴拿巴教堂墓穴結構危險需要整修，她們必須隨其他遺骸一起移出。後來經過火化，骨灰撒在神聖的教堂土地上，假牙則作為牙醫史紀錄得以留存。

檢查人類遺體時，確認牙齒是標準程序，但現在很少看到華麗奢侈的假牙了，反倒死者嘴部的其他東西或許能夠令人眼睛一亮，比方說脣、舌、齒縫，甚至懸雍垂（uvula，垂掛於軟腭中央末端的組織）上的穿孔都不算少見。此外，牙齒可能鑲寶石，近年還開始在口腔找到RFID（無線射頻辨識）追蹤器。總之人類創意無限，儘管面部已經如此獨特又是與周遭互動的主要途徑，我們依舊開發出各種裝飾與改造，唯一限制就是想像力。

下巴是另一個人類面部的獨特特徵，它的意義、改變、成長非常有趣。下巴究竟有什麼用？與咀嚼有關嗎，還是溝通機制，難道只是一個演化痕跡？新生兒有兩片分離的下頷骨，出生後第一年才融合。幼兒時期下巴發育很快才能容納門牙牙根，大約到了四歲速度趨緩。男性進入青春期之後下巴變化特別顯著。

下巴形狀五花八門，有所謂酒窩下巴、雙下巴，還有尖下巴（女性及孩童），男性下巴一般而言比較方正。這些個人特徵有助我們從骨骼推論性別，有時能直接判斷身分。下巴遭到拳頭毆打的機會高，所幸骨頭很堅硬，力道不夠大還敲不碎，當然實務中也曾經見過嚴重損傷的案例。

人類顏面的每個部分都能在鑑識過程中發揮重要作用，但它們相輔相成，完美組合起來便能夠發揮一加一大於二的效果。

第二部

軀幹：顱後中軸骨

The Body: Postcranial Axial Bones

第三章

背脊：脊椎

脊椎的年紀，就是你的年紀。

——體能教練約瑟夫・皮拉提斯 Joseph Pilates，1883-1976

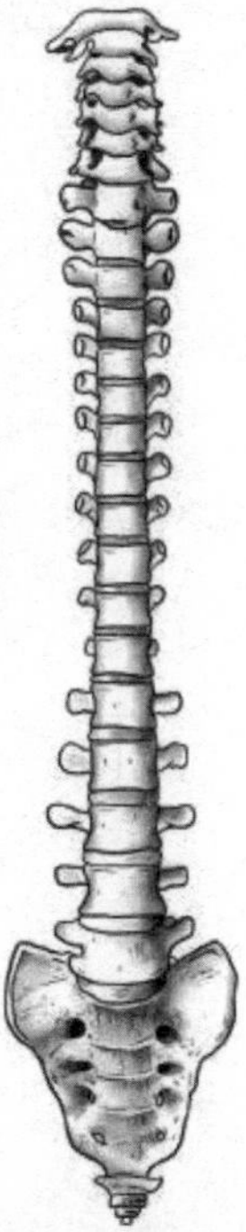

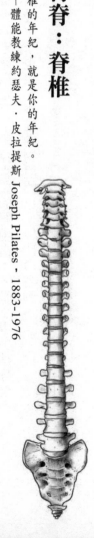

我曾經為一本關於脊椎的書籍篇章寫了段掉書袋的開場白：「骨骼中央軸分為多段體節是一個原始的種系發生學現象，脊椎動物亞門也是據此命名。」

同事兼好友路易絲．舒爾（Louise Scheuer）說我患了不可理喻的文字癌——愛死她了。

其實那句話想表達的是：人體有一條中心軸（由頭骨和脊椎構成），中心軸並非一體成型，而是很多節的拼裝組合，有點像是幼童玩的不規則形積木。脊椎或稱脊柱，是人類的特徵之一，「脊椎動物」是生物學上一個明確分類。沒有脊椎當然就不是脊椎動物，變成昆蟲、蜘蛛、蝸牛、螃蟹、水母、蠕蟲之類應該就沒辦法讀懂這本書了。

脊柱（vertebral column）的英語語源是拉丁文（*verto*，代表轉動）。因為有靈活的脊椎，人類身體可以轉成許多厲害形狀。不過隨年齡增長，脊椎彈性降低，只能將年輕時的手腳靈敏留在回憶裡。按照解剖學正確順序將脊椎骨排列組合起來，會發現老化痕跡在每一節骨頭上都存在且平均分布。

老化還會造成脊椎骨節邊緣出現骨贅（osteophyte，俗稱骨刺），不僅限制活動範圍，也會造成疼痛。骨贅過大會導致兩節脊椎骨合而為一，對活動能力造成永久影響。骨贅在年輕人身上較為罕見，所以鑑識時可用來推論年紀。其實骨贅是骨關節炎的表現，在骶骨（又稱薦椎）之前的二十四節脊椎都可能發作。

正常情況下，人類脊椎共有三十三節，其中包括七節頸椎、十二節胸椎、五節腰椎。再來，臀部一帶五節椎骨，長大後融合為骶骨。最後還有四節尾椎是退化的尾巴，融合成尾骨。

法醫人類學家收到單節脊椎骨時，初步判定為人骨後必須思考它屬於上述五個區塊的何者，以及最可能是成人脊椎三十三節中哪一節（新生兒很多骨節尚未融合，數量將近三倍）。答案可能指向死者身分，也或許引出其他線索幫助有關單位釐清死因與死法，運氣好的時候甚至一次解決所有問題。

脊椎骨遭到刀子戳砍也會留下痕跡可供鑑識，但若遺體被動物啃食或遭到水流打散，三十三節脊椎全都分開，法醫人類學家就必須一節一節辨認，列出尚未找到的部分。可想而知，如何辨別每節脊椎骨是鑑識訓練的一大課題，我們通常會請學生判斷某一塊骨頭在脊柱上的順位，答案只容許上下一節的誤差，超過就算答錯。我們的訓練可是很嚴格的。

賽蒙・弗雷澤遺骸被盜案

縱使只是一節骨頭，有可能蘊含大量資訊可以判斷遺體是或不是誰。我之前所屬的丹地大學團隊曾經碰上一個難題：鑑別印威內斯市（Inverness）[1]郊區瓦德洛陵墓（Wardlaw Mausoleum）內的遺骨，判斷是否為惡名昭彰的羅瓦特氏族之長賽蒙・弗雷澤（Simon Fraser, 1667-1747）。陵墓位於僻靜的柯克希爾村（Kirkhill），一六三四年完工，直到十九世紀初都是羅瓦特氏族專屬墓穴。當時英國政府裁決不讓賽蒙・弗雷澤葬在家族墓穴[2]，民間傳聞卻說遺體被人偷偷從倫敦帶回去。

賽蒙・弗雷澤生前詭計多端，在政治界號稱「老狐狸」。他是牆頭草類型投機分子，為了自身利益不斷改變陣營，最初看似支持英國王室，後來卻轉向查爾斯・愛德華・斯圖亞特的詹姆士黨（Jacobite）。事跡總會敗露，叛亂結束之後他被監禁在倫敦塔等待國會審判。

作為最大戰犯，六天審判都是壓倒性的證據。叛國者依法處以絞死和分屍，但後來國王特准改為砍頭，賽蒙・弗雷澤很「榮幸」成了英國最後一個因叛國罪名被砍頭的死者，用刑時幾千人前往倫敦塔丘圍觀。他死得俐落，但死前還有風波：供民眾使

1. 譯按：蘇格蘭北部都市。
2. 譯按：請參考「詹姆士黨叛亂」相關歷史。

用的看臺擠滿人，其中一座倒塌，九人因此喪命。老狐狸看了哈哈大笑，據說英文口語「笑到頭掉下來」（laughing your head off）便是出自這樁軼事。

老狐狸前去倫敦接受審判的路途中曾停留聖奧爾本斯鎮白鹿旅店（White Hart Inn, St. Albans），威廉．賀加斯（William Hogarth）在那裡為他留下肖像。畫作中弗雷澤身材肥胖、神情凶悍，並不賞心悅目。當下他正試圖將思緒化為文字，所以桌上攤著日記本，羽毛筆擱在一旁。

政府最初同意行刑之後將遺體返還柯克希爾村墓窖（等到將人頭插在木樁公開展示以儆效尤的期限過了），後來卻改變主意，主張老狐狸應該與兩名詹姆士黨同夥奇爾馬諾克伯爵（Earl of Kilmarnock）、巴爾梅里諾勛爵（Lord Balmerino）一起放在倫敦塔內城牆的「鎖鏈中的聖彼得皇家禮拜堂」（Chapel of St Peter ad Vincula）。即便如此，遺體被悄悄帶出倫敦、船運北上至印威內斯然後轉往柯克希爾村的傳聞沒斷過。賽蒙．弗雷澤在同胞眼中是偉大的末代高原勇士、真正忠於蘇格蘭的愛國英雄，子民不甘心讓他遺體受困在英格蘭人的土地上。

現在柯克希爾村陵墓成為觀光景點，特別受到電視影集《異鄉人：古戰場傳奇》（*Outlander*）的觀眾喜愛。劇本描述女主角經歷時空穿越，回到詹姆士黨叛亂時代風景優美的蘇格蘭高地。故事在美國和加拿大掀起熱潮，印象中其中一兩集裡老狐狸有登場。

確實有些證據指向賽蒙．弗雷澤遺骸被送進柯克希爾村，譬如墓穴內雙層鉛棺棺蓋上有缺損痕跡，周圍正好找得到一塊青銅銘牌，兩者形狀符合。銘牌上刻了弗雷澤的姓名、族徽和一段拉丁文雋語，大意是譴責臨近氏族霸道專橫。

丹地大學參與這樁歷史奇案有兩個原因。首先，瓦德洛陵墓結構危險，我們可以協助募款重建。再者，既然棺蓋有損毀跡象，自然需要檢查遺骨，並安置到合適地點。賽蒙．弗雷澤被砍下首級，若遺骸完整，對我們而言是觀察脊椎上緣不可多得的機會。但這些理由與後來的熱鬧關係不大。

由於遺體檢驗結果可能是重要歷史發現，經過新聞報導引起極大關注。歷史學家同時也是電視節目主持人丹．史諾（Dan Snow）帶了歷史熱門頻道的團隊前往柯克希爾村拍攝完整過程，愛丁堡皇家學會也規畫在印威內斯舉辦公開活動，希望徹底解開老狐狸葬身之地的謎團。壓力變得很大。

我與犯罪調查的老搭檔、同事兼摯友露希娜．哈克曼博士（Dr. Lucina Hackman）結伴出發，迎著寒風來到柯克希爾村檢查場地與擬定策略。陵寢坐落在風景優美的墓園中間，需要一把古老鑰匙才能開啟。顯然鑰匙在《異鄉人》劇情中出現過，每個遊客都會拿著鑰匙站在入口拍照，我們入境隨俗，否則好像很不合群。

進入陵寢，首先是個樸素的長形前廳，地板門後一條陡峭石階深入地底。墓穴是個沒有窗戶的小型拱頂空間（只有中心點的天花板高度足夠讓人站直），裡面有五大一小共計六具靈柩。安息於此的人都出身自弗雷澤家族，棺蓋上刻有姓名、年齡以及死亡日期。五具完好無損，遭到破壞的正好是最大的一具，它位在墓穴左側最深處等候檢驗。

現場積了一層白色粉末，可見鉛層已經氧化，揚起的氧化鉛粒子會對健康造成很大風險，我們戴上面罩才開始行動。要跪下來從棺蓋被撬開的縫隙才能看見內部狀況，首先留意到大量木材，應該就是棺木內層分解的殘餘。看到骨頭了，我們便退開討論如何取出較為妥當。

既然有骨骼，當然就想檢驗ＤＮＡ，因此我們拿出包括雙層手套在內的全副行頭，確保行動過程不造成任何汙染。至於誰負責什麼這種小事連抽籤也免了，反正露希娜永遠是下下籤（其實只是按照資歷分配）。她留在下面拍照、一小塊一小塊取出棺裡的東西和骨頭，透過助理送到地上，我進行更深入的攝錄影、取樣及檢驗。

掀開棺蓋，清楚看見內層木板塌陷，部分遺骨暴露。最先取出的是脊椎末端大塊三角形骶骨，堅硬完整、狀態良好。

單從這塊骨頭就可以知道不少事情。首先從形狀與相對比例可以推論死者為男性，骨頭大所以身形一定也魁梧。再來，多處關節炎指向死亡時年事已高。前面提過賀加斯曾經為賽蒙·弗雷澤留下最後一幅肖像，畫作中的他確實很高（將近六英呎，約一百八十公分），腰圍也粗。遭處刑時他大約八十歲，文獻記載他苦於關節炎和痛風。截至目前為止相關證據都吻合，棺材內第一塊骨頭就命中很多特徵。

丹·史諾興奮不已，想直接宣布這就是羅瓦特勛爵遺骸。我們雖然不忍心但必須潑冷水，提醒他現在下結論言之過早，得確認棺裡其他線索。他聽了之後讓我們繼續忙，自己前往庫洛登村（Culloden）古戰場拍些節目材料。

取出第二塊骨頭，外觀是成人股骨（大腿骨）左膝蓋一帶，然而沒有關節炎痕跡，不得不懷疑與剛才的骶骨是否同屬一人。等送來第三份骨頭，完全可以肯定裡頭裝了不只一個人。露希娜在靈柩前端發現十七個齒冠[3]，都出自大概四歲的小孩。我們無從得知為何牙齒在柩內、孩子的頭去了哪裡，說不定媽媽喜歡保存孩子乳牙，沒地方放就塞這兒。牙齒出現在什麼地方都談不上奇怪，比方說牙仙子也容許我保留女

3. 譯按：tooth crown，牙冠或齒冠原意（及此處）指牙齒外露與口腔部分，但現代則多半為「人造牙冠」（假牙牙套）的簡稱。

兒的乳牙，後來都變成教材，供學生練習從牙齒判斷年齡。

接著又找到一個矮小年輕人的肋骨及胸骨，按照正確解剖位置排列在靈柩尾端木底板下。其餘部分怎麼不見了？我們無法回答，只能肯定一點：棺材裡不同部位分屬四人，有兒童、年輕人、中年人和一位年紀大的先生。

謎團還沒結束。柩內木底板上有另一具狀況不佳但結構正確的骸骨，而且少了頭顱。露希娜親自上來跟我說悄悄話報告新發現，免得別人聽說了又燃起過大期望。我們認為先保密，收集線索加以整理，做出可發表的結論再公開。目前看來，或許高地人真的瞞過英格蘭，成功將族長遺體帶回柯克希爾村。

丹．史諾回來了，想知道我們是否能從最初找到的骶骨辨識身分。骶骨的英文（sacrum）是十八世紀學者將拉丁文（*os sacrum*）簡化得來，原文直譯是「神聖的骨頭」，英語和德語都還有類似的俗語。骶骨為何神聖沒有定論，有個理論認為古人看骶骨強壯不易腐壞，相信它能成為審判日過後肉身復活的基礎；另一種說法主張骶骨保護生殖器，而生殖器是神聖的器官。丹．史諾喜歡哪個版本我們不知道，但他對這塊骶骨寄予厚望，迫切期盼能證實老狐狸名副其實，真讓部下從英格蘭人眼皮子底下帶走遺骨光榮返鄉。

聽到我們解釋說柩內至少五人，丹．史諾一臉駭然，問起怎麼有這種事。考量到棺柩本就打開過，我們推測與地上墓園的整頓有關。無論人或動物挖開墳墓都會造成骨頭暴露，發現之後總得設法處理，最簡單做法是找墓穴裡開過的靈柩塞進去，死者便不會離開聖域。說起來有點像是掀開地毯把灰塵掃進去。首先放進柩內的應該是肋骨和胸骨，再來是無頭亡骸，其餘更晚，棺蓋被破壞是最後的事情。

針對無頭骨骸的討論過程需要錄影存檔，於是請閒雜人等離開，要求留下的人遵守保密規範，一切資訊等愛丁堡皇家學會的公開講座才能對外發布。講座採取售票制，丹．史諾所屬電視公司會全程轉播給世界各地《異鄉人》的影迷。當晚約有四百名現場觀眾，全球超過五百萬人觀看直播或重播。愛丁堡皇家學會表示這是他們規模最大的一次公開講座，可見老狐狸過了幾百年依舊魅力不凡。

記者議論紛紛，認為如果老狐狸不在墓穴內應該不會大費周章辦活動，於是先找上我們想探聽內情，不過大家守口如瓶。觀眾胃口被吊足，會場氣氛非常熱烈。首先陵墓管理員艾瑞克．倫德博（Eric Lundberg）上臺敘述開棺調查的前後脈絡，接著嫁進弗雷澤家族、身兼歷史學家與作家雙重身分的莎菈．弗雷澤（Sarah Fraser）介紹祖先生前的重要地位，故事十分精彩。丹．史諾透過視訊錦上添花，表達自己對這次研究的重視，分享過程的影像片段。

露希娜上臺放映墓穴內部畫面，壓軸由我說明從棺內無頭骸骨得到什麼結論：倘若羅瓦特勛爵是個二、三十歲的女子，那麼研究團隊確實找到遺體了。此話一出，會場先是陷入死寂，隨後倒抽涼氣的聲音此起彼落。看來沒人料到這結果，然而科學本質就是如此，真相不會配合人類的慾望產生任何變化。

再來就得解釋我們有什麼發現。最真實的答案是我們從頭到尾不知道鉛棺中女子究竟何人。從刻好勛爵姓名的銘板推敲，一個可能解釋是當初確實有過將遺體送出倫敦塔的計畫，但任務並未成功，或許那之後羅瓦特家族拆下銘板，騰出鉛棺安葬別人？但按照這個假設，他們連女性死者的名字都懶得留下來。至於如何知道是女性？骶骨與骨盆形狀十分明顯，我們對這個結論很有信心。

露希娜和我進一步推論：棺材曾經被好事之徒撬開偷看，棺蓋不密合之後就被用來收容其他遺骨。羅瓦特勛爵的故事流傳長達兩百五十年，期間極有可能不只一次被打開確認，尤其鉛層氧化、縫隙的焊封剝落後誘惑更強烈，結果就是靈柩損壞。

那麼，棺內女子的頭在何處？從痕跡來看她並未遭到砍頭，單純是頭骨不在裡面。也許是被好事之徒拿走？說不定他們開棺一看，心想若是老狐狸就不該有顱骨，為了保持傳說不滅刻意取走骷髏頭？又或者他們相信靈柩內躺的確實是賽蒙．弗雷澤，所以將人頭當作寶物帶走？恐怕永遠得不到答案。

無論鉛棺中是什麼人都該好好安息，正好我家與弗雷澤家系另一個分支是世交，他們又在印威內斯是老字號的殯葬業者。於是我撥電話給比爾和馬丁，告知陵墓的研究結果，詢問他們是否能夠捐贈一口棺木，方便重新安置可能也是弗雷澤血脈的女性先人。兩人當然樂意幫忙。後來我們舉辦儀式、重新收好遺骨，墓穴現在除了原本五口鉛棺，還有一具嶄新木棺，無名女子以及伴她漫長歲月的四個人長眠其內。話說回來，根據我們對老狐狸的瞭解，他看了開棺到發表的過程一定覺得很荒唐，一個把戲耍了大家兩百五十年，真是笑到他頭要掉下來了。

尋找羅瓦特勛爵的遺體就像一次冒險，起點和終點的關鍵都是大骨架高齡男子患有關節炎的骶骨。然而單單是辨認骨骼部位還不夠，還必須能夠藉此判斷性別、年齡以及生活模式，否則恐怕任何一個謎題都解不開，更無法釐清同一口棺木內到底裝了多少人。

身體的軸心

人類脊柱原先與其他四肢爬行的哺乳動物一樣是水平方向。從化石推論，距今超過四百萬年前，現代人類的祖先開始頻繁以雙腿行走，此後脊椎慢慢直立。生物學上來說，脊椎直立其實並不理想，會承受巨大的擠壓和牽拉應力。身體軸心與活動方式彼此扞格反映在許多老化疾病上。

所以嬰兒移動是從四肢並用開始也算合情合理。爬行姿態下，脊椎可以保持水平，因此最為穩定。轉為雙足行走的初期必須在跌跌撞撞中試探，練習將重心縮到小得可憐的地步，重量壓在同樣小得可憐不知撐不撐得住的腳掌，等肌肉、骨骼、神經都習慣了才能跨出第一步。其實成人也一樣，如果神經功能受到影響，例如酒喝多了，伏地爬行雖然不好看卻安全很多，上樓梯時特別明顯。有些嬰兒會經歷過渡階段，喜歡坐著挪動身體，這是因為坐骨結節比較穩定，他們要花一段時間才願意放棄輔助，只靠兩腳站立。

脊椎動物之所以有脊椎骨，最大意義在於保護極度脆弱的脊髓及外層脊膜。脊髓從腦部往下進入軀幹，最上端的神經組織與腦幹相連，從頸椎第二節才正式算作脊髓。這條藏在骨頭裡的細長白索負責往下傳遞運動訊息與指揮肌肉動作，也能反過來將包括觸感、溫度、疼痛等感官訊號往上送進大腦。脊髓比脊骨短，會停在腰部的骶骨及尾骨，大約是腰椎第一或第二節。

因此從神經組織周邊抽取腦脊髓液的腰椎穿刺術會從更下方進行（通常是腰椎第三、第四節）。雖然那根針的長度令人看了心驚膽跳，正常施作不可能觸及脊髓。有一次為了檢驗腦膜炎我也接受腰椎穿刺檢查，可以親自證實感覺十分糟糕，尤其當醫生發現病人學過解剖學更慘，長針穿過什麼組織都會多說兩句。「嗯，到後縱韌帶了哦，有感覺啪一下嗎？」被針扎的人其實不想聽到這麼多。

人類的祖先決定只靠兩腳站立，於是脊柱就必須承擔先天上不適合的重任。它得平衡上半身與下半身、頸部與頭部，還要提供附著點給肌肉以便控制姿勢動作。同時脊柱必須有足夠敏感的神經，持續微調肌肉的屈曲及伸張，否則無法保持直立。

只是我們通常不會意識到這麼細微的身體活動。保持直立是個下意識行為，應該說身體不放心將這件事情交給我們的記性。能觀察身體如何保持直立的場合是站著睡覺：人類確實可以站著睡著，但如果沒有外物支撐，一旦負責維持平衡的肌肉停止運作，我們很快會摔倒。懷疑的話就看看在沙發上打瞌睡的人，他們會忽然渾身猛抽一下驚醒過來，原因是生理本能針對頸部肌肉放鬆向大腦提出警告。

脊椎骨包覆脊髓，與保護大腦的顱骨一樣自胚胎早期就開始發育，懷孕第七週前即成形，不難猜想到起始點靠近大腦頂端。嬰兒出生時，脊椎由將近九十塊小骨頭構成，看起來很像擲距骨[4]的骨骰（其實並非巧合，最初玩遊戲的人擲的不是羊距骨而是羊脊椎骨）。脊椎成長十分快速，眾多小骨頭到了四歲會組合固定為我們熟知的三十三個骨節，剩下五塊骶骨等到青春期尾聲才融合。

胎兒脊柱彎曲，朝背部凸出為C字形。但出生後二到三個月會發生很神奇的變化：嬰兒頸部肌肉增強，能夠支撐與平衡脊椎上方比例特大的頭顱，於是頸椎部分漸漸發展為反方向，變成朝前突出的逆C形。六到八個月，下背肌肉也發育到一定程度，嬰兒可以靠自己力量坐起並平衡全身，於是腰椎也逐漸朝前凸出。

周歲生日還沒過，嬰兒脊柱就會從胚胎時的C形變成彎彎曲曲的S形，這是只在雙足動物身上出現的特徵。脊柱線條不靠骨頭本身維持，而是仰仗骨節之間的軟骨，也就是椎間盤。然而老化之後椎間盤失去彈性、退化狹窄，脊柱慢慢回復到胚胎時代的C形，於是我們身子無法挺直，也就是所謂駝背。駝背導致重心改變，但可以靠拐杖維持穩定。

4. 譯按：Knucklebones，一種兒童遊戲，玩法是拋接羊的後脛距骨，或將其當作四面骰。

頸椎活動能力很好，負責平衡脊柱與頭顱。脊椎形狀容許大幅度轉動，我們才能回頭、看側面和上下搖晃腦袋。

脊椎到了胸部有肋骨附著，老年人胸椎因為骨質疏鬆容易骨折和產生富貴包（Dowager's hump，又稱水牛肩）。年紀大了以後若罹患骨關節炎，這一段脊柱也常常發展出骨橋（bony bridge）[5]，導致相鄰的骨頭連在一起限制活動範圍。初次發作通常是五十多歲，但也有可能更早。

上胸椎形狀不對稱，每一節都有一塊平坦區域容納人體最大的血管主動脈。主動脈瘤是主動脈管路異常膨脹導致管壁越來越薄的病變，最終血管毫無預警爆開致使病人猝死。我的大伯威利就是一個例子，他在週日的家族午餐上很突然地走了。因主動脈瘤死亡時上胸椎會有明顯痕跡，即使軟組織早就分解了也能看出來。

下背尾椎是脊椎各部位中體積最大的一段，它要將身體重量引導到骶骨、分散至雙腿讓地面承受。如果腰椎最後一截沒有發育為正常形狀，骨頭融合過程受阻，首先會演變成椎關節病變，前後兩節因為活動過大被拉開則稱作脊椎滑脫症（spondylolisthesis）。有時候非常普通的動作也能引發脊椎滑脫，例如換被套（我丈夫的親身體驗）。對脊柱要求太高的話它會叛逆，下場是我們的行動大大受限。

5. 譯按：即兩塊骨頭的骨贅（骨刺）生長到後期彼此相連。

青春期前後，原本分開的五節骶骨開始結合。尾骨融合與否不一定，融合完的體積也有個別差異。人類顯而易見沒有柔軟靈活的尾巴，脊椎末端的尾骨藏進臀部凹陷的股溝內，是韌帶和肌肉附著的重要據點。既然要直立活動、兩腳行走，強健的骨盆底成了關鍵。從解剖學來看，尾骨發揮如同吊帶的功能，腸子被攔住了才不會從後面掉出去。

多數情況下脊柱的各種機能運作順暢，但畢竟是九十塊小骨頭構成的複雜系統，偶爾會出現意料之外的問題，比方說一部分椎骨形狀不正確（「蝴蝶椎」是其中一種類型）、不該融合的骨頭卻融合了（「瀰漫性特異性過度骨化」，醫學上簡稱為DISH）、該融合的一直不融合則導致「脊柱裂」。脊椎異常種類繁多，當事人自己未必會察覺，但我們法醫人類學家卻能藉此推論生前各種層面，如果有病歷影像搭配效果更好。

脊柱頂端、頸椎前兩節在解剖上有明顯差異，所以特別重要。頸椎第一節形狀類似由骨骼構成的圓環，它的別名是寰椎，英文名 atlas 源於希臘神話的泰坦神族亞特拉斯，宙斯懲罰祂永遠扛著天界。人類寰椎只需要撐住頭顱，但也已經很厲害了。寰椎與頭骨間的關節十分特殊，讓我們可以做出點頭這個動作。

頸椎第二節別名樞椎（axis），外觀奇特，有個齒突自椎體向上垂直伸出，正好嵌進寰椎固定。齒突周圍有韌帶轉動關節，也就是我們往左右轉頭的動作。從工程學角度來看非常有創意。

寰椎和樞椎非常接近頭骨及腦部，有大量神經組織需要保護，所以骨頭裡名為脊髓管的空間特別大。換言之，這個部位受到損傷常常致命。

骨折種類很多，其中名字最具震懾力也最容易望文生義的應該就屬「絞首骨折」（hangman's fracture）。頸椎第二節基本上是環狀，裂開一定會分成兩半，不信的話可以找顆也是圓環狀中間有洞的薄荷糖試試，就算只想敲出一條裂痕，結果還是會碎成兩塊。

遭絞首的人，由於快速墜落又被繩索猛然拉扯，除了樞椎齒突兩側會出現裂縫，齒突本身也會刺入脊髓（更精確地說是刺入腦幹下緣）並破壞神經組織導致死亡。如果受刑人運氣不差、行刑人手法正確，生命結束只是剎那間的事。

以前絞刑刑吏會以手法俐落為傲。到了一八七二年，終於有一位叫威廉・瑪伍德（William Marwood）的英國人開發出「長距墜落」（long drop）這個用刑方式，以罪犯的身高體重等數字當作參數，計算出最合適的繩子長度和墜落高度，確保每次絞刑的過程快速且人道。絞刑失敗不只是受刑者死得淒慘，行刑者和所有無可奈何的旁觀者都會留下心理陰影。

絞刑目的是折斷頸部，不扯下頭顱但立即死亡。即使採用長距墜落也無法保證每次行刑都能成功。研究顯示，司法系統的絞刑結果並不理想，頸椎斷裂的案例不到兩成，其中更只有大概一半是經典的「絞首骨折」。其實從比例來看，絞首骨折不但不「經典」，還非常罕見。

這也解釋了為什麼刑律註明罪犯受絞刑時必須「吊頸直至死亡」。有時絞刑墜落不足以立刻致死，結果造成窒息、血管收縮與之後的缺氧症狀，也就是所謂「絞刑舞蹈」（hangman's jig）現象，受刑者會全身晃動不停掙扎，甚至死後還持續好幾分鐘。為了幫助受刑者死得乾淨俐落，家屬或朋友可能得花錢請刑吏幫忙抱緊受刑者的腿往下拉扯。死得快不快與繩圈在頸部的位置也有關係，繩子固定在頦下，也就是下巴處，才能讓脖子過度伸展，強化對腦幹造成的衝擊。

技術上來說絞死與勒殺並不絕對同義，然而絞刑未能造成神經損傷立即死亡時就變成勒殺。勒殺的定義是主要血管受到壓迫、迷走神經或頸部氣管受阻導致窒息，傷勢出現在軟組織，脊椎很少有痕跡，所以通常不是法醫人類學家做判斷，屬於病理學專業領域。

勒殺還有另外兩種形式，分別是繩勒和手勒（手勒泛指以雙手或身體其他部位壓迫頸部）。繩勒有可能是他人所為，也有可能是當事人自己進行。相對而言，手勒幾乎不可能自己來，原因應該無需贅言。三種勒殺差別在於壓迫頸部的外力成因，繩圈由死者自身重量拉扯而收縮是絞勒，繩圈受其他外來力量拉扯稱作繩勒，以雙手、前臂或身體任何一部分為工具時叫做手勒。

絞勒細分之下又有三類：身體自由懸吊、不完整懸吊，以及受到重量拉扯下墜（最常見的情況是司法絞刑）。只有最後這種類型比較能從頸椎最上段看出死因，其他兩種絞死不太會在骨頭留下痕跡。

你還是去受絞刑吧！

手勒不太可能是自殺，但其他幾種絞死與勒死則不同，在自殺或他殺都可能出現。經典絞首骨折的一個案例，是一八三九年丹地市最後的絞刑受刑人威廉·貝瑞（William Bury），他被控謀殺妻子艾倫，但另一派觀點認為艾倫死於不完整懸吊的自盡。

貝瑞名氣很大，原因不只是殺妻，還包括從倫敦東區搬到丹地的時間點太巧，加上妻子死狀有諸多疑點，被捕後出現一種理論：他就是令英格蘭地區風聲鶴唳的連續殺人魔開膛手傑克。這論點背後證據貧乏，所以他在我個人的嫌疑犯名單上順位不夠前面。

開膛手傑克出沒於倫敦東部白教堂區（Whitechapel），犯下一八八八年八月到十一月間總共五樁命案。[6] 一八八九年一月二十日，貝瑞帶著艾倫從距離白教堂不遠的堡區（Bow）出發，搭上坎布里亞號北上至丹地。他對妻子說自己在當地黃麻加工廠找到工作，實際上沒這回事。兩人租下聯合街四十三號頂樓公寓，住了八天就用光盤纏。之後貝瑞還是找到棲身之所，位於王子街一百一十三號空無一物的地下室，他跟屋主說要看房，但沒將鑰匙還回去。又過了十二天，他自己走進警局，對警察表示去地下室搜查大木箱就會找到艾倫遺體，驗屍報告判斷她已經身亡五日。

貝瑞是個酒鬼，有家暴紀錄。一些人懷疑他娶妻看上的是艾倫曾有意外之財，當然很快就花光了。我們無法確認的是：為什麼他前往丹地，以及一八八九年二月五日的王子街一一三號地下室到底發生過什麼事。

6. 譯按：近年有研究認為最後一位死者瑪莉·珍·凱莉（Mary Jane Kelly）或許凶手另有其人，但嫁禍給開膛手傑克，然而研究結果缺乏實質有力的證據，故一般仍認為珍·凱莉是開膛手傑克的最後受害者。

他給警方的說辭是艾倫死亡前夜夫妻倆還一起喝酒，可是調查顯示艾倫並不嗜酒。貝瑞聲稱自己上床睡覺，翌日早晨醒來就發現妻子斷氣倒地，脖子纏著繩圈。警察探詢得知繩子是艾倫死亡前一天貝瑞出門買的，而且同一天他曾經去過當地郡法院旁聽，或許意在瞭解司法系統如何運作。

法醫病理學家坦柏曼、史托克兩位醫師（Drs. Templeman and Stalker）對艾倫遺體進行檢驗，找到多處瘀青和割裂傷，其中一條傷口極深，腸子都露出腹部了。他們指出傷口邊緣較高，代表肚子受創時人很可能還活著。頸部的繩索壓痕穿過皮膚深及骨骼，右腿骨在強塞進木箱的過程折斷。警察確實是在大木箱裡找到死狀淒慘的遺體，裡面還有衣物和書本。

搜查時在窗臺找到刀，刀刃上黏著頭髮與乾掉的血跡，比對後與艾倫吻合。案情似乎很明朗：貝瑞拿繩子勒死妻子，還趁妻子死亡前以利刃劃開她腹部，手法與開膛手傑克如出一轍。之後他為了將艾倫裝進木箱而折斷遺體的腿。可是問題來了，他為什麼留在丹地，與屍體共處五天才自首？是受不了良心煎熬才前往警局？或者幡然醒悟，決定敢作敢當？根據旁人對威廉．貝瑞的描述，兩種可能性都很低。

審判日期訂在三月二十八日，春季巡迴法庭正好來到丹地，由楊格勛爵（Lord

Young）擔任法官。由於丹地市強烈反對死刑，他擔心地方民意影響陪審團，決定一天聽完所有證詞。

警方原本應該覺得本案十拿九穩，卻低估了辯方找來的雷諾斯、基尼爾兩位醫師（Drs. Lennox and Kinnear）。司法上，被告並不需要證實自己無罪，提出合理懷疑即可。貝瑞不願認罪，所以必須由檢方證明他確實殺了人。

被告聲稱艾倫死亡前夜兩人一起喝酒，兩位醫師證人不爭議這點，但提出死者消化道內殘餘物沒有酒精氣味。司法制度賦予辯方提出不同見解的權利，他們對事情經過做出了另一套假設：雷諾斯和基尼爾認為艾倫可能是自縊，她將繩子纏在頸部製造不完全懸吊，門把就是可以利用的工具。而貝瑞拿刀的原始動機或許只是將妻子解開，但因為情緒激動、意識不清，過程中刀刃劃到她腹部。兩人更指出刀傷應該發生在死後，否則傷口周圍軟組織會出現屍斑。

之後貝瑞陷入恐慌，將亡妻裝進木箱，五天裡不知所措深感痛苦，承受不了壓力才主動前往警局。至於為何他要將艾倫的衣服全燒光，為何前往警局時口袋裡有艾倫的首飾，又為何清理了公寓地板卻完全不藏匿繩子和沾有血跡的刀，許多細節不合邏輯誰都無法解釋。

審判到了結尾，法官要求陪審團只思考一點：這究竟是謀殺，還是自殺？十五名陪審員最終做出有罪判決，但果然順應民風建議法官從輕發落。楊格勛爵詢問從輕發落背後總該有個理由，陪審團則表示醫學證據前後扞格。

楊格勛爵一聽火氣上來，叫他們回去房間重新討論，有清楚決議再出來說話。陪審團只用了五分鐘就達成共識：有罪。勛爵依法對殺人者求處死刑，四星期後也就是一八八九年四月二十四日上午八點到九點之間執行。犯人被吊到確實死亡，而且至少是一回「俐落」的絞刑，頸椎第二節斷裂導致瞬間死亡。威廉・貝瑞死時二十九歲。

威廉・貝瑞來到丹地之前，一八八九年一月七日，安德魯・莫維爾・派特森教授（Andrew Melville Paterson）成為丹地大學第一任考克斯解剖學教授[7]並發表就職演講。

那個年代絞刑在蘇格蘭很少見，某些地區的學者很難取得遺體進行解剖研究，結果就發生了伯克和海爾（Burke and Hare）謀殺案。愛丁堡是當時歐洲解剖研究的重鎮，他們為了供應遺體居然不惜殺人。後來一八三二年通過解剖學法案回應科學界需求，授予解剖學者證照合法取得無人認領的遺體，也首次容許關係最近的血親選擇是否將遺體捐作科學用途。即便如此，大體最主要來源依舊是監獄、醫院、精神病院、

7. 譯按：獲得當地考克斯（Cox）家族贊助，旨在教育普羅大眾的榮譽職稱。

孤兒院以及自殺的死者。

派特森上任後三個月，照理丹地大學的學者都有執照，不會錯失良機合法取得威廉・貝瑞的遺體。遺憾的是從校方資料找得到貝瑞死亡之前和之後的大體紀錄，卻沒有文件證實他的遺體曾經歸學校所有。幸好我們仍能肯定派特森教授有採取行動，因為我在大學的辦公桌上以前擺著七節頸椎，其中第二節的經典絞首骨折清楚可見，博物館館藏目錄記載它們來自威廉・貝瑞。至於取下頸椎的是派特森，抑或是坦柏曼和史托克醫師，這點無從得知。

為了紀念丹地大學考克斯解剖學教授設立一百三十週年，我們決定重新開庭審視威廉・貝瑞一案。第一任考克斯教授上任才兩個月，威廉・貝瑞就在郡法院被判了死刑，我們刻意選擇一模一樣的地點進行這次活動。審判過程中楊格勛爵使用的醫學報告和筆記完整存放在愛丁堡的蘇格蘭文獻署內，重現內容並非難事。我們也依據當初勛爵指示的審判原則，專注於醫學證據，只不過改採現代鑑識標準進行論斷。新的科學知識會附和還是推翻過去的判決？十分耐人尋味。

我們請到現役的最高法院法官修・瑪蘇斯勛爵（Lord Hugh Matthews）前來主持。然而有鑑於活動目的並非重審，只是推廣鑑識科學，他便沒有以法官裝扮出席。

代表控方的團隊成員來自丹地大學訟辯學會，這群法律系學生實在幸運，找到蘇格蘭赫赫有名的大律師艾利克斯・普倫提斯（Alex Prentice）當指導老師。控方證人只有一個，同樣大有來頭：病理學家約翰・克拉克醫師（John Clark），他僅根據當年坦柏曼和史托克醫師的報告出庭作證。

辯方團隊則來自亞伯丁大學訟辯學會，指導老師朵洛西・貝恩（Dorothy Bain）既是蘇格蘭知名律師，也具有副總檢察長多年資歷。他們同樣只找了一個證人：里察・薛佛博士（Richard Shepherd），一位極有名的法醫病理學家，他以雷諾斯、基尼爾兩位醫師的報告為本，重新提出證詞。陪審員共十五人（蘇格蘭的陪審團通常都是十五人），透過當地報紙宣傳後隨機選出，但遴選標準與當年不同；為了反映社會與科學的變遷，我們不會像十九世紀一樣以財力和性別當作門檻，陪審團內男女皆有。這次丹・史諾同樣過來全程攝影記錄，影片至今仍供丹地及亞伯丁兩所大學法律系作為教材使用。

活動當日，法庭擠滿人，飾演威廉・貝瑞的年輕人由穿著戲服的假警官護送至被告席。辯論開始之後，克拉克醫師提供了被告最重要的爭點。他表示無法排除艾倫自盡的可能性，因為離地不高的物體就足以上吊成功，門把確實符合條件。辯方火力全開，主張合理懷疑已經成立。接下來關鍵是陪審團怎麼想？

聽取證詞、交互詰問、反詰問都結束以後準備結案。庭上給的指示簡單又令人難忘：「陪審團要慎思明辨不可草率，法官一定會給你們足夠時間，今天這個案子……十五分鐘夠了吧？」哄堂大笑的場面在法院難得一見。明明是涉及謀殺肢解的重案，又那麼多人一本正經完美演出，前後氣氛落差未免太大。

陪審員要做的事情其實很簡單，只要思考自己認同控方的推論或者辯方主張的合理懷疑。畢竟不是重審，他們也不適合針對有罪或無罪做表態。回到法庭，陪審團以十三比二的票數支持辯方。大部分陪審員認為科學證據不足以支持謀殺說法，主因仍在於醫學證據相互矛盾。換句話說，二十一世紀的陪審團與一百三十年前的祖先對案情有相同的直覺判斷。

可惜威廉．貝瑞已經脫不了身。法官也無法逆轉判決，只好對他說：「貝瑞先生請起立……有好消息和壞消息。好消息是陪審團覺得你無罪，壞消息是劇本已經寫死了，你還是去受絞刑吧。帶走。」

貝瑞又被領出法庭下樓入獄，還好這次不必真的絞死，也沒人能切開脖子取走他的頸椎骨。

活動有個花絮很少人知道。現代版被告出庭時，身旁擺著十九世紀威廉．貝瑞本人的遺骨。一八八九年三月二十八日他在同樣地點接受審判，二〇一八年二月三日我將他身體一部分帶到現場，見證全新的判決。

如果貝瑞案真的能在現代法庭進行重審，會有什麼結果？我猜最終會是「罪證不足」，蘇格蘭人戲稱為「混蛋判決」（bastard verdict）[8]，但總之他可以逃過一劫。所謂「罪證不足」代表陪審團認為被告有犯罪行為，卻覺得控方提出的證據太少，無法用來定罪。貝瑞被處決不僅有文書記載也有頸椎作證，而艾倫究竟是自殺還是他殺卻已經不可考。就算我們能夠找到骸骨重新檢查，從骨頭也難以判斷她是上吊自盡還是被人勒死。

參加那天活動的人都能拿到驚喜小禮，我選了個很棒的東西裝進禮盒給大家：威廉．貝瑞第二節頸椎的3D列印模型，連經典的絞首骨折痕跡也如實再現。不久前聽說丹．史諾把模型連同精美盒子當情人節禮物送給老婆，浪漫已「死」這句話還真有道理。

8. 譯按：蘇格蘭司法制度下，刑案被告會獲得的三種判決結果為「有罪」、「無罪」、「罪證不足」三種。後兩者都無法求刑。「混蛋判決」是當地警方起頭的說法。

正義的伸張必須本著證據論斷

從前面幾個故事能發現脊椎骨上找不到軟組織傷勢的痕跡，所以不同類型的勒死很難從骨骼判斷，絞刑則能在頸椎骨看到差異。那麼斬首呢？只要刻意想砍頭，無論最後成功與否，多半都會在骨骼留下記號。一般而言，前三節頸椎會連著顱骨，後兩節會連著胸骨，所以證據就在第三節與第六節之間——只剩下第四、第五兩節。

不管從前面砍還是從後面砍，蓄意的砍頭幾乎都瞄準同一個部位。從前面看，由於下頷骨是個阻礙，凶器落點會比它低。從後面看，大約在頸子整體的中間位置。更高或更低的傷勢都異乎尋常（雖然砍頭這件事情本身就不尋常），但並非史無前例。舉例而言，惡名昭彰的「拼圖謀殺」（jigsaw murder）案中，傑佛瑞・豪維（Jeffrey Howe）遭到謀殺，屍體被拆解丟棄在不同的兩個郡，砍下頭顱的傷口不僅乾淨俐落還位於頸部特別低的地方。凶手落網接受審判時，大家才知道他是黑社會裡經驗老道的「刀手」，擅長肢解屍體。

另有一次也是謀殺分屍案，被告律師請我們團隊研究檢方專家提出的報告。雖然多數情況都是檢警尋求法醫人類學家協助，但其實我們也可以作為辯方證人。無論接受誰的委託，證詞內容不該改變，本質上服務對象是法院，無需偏袒任何一方。

案子開端是一家人帶狗兒去樹林踏青，在路邊找到塞了襪子的運動鞋，看清楚以後驚慌失措，因為襪子包著腳掌骨。警察到場，研判是人骨，在附近樹根中找到遺體其餘部分。死者顯然曝屍荒野一段時日，有大小狐狸咬過的痕跡，骨頭七零八落。手掌腳掌最容易啃咬，還能撕開帶走，是動物獵食屍體時的首選，次之才是屍體上較大塊的骨肉。顱骨又大又重，常被留在原地，這次也一樣。

能找到的部分都搜集檢驗之後，從DNA確認死者是名為賈莫的中年男性，大概三年前就已經通報失蹤。現場找不到明確證據判斷死因，警方請了法醫人類學家驗屍，結論顯示脊椎切痕指向被害者遭人砍頭。

賈莫賣掉去世母親的土地得到一筆遺產。他有學習障礙，選擇信任女兒的男友，將銀行帳戶交給對方打理，自己一直碰不到現金，也不知道戶頭裡的錢竟被花在古董收藏和奢華郵輪之旅，僅僅兩個月時間揮霍到剩下七十八便士。警方推測他得知真相，與女兒的男友對質，雙方爆發衝突鬧出人命。

於是女兒的男友被檢方以加重殺人罪起訴。之所以「加重」是因為藏匿和損毀遺體，司法制度認為這種行為罪加一等。凶手有沒有肢解屍體非常重要，一旦「加重」

的罪名成立，被告有可能面臨不得假釋的無期徒刑。

露希娜．哈克曼博士和我看了很多現場與驗屍的照片，接受檢方委託的同業也留下調查紀錄。除了照片，法醫人類學家按照行規會解釋調查方式並留下詳細說明，方便其他科學家複製做法得出自己的意見。

辯護律師請我和露希娜以專家證人身分出庭。審判剛開始問題不大，但檢方專家提出證詞之後問題來了，針對凶手是否砍下死者頭顱這點雙方勢必有番舌戰。我們原本就對檢方的報告內容有很多保留。

雙方專家有時意見完全一致，但有時我們會認為對方請的人對自身專業以外的事情指手畫腳，又或者強調了某項證據卻無視其他詮釋可能性。為辯方擔任證人，時時刻刻思考的是同一件事：檢方提出了證據，但是否有其他可能的解釋會造成相同的結果？因為這就是合理懷疑，對控方和辯方同樣重要。

蘇格蘭法庭禁止證人旁聽，但英格蘭法庭沒有這項規定，所以能第一時間知道對方專家說了什麼、被問什麼，立刻與自己團隊商議對策，確認雙方有何共識、又有何處意見扞格準備提出質疑。有些細節未必會出現在書面報告裡，只在法庭攻防中慢慢浮現。

以本案而言，我們認為檢方無法自圓其說。首先頭顱和軀幹在同一處，犯罪動機太過矛盾。既然藏在野外，誰會費那麼大工夫砍下腦袋卻和軀幹四肢丟一起？而且身體其他部分沒有遭人砍斷的跡象，眾所周知遺體被肢解最常見的理由有兩個，一是方便棄屍藏屍，二是避免死者被人認出。四肢相較於頭顱是更容易砍斷的目標。

再者，檢方專家指出頸椎第二節有「切痕」。無論砍頭或砍頭未遂，這位置都高得奇怪，若從前面下手難度很高，會被下頷骨擋住，途中又有很多軟組織，不管凶器是什麼都要剖開很多軟組織，傷口應該一片狼藉，但遺體上沒有這些痕跡。最後一點：所謂的切痕，與我們熟悉的鋸子、短刀、切肉刀等等都不相符，警察也沒有找到用於殺害或肢解的凶器。

檢方證人上臺以後很快就冒出報告書上沒寫的東西，這不合程序規定，我們當然立即抗議。法官決定先放她一馬，希望雙方庭外對質，看看我們能否接受新證據。

我們同意了，但並不認同她的論點。結果翌日這位檢方證人竟然又改口，法官當然光火，當眾訓斥一頓之後休庭，過程中我和露希娜不知道看哪兒好，只能盡力保持面無表情，挺痛苦的。辯護律師告知我們不必上臺可以回家，檢方似乎決定放棄與斬首相關的控訴，原因並非出在證據本身，而是專家形象和其證詞有了瑕疵。

於是花了兩天時間出庭，最後我們根本沒上臺講話，檢方的肢解控訴僅因為專家證人經驗不足就徹底崩潰。後來我們用這個故事告誡學生及學員：一定要理解證據詮釋的重要性，熟習訴訟程序。做不到這兩點就撐不起專家證人的頭銜。

事後我們透過媒體報導得知審判結果。凶手被判殺人罪，入獄至少十九年才可以假釋，但是加重部分不成立。

頸椎上所謂的「切痕」究竟怎麼回事？如果沒有凶器，又是什麼造成的？面對凶案，或者說所有分析人類遺體的場合，法醫人類學家不能死守解剖學不放，鑑識也是專業一環，所以需要更多額外的知識和經驗。

遺體腐壞，第一節頸椎通常靠強壯的韌帶與顱骨保持相連。若顱骨滑落或被動物叼走，第二節頸椎會成為脊柱最為暴露於外的地方。我們推論賈莫的情況正是如此，控方專家口中的切痕源於野生動物犬齒刮磨骨骼。

刀刃造成的痕跡比較乾淨，兩側線條筆直，從寬度便能知道刀刃寬度，從痕跡底部則能判斷刀刃或鋸子的形狀。而從照片可以清楚看到所謂的刀痕根本沒有深度，只是刮擦罷了。當然也不能因此徹底排除人類使用工具的可能性，試探性下刀、凶手不確定如何分離頭顱時會留下「顫痕」，是刀刃劃過骨頭表面卻沒有「咬進去」的結果。問題在於照片裡也有成對的孔痕，形狀不符合刀具，反而與拖咬痕一樣完美呼應了成年狐狸上犬齒的平均間距。

由此推論，人為的斬首和斷肢根本沒發生過，只是過度熱心的檢方人類學家將調查引導到死胡同裡。正義必須獲得伸張——有人被謀殺，凶手應當接受懲罰——但一切必須本著證據論斷，否則判決不公正，處罰不合乎比例。即便是殺人凶手，也不該為自己沒做的事付出代價。

本案至少尋獲遺體，死者身分辨明後入土為安。會糾結在法醫人類學家內心的是始終懸而未決的失蹤與死亡，有時怎麼找都找不到遺體，也有時找到了遺體卻怎麼也查不出身分。換個角度看，查不到身分感覺更糟。我們明明盡了全力，卻總覺得工作沒做完、正義被蒙蔽。

而且有人失蹤或慘死，不是犯罪事件的機率很低，只可惜詳細經過、何人所為，甚至有時連受害者到底是誰都無法掌握。有些人認為加害人與受害人都沒曝光就叫做完美犯罪，在我看來那只是近乎完美——真正的完美，應該連犯罪事實都沒人能夠意識到。

查不到死者身分的時候，警方努力公開資訊，希望會有人出來提供線索。諷刺的是，一旦查出姓名，大家卻反其道而行拚命隱瞞，以求保護當事人及其親屬。

如果死者生前的出身或居住背景是個暫時性或較為混亂的社群，調查身分會遭遇很大阻力。「草原天使」（Angel of the Meadow）[9]就是這種案例，明明從脊椎骨已經判斷出她過著怎樣的生活、死前碰上什麼事，卻還是無法找出她和凶手的身分。

命案曝光是因為大樓改建，挖土機翻地時掘出骸骨。最先找到頭骨，遺體其他部分藏在一張地毯下方，從衣物研判事發於一九七〇或八〇年代，也就是她已經死亡三十到四十年。現場負責的警官正好受過人類學訓練，從骨頭推論出死者為女子，死亡時在十八到三十歲之間，一般體型，最有可能為高加索人種（但因此無法排除印度次大陸、中東以及非洲撒哈拉以北地區）。依據附近找到一雙緊身褲襪、一個空的手提包和一隻鞋子來看，她死亡時恐怕下半身赤裸。

警方聯絡丹地大學，請我們檢驗遺體尋找線索，除了判別死者身分也希望理解她的脊柱為何裂成那個狀態。死於暴力的遺體比較常出現頭部碎裂，大半是在鼻子、面頰、下顎、牙齒或腦顱，而且多數為鈍器衝擊的傷勢。這位死者則不同，頸部情況十分特殊。

她首節頸椎下半段，也就是第一節與第二節之間的關節右側出現「星形爆裂骨

9. 譯按：案發處並非野外草原，而是曼徹斯特的天使草原區（因當地公園得名），原本是貧民窟，甚至有過「人間地獄」的惡名。

折」。然而傷勢非常局部，並未影響第二節頸椎。奇怪的是第三節左側又重傷。整理一遍：第一節右側是粉碎或壓迫性骨折，第二節正常，第三節左側再度出現粉碎性骨折。如何從怪異傷勢推導出可信的因果關係？

一種可能性是動作間諜電影常見的「清場」手法：雙手扣住目標對象的頭頂和下顎，啪嚓一下扭斷脖子。以本案死者而言，如果快速將頭部往右扭，直到脖子屈曲過度（向前彎曲太多），的確可以導致頸椎第一節與第二節脫臼，恐怕同時扭斷脊髓，旋轉力道強烈得波及第三節。可以確定死法淒慘，但或許迅速到了慈悲的程度。

不過她究竟是誰？口腔有多處填補與治療痕跡，代表應該在某處留下過牙科病歷。周邊區域在死亡時間前後有三件女性失蹤案，三個人的牙科紀錄都不符合找到的骸骨。DNA比對沒找到進一步訊息，重建面部帶來幾條線索，調查被引導到世界各地，從坦尚尼亞到美國、再到愛爾蘭與荷蘭，然而直至今日草原天使的真實身分依舊無解，墓碑也就刻不上字。

會不會還有人想念著她，好奇她過得好不好、去了什麼地方？對她下手的人還在世嗎？是否受到罪惡感煎熬與良心譴責？希望如此。

那麼奇特的案例很少找上法醫人類學家。但如果線索只有骨頭，最能提供解答的常常就是人類學家。

在漢普郡南海的海灘，海浪將一具軀體上半截沖上岸，當地警隊找我幫忙研判死者遭遇。遺體泡在水中還不算太久，相對完整，最先發現的人是個學生，應該嚇壞了。繼上半截之後又找到骨盆，再來雙腿被沖上海岸另一頭。兩天後，鄰郡有人致電警方，說他依稀覺得自己做了什麼可怕的事情卻記不清楚。等男子來到警局，負責問話的警員首先留意到對方披頭散髮神情迷惘，當地人都知道他是酒鬼，或許還有其他方面的癮頭。

警察隨他回住處搜查，起初沒立刻發現疑點。經過鑑識，確認沖上海灘的遺體其實是他朋友，於是男子涉嫌謀殺和分屍遭到逮捕，不過他矢口否認。死者有輕度智能障礙，平時住在露營車上，嫌犯會讓他到自己家用洗衣機，只要他偶爾幫忙餵一隻叫小頑皮的寵物貓就好。事情經過沒人能確定，或許兩人起了爭執，又或者是發酒瘋打起來，而且確實曾有人看過嫌犯欺負這位「朋友」。是否動了刀也沒人說得準，總之警方推測男子家中多出一具屍體，他不得不設法處理掉。

一般而言，分屍案遺體會被切割為五塊或六塊。軀幹通常無損，因為想分解軀幹，不先取出所有內臟場面會十分恐怖。然而這次案子裡，軀幹從腰椎斷成兩截，兩邊傷口以垃圾袋及粉紅浴簾裹緊。死者外生殖器被砍下，與頭顱、手臂、內臟一樣下落不明。嫌犯家中有輛單車，前方加裝運送肉品的箱子，警方認為他就靠這個將屍塊一批一批載到海岸邊丟棄。

我們團隊能做的是檢驗肢解的切割面，尋找骨頭上有沒有其他線索能解釋事情經過。一般處理方式會將遺體浸泡溫水加熱，再以生物洗滌劑清潔，不過我們研究所內有更好的設施可以保留傷痕，於是警察直接將屍體送來。即便沖上岸時是所謂新鮮的遺體，等送到了實驗室這裡也變得不大體面。

校園內養了一群鰹節蟲（食肉甲蟲）。這是自然界很常見的物種，能加快腐爛過程、將遺體慢慢剝成骸骨，平常餵食小蟲子喜歡的老鼠和兔子（這種蟲對水中生物沒興趣，無法用魚或海豹做飼料）。雖然曾有校內同仁申訴過氣味問題，但這些昆蟲真的幫助很大，能夠安全溫和除去骨骸殘肉。只要將目標物放進甲蟲住處，幾天裡定時查看，清理乾淨的部分直接取出就好。

等到我們可以清楚觀察骨骼之後，便肯定了肩膀是被利刃卸下。同一把刀刃砍了頭，分開下肢與骨盆。然而胸骨和腰椎的處理手法很不一樣，紋路整齊，由此推論用的是電鋸。電鋸還拆開胸骨、取出包含心臟與肺臟在內的臟器，然後斬斷第四節腰椎讓上半身與骨盆分離。我們在腰椎兩側發現小刮痕，應當是以刀子掏內臟時留下的。

但不知為何，病理學家一開始對警察說切斷腰椎的凶器是「日式木鋸」，警察也真的信了，於是開始窮忙。首先得搞清楚那到底是什麼東西，再來分析凶手為什麼採用這麼專門的工具，還要找出凶器到底藏在何處。明明嫌犯的工作是廢五金回收，手裡有電鋸的機率比起什麼日式木鋸高出太多。我們和警察講了，但他們覺得病理學家的話是聖旨……最後根本找不到什麼日本來的鋸子。

回到案情，如何推論嫌犯與朋友的死亡有關？除了當初在公寓找到血跡，還有另一項證據為鑑識科學開了新的大門。包裹遺體的浴簾上沾了貓毛，樣本送去美國檢驗，標的是經由母系遺傳的貓科生物線粒體DNA。後來萊斯特大學遺傳學系做了二次化驗，確認貓毛來自嫌犯寵物小頑皮的機率為百分之九十九。

這是英國第一次在刑案中以貓的DNA當作證據。由於經過馴化，貓的基因變異型並不像人類那麼多，所幸小頑皮的血統相對特殊才成為臨門一腳。但往後相關檢驗準確度還會不斷提升，動物毛髮可望成為新的破案關鍵。

經過審判，陪審團認為謀殺罪不成立，可是除了貓毛，浴簾纖維分析也證實來自被告家中，因此過失殺人成立，求處無期徒刑，最少十二年才可假釋。

法庭直接接受分屍證據，人類學家無需出庭，我們大感欣慰。只不過後來露希娜與我聽警方提了不知多少遍：「喔，就是那個『日式木鋸』案嗎？」那四個字我們每次聽見都要翻白眼。

從脊椎能夠判斷年齡、性別與身高，並找到死者患過什麼疾病、受過什麼傷等等病理學線索。然而對於法醫人類學，脊椎最大的價值或許在於：我們可以從這個部位看到暴力留下的損傷，無論發生於死亡過程之中或之後。

第四章

胸部：胸椎

切開我胸膛，拉出細小的肋骨放在你身旁。

——流行樂團貞潔指環 Purity Ring

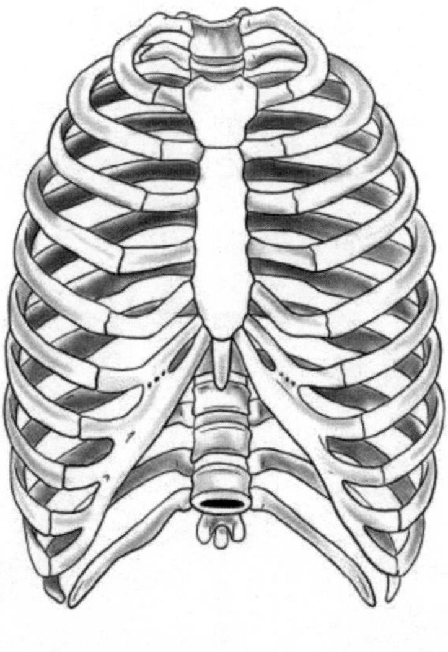

人類胸腔這片骨牆有好幾種功能，其中最重要是保護脆弱的肺部和心臟，並提供肌肉附著的支架。此處肌肉除了協助呼吸，也與上肢運動有關。為發揮完整功能，胸部有三十九塊不同骨骼，包括十二組成對肋骨固定在胸骨前方（胸骨則可分為三個區塊）以及連結到後方的十二塊胸椎。

這些骨頭保護的器官攸關生死，因此不難想像胸部是繼頭部之後最容易遭受暴力攻擊的部位。想要快速殺害目標，瞄準頭部可以打擊腦，但表面積相對較小，而且顱骨有些地方很厚，防護能力較胸部來得高。胸部骨頭表面積大、沒那麼堅固，裡面則是活命所需的心臟和主要血管，所以成為更好的目標。實務上可以看到各式各樣凶器及行凶手法，無論銳器創傷（例如被刀捅）、鈍力創傷（例如被腳踹）、彈道創傷（被開槍）。

胸部骨骼除了容易斷裂還有縫隙，尖銳物容易插入。英國犯案規模最大的戀童癖性侵犯里察・赫克爾（Richard Huckle）最後就是這樣子死的。

赫克爾假扮虔誠基督徒出國當義工，後來調查報告卻直指他虐待超過二十三名兒童，年紀最大十二歲、最小僅六個月，始於二〇〇六年，直到二〇一四年他二十八歲被逮捕為止。多數受害者居住在馬來西亞吉隆坡，但不能排除他在英國或別處也曾經犯案。

赫克爾的惡行罄竹難書。他編纂給戀童癖的「教材」，發布在普通搜尋引擎無法觸及的暗網，書名為《戀童與貧窮：關愛兒童的指南書》，內容詳述如何誘騙出身貧困的孩童以獲取信任。由於處在惡劣環境的孩子常常缺乏照顧，只要溫柔對待、餽贈少量金錢和小禮物就能換得忠誠及依賴，甚至進一步說服孩童默許變態行徑。耶誕節前夕，赫克爾準備返鄉與家人團聚，澳洲專門偵辦虐童的特殊小組通知英國警方，飛機降落希斯洛機場以後他一走出艙門立刻被逮。

二〇一五年我才參與調查。當時赫克爾被控的侵害兒童案件已經高達九十一樁之多，警方交付十九張靜態照片和大約八分鐘影片，希望我們確認犯嫌是否為同一人，判斷能不能排除赫克爾。

靜態圖片沒有連續性所以單純直接，影片的麻煩在於必須不斷觀察加害被害雙方的姿勢、動作及表情變化。八分鐘聽起來不長，但鑑識材料會切割為影格[1]，而且並非每秒鐘只有一格，拉開來超過五萬格也不奇怪。何況事涉虐童，八分鐘內容就看得令人鼻酸。

我們認為所有影像中的犯案者相同的機率極高，而且根據手掌、陰部及下肢的各

1. 譯按：原文 frame，坊間常以「幀」稱之。

種解剖學特徵推斷其人正是里察・赫克爾。證據包括手背與陰莖的血管分布，手掌、大腿、膝蓋上的色素點（也就是痣），五指指節及手掌內側的皮膚皺褶等等。未接受包皮環切術的男性約有百分之一會出現包莖問題，赫克爾是其中之一。多數男性會藉由手術釋放括約肌，但他正好沒有，因此犯案者另有其人的機率更微乎其微。

警察告訴赫克爾：有了鑑識結果這個強而有力的證據，認罪對他比較好。赫克爾考慮後認了其中七十一項指控，被求處二十二次無期徒刑，最低刑期二十五年，蹲滿才可能假釋。不過進入富爾薩頓監獄（HMP Full Sutton）待到第三年，同房獄友用類似繃帶的東西勒住他再持利器刺死。根據媒體報導，管理單位推測凶器「是土法煉鋼以牙刷削尖製成」。

幾乎任何一種看似無害的居家物品都可以轉換為致命武器，前提是懂得訣竅。左側第五和第六根肋骨之間，乳頭下方一點點的地方，以銼削過的牙刷用力插入就能刺破心臟。心臟就位於胸骨後方與上述肋骨前端。破掉的心臟會將血液打入體腔導致死亡。戳這麼一下就足以取人性命，如果凶器是塑膠材質甚至不會在骨頭上留下明顯痕跡。

得知赫克爾遭殺害，我心裡五味雜陳。既然願意認罪，我認為他多少願意為犯下的罪過承擔責任（當然也可能只是無路可退），刑期長度在我看來也足夠了。只要赫克爾無法在外繼續為惡，即便能假釋也得五十三歲才出獄，有很漫長的歲月可以矯治人格。

我喜歡正向思考，希望自己為才三十三歲的人死於非命感到遺憾，但想到他對那麼多柔弱孩子造成巨大的傷害，心裡實在生不出足夠的憐憫。總覺得自己不夠寬容，有點沮喪，同時又不禁懷疑：如果是我的兒子女兒、孫子孫女遭到侵犯，腦袋裝得下寬恕這種念頭嗎？支不支持死刑？我不算是支持，但如果有案例能叫我改變主意，應該就是赫克爾這類人。

確立身分的重要線索

殺害赫克爾的凶手很瞭解人體結構的弱點。就算拿了更尖銳的武器，如果瞄準胸部中央垂直線也很難戳進體內。胸部前方十分堅硬的胸骨由三部分構成，古時候的解剖學家想像力豐富，覺得胸骨像把劍，最上面是寬厚的劍柄，中間是長而細的劍身，最底下是銳利的劍鋒。頂端「握柄」就叫做胸骨柄，英語 manubrium 來自拉丁語

manus，意思是「手」。中段劍身稱為胸骨體或者中胸骨，英語裡一個說法是mesosternum，另一個說法gladiolus也用來代表「劍蘭」（花），這個單詞和gladiator（劍鬥士）一樣來自拉丁文的「劍」（*gladius*）。胸骨最下面則命名為劍突（xiphoid process，前者來自希臘文，意思是「似劍的」）。

大家應該很熟悉雞的解剖結構，兩片雞胸肉之間那塊龍骨就是胸骨。人類的胸骨直接位於皮下，沒有脂肪或肌肉包覆，無論多胖都能找得到；換言之，胸骨遭到攻擊也特別疼痛。胸部骨折十分常見，駕駛猛力撞擊方向盤是一大成因，一九八九年英國強制要求繫安全帶之後比例下降，但運動意外仍居高不下。

由於靠近身體表面，胸骨成為急救與醫生治療時很好的切入點。它提供容易施力的堅硬表面，心肺復甦術時便是按壓此處維持心臟功能，但執行時不應施壓於劍突以免造成骨折。劍突裂開有可能刺穿肝臟導致出血死亡。

抽取骨髓做切片檢查時從胸骨進行比較簡單，其他胸腔相關治療如開心手術也要經過此處，所以透過胸骨很容易查到病歷。有些年長者捐贈大體給學術研究和解剖訓練，我們常能觀察到心臟胸腔外科手術的痕跡。也有許多死者胸部留有快速切割和縫合的跡象，指向他們接受過沒時間採非侵入手法或經詳細規畫的緊急手術。

劍突與中胸骨的緻密骨外層較薄，死者下葬後能保留的時間短。胸骨柄頂端承受兩側鎖骨關節的壓力，發展得特別強韌，保存狀況通常較佳。

胸骨柄原本有小而薄的片狀結構，但青春期後不久就隨關節發育而併合，很適合用於判斷年輕族群的年齡範圍。其他鑑識科學領域都不重視這個部位，只有法醫人類學家會想要檢查。

胸骨部位有幾種發育異常能用於身分鑑識。成形以後中線可能仍留有空洞，乍看很像彈孔，新手人類學家容易誤判。這種發育異常沒有臨床症狀，單純就是骨頭發育與融合時出現的小瑕疵。解剖學教師就喜歡用這種樣本考學生，先活靈活現描述手法殘暴的凶殺案，故意提起彈道創傷，然而實際上與骨頭的異狀毫無關聯。

有些人劍突特別長，甚至會開叉，年紀稍大以後腹部上方中線處會出現奇怪的凹凸，當事人常常以為是腫瘤而心生恐慌，實際上對健康沒有危害。遺體只有一塊骨頭的話不好判斷是否為劍突，通常得搭配其他線索。如果骨頭找齊了，剩下尖銳長條形單獨一片，幾乎可以肯定是中年或老年人的劍突骨，死者多半為男性。

雞胸症是指肋軟骨發育過度，導致胸壁出現「龍骨狀」凸起。成因有好幾種，佝僂症（維生素D缺乏的結果）是其中之一。雞胸症的相反是胸凹陷（愛開玩笑的醫生會說是「海盜寶藏」）[2]，胸凹陷會影響心肺正常功能，成因尚無定論，有可能只是胸骨成形時的先天缺陷。某些案例中，胸骨發育不正常，心臟長到了胎兒胸腔外，需要實行高難度子宮內手術切開胎兒胸骨，將心臟移到正確位置才能好好長大。

整體而言，三塊式胸骨在醫學上很重要，但多數鑑識領域不太關心，人類學是唯一例外。我們可能可以從形狀特殊的胸骨研判死者的發育特徵，找出確立身分的重要線索。

第二章提過一樁箱屍命案，死者是來自南韓的陳孝靜，當時也是靠鑑定胸骨得以大幅縮小年齡範圍。關鍵就在於胸骨會因應年齡階段呈現固定的外觀形態。兒童時期胸骨通常分為六塊，隨年歲增長慢慢沿中線融合，在青春期末尾發展出成年後的三塊式結構。從青春期到二十多歲，胸骨兩側與肋軟骨的碗狀接合處持續變化，關節內的細小骨片從上而下逐漸與胸骨邊緣融合。

尚未查出死者身分時，我們從無名亞洲年輕女子遺骨看到碗形關節裡還有骨片，計算後判斷死亡時年紀小於二十五但大於二十。事後確認她是二十二歲沒錯。

用胸骨判斷性別也頗為準確。男性胸骨較長，通常也較粗大。一個人胸部前方肌肉發達（尤其是胸大肌），理所當然需要附著在比較大、比較強壯的骨骼上。當然，

2. 譯按：漏斗胸。

大而強健的胸骨未必是男性專屬，畢竟女性也有舉重、鉛球、標槍選手。

連接肋骨和胸骨的部分叫做肋軟骨（英文叫做 costal cartilages，這裡的 costa 是肋骨的意思，與咖啡沒關係）。肋軟骨就是肋骨沒變硬的部分，但仍有可能隨年齡增加而漸漸硬化，這個過程叫骨化（ossification）。骨化初期跡象發生在青春期晚期至二十出頭，之後持續進行，年紀大了之後有可能整條肋軟骨全部硬化。

某些人的胸骨會朝肋軟骨上下緣伸出分叉，形成中間是胸骨、兩側軟骨延伸像腳一樣，神似一隻蜘蛛，於是老一輩解剖學家將這種胸骨軟骨肋骨的特殊共構叫做蜘蛛骨，但正式名稱為胸板，其英語 plastron 一詞多義，西洋劍的護胸具、十九世紀女性緊身胸衣，以至於烏龜身體底下的甲殼也可以用這個單字。

我們向來建議以X光觀察胸板，因為看了才知道會不會有發現，不看就百分之百沒有發現。

「有鳥小妞」案

肋軟骨有可能提供重要線索。蘇格蘭某小城郊區的森林內有一具化為白骨又散落的遺骸，死者穿著八號高跟鞋，周圍找不到下半身衣物碎片所以推測下半身裸體，上半身的胸罩與女性襯衫還在現場。詳細搜查之後在附近發現其他女性隨身物品，包括塑膠皮材質手提包，內有化妝品與手帕，但沒找到現金或信用卡。

伴隨遺體出現的間接證據常常會影響辦案方向，屍體已經化為白骨時尤其明顯。既然找到女性衣物及手提包，辦案人員理所當然認定死者是女性。可惜這麼直線的思維一個不小心有可能將偵辦完全帶錯方向，畢竟成見是錯誤之母。

著手鑑識骸骨時我也心存成見，結果很快弄得自己一頭霧水：顱骨與骨盆看起來實在更像是男性而非女性。

面對骸骨，法醫人類學家通常由判斷性別開始。正常狀況下，性別是最簡單也較準確的項目，而且直接排除資料庫內一半人。沒有明顯男性化或女性化特徵的骨頭並不算少見，但發生在顱骨和骨盆就比較麻煩，這兩處是斷定性別最好下手的地方。於是我先將性別放在一旁，轉而試圖推論年齡，成果令人滿意許多：她介於三十五到四十五之間，應該比較靠近三十五這頭。

按慣例拍了X光之後才一步一步撥雲見日。肋軟骨開始骨化的狀態取決於血液循環中男性荷爾蒙多還是女性荷爾蒙多。若是有一定年紀的男士，軟骨骨化的部分會在上下端，最後與肋骨前側融合，在肋骨那頭形成蟹螯的形狀。X光片上，新生的骨頭呼應肋骨結構，外層較厚、內裡是蜂巢狀，符合睪固酮對透明軟骨骨化過程的作用，而肋軟骨就屬於透明軟骨[3]。

倘若雌激素濃度高，肋軟骨狀態會非常不同，應該要找得到緻密堅硬的結節，主要分布在軟骨中央核心部。依據軟骨呈現蟹螯形還是串狀如珍珠，我們能對性別做出十拿九穩的推測。由於骨化隨年齡進展，觀察胸板的X光片也能設定出大概範圍（年輕、中年、老年）。

至此調查進度很不錯，但必須考慮到荷爾蒙濃度也有可能藉由藥物或因疾病而起變化。換言之，一個生理男性長期施用雌激素、一個生理女性長期施用雄激素，軟骨就會呈現蟹螯與珍珠並存的狀態。更何況，別忘記男性也會自然分泌雌激素，反之亦然，所以無論性別為何，兩種特徵同時顯現不是什麼怪事，關鍵在於比例多寡。

這具從森林找到的遺體有許多骨化蟹螯，可是軟骨中央也有緻密堅硬的結節，兩者都十分顯著，所以必須先由法醫人類學家在沒別人聽見的情況下進行內部討論。想與同事商量怎麼報告又擔心消息走漏，最好的祕密基地就是洗手間。說者無心聽者有意，脫口而出的假設有時莫名其妙被奉為圭臬。莫忘日式木鋸。

3. 譯按：軟骨組織有三種：透明軟骨、彈性軟骨、纖維軟骨。

與露希娜咬耳朵說了一番悄悄話之後，我鼓起勇氣提出兩人共同的結論，告訴警方——被害者或許是位跨性別者。基於身著女裝，但顱骨、骨盆都很男性，我推論這是由男跨女的案例。

今時今日大家聽見跨性別三個字可以面不改色，但二十年前可是前衛到家，我都覺得自己被警察當作神經病看。總之我說：死者可能生來是男性，施用了雌激素並且以女性身分生活。病理學家聳聳肩表示有可能，但和警官同樣滿臉問號。

只不過DNA檢驗找到了Y染色體，證實我最初的假設，於是法醫人類學家瞬間從瘋子封了神。追查發現被害人出身本來就特別，是個不喜歡和警察打交道的社區，所以有人失蹤也不會報案，說不定根本沒別人發現或在意。與親戚比對後終於確認死者身分：原本名為馬丁、後來改名伊芳的她在紅燈區服務同性戀者，那年頭的老客人給她取了個直截了當但不太體面的外號是「有鳥小妞」。伊芳是重度海洛因成癮者，濫用藥物的問題在肋骨末端很明顯。

海洛因成癮最常見的臨床併發症是感染，可能發作於胸壁，也就是連接肋骨與肋軟骨的關節會發炎，大部分是綠膿桿菌造成。我們在伊芳肋骨末端找到發炎過的痕跡，但無法判斷與死亡是否相關。遺體附近散落不少與藥癮有關的東西，當地人也知道毒癮者聚集在那座樹林裡共用針具。也許伊芳用藥過量，或者買到摻有雜質的海洛因，死後遺體被夥伴丟在樹叢不管了？至少胸部骨骼重建了一部分故事，警察因此順利查明身分，她可以帶著過去和現在的名字入土為安。

肋骨和胸骨一樣外層較薄，所以容易骨折。此外，肋骨是彎的，前後連接不同組織，最容易斷裂處就是兩端的連結點：後端是肋骨脊椎之間的關節前方，前端則是肋骨和肋軟骨接合處的後方。

肋骨面積廣，連接肌肉多，這些肌肉肩負調節呼吸的重責大任。剛出生的嬰兒肋骨幾乎水平，觀察嬰兒呼吸會發現起伏的不是胸部而是腹部，因為他們靠橫膈膜調整呼吸。橫膈膜是區隔胸腔和腹腔的一層肌肉，作用好比風箱，收縮時配合口鼻吸氣，放鬆時將廢氣自口鼻排出。二至三歲時骨盆發育得夠大，腹部內臟可以往下放，肋骨逐漸有弧度，前兩年肚子圓嘟嘟的娃兒簡直一夜走樣長成四季豆，開始能用胸部肌肉控制呼吸。

既然肋骨可以是水平的也可以有弧度，自然能供法醫人類學家縮小幼童遺體的年齡範圍，但還要配合其他部位骨骼進行確認。人類骨骼的成長具整體性，單一部位的改變十分罕見；可以比喻為人體每個部位同時哼唱、相互應和，彼此協調一致。一處骨頭或器官看來五十歲，另一處骨頭或器官卻只有二十歲是非常怪異的情況，人不應該有老胸幼腿這種組合，碰上這種現象時極有可能是兩具不同遺體。

法醫人類學家觀察不同部位整合線索，反覆檢驗修正自己的假設，進而設定出死者的年齡範圍，還可以推測數字比較可能靠近大的或小的這端。推估年齡時不應該斬釘截鐵，如果法醫人類學家武斷表示死者就是二十三歲，警方該做的事情是換人合作，因為目前技術不可能達到這種精準度。

將年齡設定成範圍還有個好處：親友比較願意接受現實。法醫說二十三，親友認定二十五，他們會因為兩年之差不肯承認人已經死了。「二十到三十之間、二十五前後機率較高」這種描述囊括所有可能性。

肋骨可用於判斷性別年齡，但幾乎沒有關於人種及身高的訊息。不過肋骨受傷的情況很適合推論死亡過程與死後的事件順序。

幼兒肋骨骨折如何分析一直存在爭議，涉及「嬰兒搖晃症候群」的時候尤其麻煩。無辜小生命死亡總能勾起我們的澎湃情緒，但正因如此必須謹慎區辨嬰兒猝死症與蓄意為之的傷害，英國就發生過莎莉．克拉克（Sally Clark）、楚普緹．裴特（Trupti Patel）、安琪拉．坎寧斯（Angela Cannings）三個案例。法院一度認定她們殺害親生

4. 譯按：此處提及的三人和當娜．安東尼（Donna Anthony）被定罪都和英國著名小兒科醫師羅伊．梅多（Roy Meadow）有關。梅多貢獻卓著，曾獲獎項及爵位，影響力強大。他在著作中提出個人觀點：「同一家庭內，死了一個幼兒是悲劇，死了兩個很可疑，死了三個必定是謀殺。」這條論述甚至獲譽為「梅多定律」，變成英國社工界和兒少機構的行動方針。然而以專家證人身分出庭時，梅多曾銷毀自己聲稱的研究資料，還主張「若雙親

兒女，後來又撤銷判決。[4] 嬰兒死亡本來就會引發關注，加上有過審判不公的前例，現在小兒科醫師、病理學家和人類學家在詮釋幼兒肋骨骨折時都會提高警覺。

調查人員懷疑案情涉及虐兒時，首先想到的就是檢驗肋骨。但事實上幼兒肋骨很容易骨折，成因未必和犯罪有關，即使多處骨折也得將導致骨質脆弱的多種臨床狀態納入考慮。以嬰兒猝死症而言，急救本身就是可能原因之一，觀察肋骨時必須考量骨骼整體健康度、孩子生前及死亡的環境條件等等，妄下定論實為不智。

肋骨受傷會引起虐童疑慮有其道理：成人抓起小孩時，手掌通常會從左右按壓孩童胸壁，此時如果用力搖晃常常造成骨折。幼兒骨折通常幾個月會痊癒，而且外觀看不出曾經受傷。但反覆遭到虐待的話，透過X光能發現不同階段的癒合痕跡：有的新有的舊，舊的可能都要看不見了，新的卻不過一兩個月還沒完全長好。其中最近期的傷口或許完全沒有又或許僅僅少許骨痂生成。

所謂骨痂（callous）是指包圍在骨頭斷裂處外側的組織，就像一塊石膏將缺口兩邊接起來，創造能夠癒合的環境。骨折後幾小時內，受傷的地方會有一團血腫凝固，形成具橋接功能的暫時性骨痂軟組織。這屬於發炎反應，會促進新細胞前去修補損傷。受傷過後約七到九天，血腫明顯轉變為軟骨性骨痂，代表骨骼開始再生。三週內

富裕且不抽菸，發生兩次嬰兒猝死的機率僅七千三百萬分之一」、「就機率來看這種事件在英國應該一世紀只會發生一次」。事實上此數據沒有研究佐證，梅多直接將嬰兒猝死的個案機率（八千五百分之一）平方之後便拿到法庭當作學術證據。事後許多學者質疑他對嬰兒猝死的觀點有誤，皇家統計學會也發布新聞稿表示他的說法違反統計原則，學會主席甚至為此對政府提出訴願。

會形成骨性骨痂，再過幾個月（有些個案可能需要幾年），受傷的骨頭會重塑到接近原本形狀。

幼兒遭到暴力虐待常會有骨折之外的傷疤，情節嚴重時虐待行為本身毋庸置疑，但若嫌犯不只一個就未必能肯定施虐者究竟是誰。我曾經處理過一樁慘案，虐待的證據不勝枚舉，法醫人類學能做的是推論事情經過以及發生的時間點。

哈利死在醫院的時候才五歲。叫救護車的是他父親，聲稱發現時倒在床上的兒子已經身體冰冷毫無反應。然而急救員察覺孩子有黑眼圈，臉頰上很深的傷口像咬痕，所以立刻起了疑心。為了施作心肺復甦，他們脫下哈利外衣，心裡恐懼得到證實：男孩全身布滿瘀血，一個個小而圓的傷疤應該是被菸給燙出來的。接著急救員抬起哈利，發現他頭部受傷。很快警察聞風而來，哈利遭受的苦難經過驗屍與醫學影像檢查後終於曝光，單是閱讀報告書列出多少創傷就叫人膽戰心驚，這些年他承受多少煎熬難以想像，生命如此短暫還充滿痛苦恐懼。

警方將驗屍照片與斷層掃描送過來，希望我們能推敲出哈利受傷的時間順序。從最上面開始看，顱骨碎裂是新的，病理學家認為極有可能是直接死因。家中浴室牆壁沾有頭髮和血液，從痕跡研判應該反覆撞擊多次。男孩臉頰有四個咬痕、下巴一個切痕，死前不久鼻梁斷過，耳垂缺一塊，兩眼瘀青。

哈利的手臂與雙腿有瘀青、刀傷和燙傷，有些傷痕像菸造成的，但有些可能是熨斗。右上臂以及右前臂兩根骨頭都是不久前斷過。左上臂有骨折舊傷，死亡時還有大範圍癒合痕跡。剛發生不久的包括左前臂兩處骨折，左手手指多處斷裂，加上左腳掌的傷。

軀幹有瘀青、有燙傷，而且男孩曾被人多次毆打腹部和陰部。右側第七、第八條肋骨骨折，第八條的兩次斷裂一新一舊，代表持續遭受虐待。左邊第七、第八、第十、第十一條也骨折，同樣在第十一條肋骨上找到不同時間折斷與再生的痕跡。

軟組織不是法醫人類學的範疇，我們觀察硬組織，重點在骨骼。從影像可以判斷出以下線索：左臂已經癒合的骨折大約發生在一年前。後來調閱病歷，證實哈利之前確實曾經住院包石膏，當時父親給的理由是孩子在遊樂場摔倒。肋骨至少兩處骨折發生在死前二到四個月。其餘骨骼的傷勢很新，大致與死亡時間吻合。總結起來，骨骼傷勢至少分為三階段，也就是說哈利反覆受虐。肋骨骨折是虐待事件持續不斷的最有力證據。

男孩與父親同住，母親已經出國很久，恐怕也是想逃離丈夫家暴。可惜如此一來，年幼的孩子只能默默受虐孤立無援。父親辯稱自己精神異常，法庭不接受這說法，求處無期徒刑，最低要服滿十九年才可以申請假釋。

對醫護以及鑑識人員來說，處理兒童死亡極其折磨心神，但同時也激發使命感，督促我們為了公平正義尋求真相。

學會肋骨排序

肋骨從後方的脊柱往前朝胸骨延伸，接近胸骨時被肋軟骨取代。胸廓（thoracic cage）[5]盡可能保持彈性才便於呼吸。肋骨之間有肋間肌，可以控制個別肋骨的起伏。成年人肋骨不再水平而是呈弧形，隆起的軌跡就像水桶外面那圈握把。深呼吸時會發現胸部不只往前，也往兩側膨脹，原因是每條肋間肌收縮帶動底下的肋骨，減輕胸內壓力之後口鼻才能將氣體吸進肺部。

人類通常有十二對肋骨，但並非絕對，少數人有二十六對，甚至更多。頸部的頸肋如果生長過大會影響循環，造成上肢的疼痛與感覺異常（觸覺麻痺），影響太大的時候可以用手術處理，對病人無副作用。

5. 譯按：又稱肋骨架。

特殊狀態的肋骨不常見，如果能以遺骸對照死者過往的X光片當然對鑑識是一大助力，尤其肋骨較多引發不適通常會去醫院檢查。

腰椎長出肋骨比較少見，而且多半體積小，像是發育不全的痕跡，再者也沒有症狀，所以對鑑識未必起得了多大作用。很多有腰椎肋骨的人一直沒發現異樣。

發現遺體時，如果肋骨較多會引發一些混亂，尤其只剩骷髏時連收集齊全都很艱難。想像一下：自己雙手雙膝埋進泥巴裡，蘇格蘭的強風冷雨讓耳朵凍到彷彿快掉下來。這時候，你驚覺這具遺體的肋骨不只十二對。周圍當然要搜，但雨勢夠大就足以沖散小塊的骨頭，所以肋骨未必會出現在預期位置。何況還有野生動物作亂，內臟是高熱量來源，許多食腐動物覬覦已久。牠們會將軀幹撕裂拖走，齧咬肋骨之後留下一堆齒痕。

反過來說，如果找到的只有肋骨，就連是否屬於人類都不容易判斷，碎掉的尤其麻煩。解剖學的基礎觀念是功能決定形狀，體型接近的動物身上，功能相同的部位形狀會類似，人類和豬的肋骨是很好的例子。接著想想警察多常翻找垃圾場或掩埋場、裡頭塞了多少餐館與外帶餐點吃剩的豬肋骨，應該不難明白法醫人類學家需要分辨兩者的頻率有多高。

《解開死亡謎團的 206 塊拼圖》的讀者或許還記得其中一個故事：有人宣稱自己以燒鹼混合醋液便溶解了岳母遺體。死者翟娜五十六歲，有六個小孩，一天她帶小女兒上學之後便下落不明，警方調查住處發現臥室、樓梯口、浴室都有血跡。關鍵證據是樓梯頂端留有血掌印，雖然是翟娜的血，但手掌卻來自她女婿。警方提出質疑，他胡謅一堆理由解釋岳母的失蹤與血跡，一度聲稱翟娜遭到蒙面男擄人勒贖。

但女婿終究坦承自己殺害了翟娜。他說兩人原本相處融洽，但那天岳母竟以肢體動作勾引自己，當下大感噁心就伸手推開，不慎力道過猛，翟娜整個人向後倒下，頭撞在床頭板，接著鼻孔流血、動也不動，顯然已經沒命。陷入恐慌的女婿搬動屍體，經過樓梯口拖進浴室放進浴缸，開始思考該怎麼辦。他覺得說實話也沒人信，只能自己設法處理。警官告知權利義務之後進一步訊問，他表示自己將岳母留在浴室以後出門一趟，買了大量燒鹼與醋，回家以後全淋在翟娜身上。遺體完全溶解，他直接開水龍頭沖掉。

警察就是聽了這番說法才與我聯繫，想知道嫌犯描述的手法是否真有可能徹底溶解遺體。是時候將他拉回現實了。首先家用燒鹼根本沒有液化人體的強度，短短幾小時更是絕無可能。再者燒鹼是鹼性、醋是酸性，兩種東西調合只是酸鹼中和，生出水和乙酸鈉。乙酸鈉並不溫和，是能燒灼人類皮膚，但也就僅此而已。

他得換套說詞。嫌犯顯然並非化工專家，反而在另一方面經驗豐富——他有兩份兼差，一個是在餡餅工廠做屠宰，另一個是肉串燒烤店。警察的推論不難想像：他運用工作學到的刀法將翟娜在她自家浴室肢解，拿塑膠袋裹起來搬到燒烤店後面堆著。鎖定燒烤店後方，是因為在那兒找到她的血跡。

嫌犯宣稱事發當晚他帶兄弟過去將遺體分解成更小塊，然後開車四處尋找外賣燒烤店，每找到一間就丟一個屍塊在店外的垃圾桶，讓垃圾車送進掩埋場。可想而知這番供述引發食安恐慌，然而檢查了掩埋場內部、準備掩埋的廢棄物、燒烤店的肉品、以至於餡餅工廠，結論是翟娜並未淪為食物。不意外的是燒烤店過不久關門大吉，店面好一陣子易主了才重新開張，據我所知還是做外賣。

翟娜的女婿被判處無期徒刑，他兄弟作為棄屍從犯也得坐牢七年。親戚認為殺人動機是錢，死者除了房子還有銀行存款，凶手兩者都想要。對翟娜一家而言，痛失親人、行凶者竟是姻親，最後連安葬遺體都辦不到，內心哀慟難以言喻。

雖然展開大型搜索，也鑑識了掩埋場找回來的每塊肋骨，最後仍舊沒發現遺體。搜出的肋骨是人類，還是其他動物？翟娜一案突顯法醫人類學家必須能夠辨識牛羊豬的肋骨，還要懂得區別動物與人類肋骨有何不同。學生大都覺得肋骨無聊，不想花上好幾個鐘頭練習分辨，但這項能力對刑事調查很有幫助，牽涉到肢解的時候更是不可或缺。

我們叨唸學生的另一件事情是要學會肋骨排序。不僅是辨別左右，缺乏整副骨骸時要能推測骨頭來自胸部的上、中、下。例如只有一塊碎片，是否判斷得出肋骨是右側第五條還是左側第四條？雖然不容易，有時候很關鍵。

有一次我出庭作證，案情是在混凝土地板底下找到一具嬰兒骨骸。證詞提及曾有刀子插進嬰兒肋骨，辯方律師便展開凌厲攻勢逼問我如何肯定刀傷位在第五與第六條肋骨之間。這件事情很重要嗎？未必，但若能動搖專家證人，所有證詞的效力在陪審團心裡都會打折扣（「妳不確定？什麼意思，妳不是專家嗎？」），因此成為辯護律師的常用策略。

分辨左右肋骨很直觀，只要找到靠近背脊的部分就好。肋骨開始彎曲的地方底部會有凹槽，稱作肋下溝，裡面是沿著肋骨下緣延伸的血管與神經。

非素食者（且觀察骨頭不覺得噁心）的人下次吃排骨可以親眼觀察：留意最靠近骨頭的肌肉，如果是骨頭的下側，應該看得到血管行經的孔洞，還有固態白色棒狀物是肋間神經。肋下溝顧名思義永遠位於肋骨下方，肋骨外側是凸面、內側是凹面，所以分辨上下前後很簡單，進一步就能判斷肋骨原本位於左邊還是右邊。雖然邏輯說起來單純，但不特別點出來學生不會知道。

所以想為肋骨排序，首先要快速分開左右兩組。如果全部收齊，預想上是一邊十二條，但當然偶爾會找到更多，有時候也會因為損壞或野生動物而少了幾條。下一步就要針對每一條個別判斷，推論它們屬於胸部頂端、中段偏上、中段偏下，還是胸部底端。

最上面兩條肋骨外形與眾不同。它們位在肺部頂端、弧度較大，像兩個逗號，十分容易辨認。接下來的四條（第三到第六）有個別名叫「真肋」，正式稱呼是椎胸肋骨，前端都有肋軟骨連接胸骨，從形狀很容易理解功能。

中段偏下（第七到第十）別名「假肋」，或叫做椎軟骨肋骨，名稱由來是它們前端沒有延伸到胸骨，而是連接到共用的軟骨上。觀察脂肪少的人很容易看到才對。這幾條位置低的肋骨比較寬，呈現鐘形。最後兩條（第十一、十二）別名「浮肋」，前端沒有碰觸到軟骨或胸骨，直接停在腹壁肌肉底下，自然也就較短較小。

有種整形手術比較極端，將較低的肋骨截短或完全取下以求達到誇張的沙漏形身材曲線。維多利亞時代靠束腹馬甲壓迫身體才做得到，現在能用手術完成夢想。然而肋骨也有更實際的運用方式：最底下的浮肋可以取出作為自體移植物，修補病人其他部位的骨折，常用到的地方是面部與下頜骨。我有個好友以前是陸戰隊隨行醫官，派駐到北愛爾蘭拯救傷兵時不幸遭到槍擊，後來就靠一條肋骨重建碎裂的下顎。瞭解什麼器官並非生存所需、必要時能挪用為備料，或許哪天就會派上用場。

某些場合需要鑑識的不只是肋骨，還有體內生成後附著在上面的物質。有一次我處理某位老太太的遺體，發現右側肋骨內面黏著一串小石頭，從位置判斷原本位在腹腔。這是所謂膽結石，源於飲食膽固醇過高，肝臟分泌的膽汁酸鹽不足無法完全溶解。膽結石通常累積在具有儲存功能的梨形膽囊內，但也有可能阻塞在膽管或者膽囊和小腸連接處的括約肌。這位女士的膽結石尺寸各有不同，大的像核桃，小的像玉米粒，形狀是一顆顆平整多面體如拼圖般接合。結石也會發生在泌尿系統周邊，包括腎臟、輸尿管、膀胱，所以法醫人類學家不只要會看骨頭，也得會看石頭。

未損壞且來自成人的肋骨在鑑識與排序方面並不複雜。換作嬰兒肋骨就是另一回事，需要真正專業的知識和經驗。

一九九九年，我應英國外交部請託前往西印度群島處理牽動政治敏感神經的事件。格瑞納達早在一九七四年就從大英國協獨立，第一任總理是埃里克．蓋里（Eric Gairy）。五年後他出國參加聯合國高峰會，國內卻在名為「新寶石運動」（「寶石」的原文 Jewel 其實是行動目標的縮寫，代表「為福利、教育和解放而共同努力」[6]）的革命團體領導下展開一場不流血政變，領袖莫里斯．畢曉普（Maurice Bishop）是許多格瑞納達人心目中「為人民出頭」的英雄。畢曉普解散舊國會，自己擔任「人民革命政府」的新總理。

革命受到多數人支持，畢曉普也著手改善人民生活，具體措施包括免費教育與醫療、改善公眾運輸、擴張基礎建設等等。只可惜人民革命政府內部很快出現矛盾，一九八三年他被副手及其黨羽廢黜和軟禁，國內政局陷入混亂。

後來數千名支持者救出畢曉普，在他帶領下直衝軍方總部。一支部隊由臨近港口前來鎮壓，八人遭到俘擄，其中包含兩名工會領袖、三個閣員（其中的教育部長是畢曉普的女友賈桂琳．克里夫特〔Jacqueline Creft〕）以及畢曉普本人。據說八人被帶

6. 譯按：原文 New Joint Endeavor for Welfare, Education, and Liberation。

去面壁處決，然而遺體下落不明導致流言紛飛；一個版本說他們被丟進坑洞、淋上汽油點燃後再用手榴彈炸得血肉模糊。

美國雷根總統下令要美軍進攻，理由是擔憂數百名居住在當地的美國醫學院學生。畢竟是前英國殖民地，英國首相柴契爾夫人對於美國未先知會頗有微詞，但表面上還是支持美國的決定。

此次出兵代號「緊急狂暴行動」（Operation Urgent Fury），超過八千名美軍展開為期四天的陸海空攻擊，於是當地迅速恢復和平。可是作為為國捐軀的烈士，畢曉普沒能風光下葬。儘管多次有人試圖找出遺骸，甚至美國軍方也啟動一次調查，但都無功而返。

外交部找上我，原因是格瑞納達首都聖喬治一個掘墓工挖開本該空著的墓地，底下卻埋了美國陸戰隊使用的屍袋，裡面有人骨。消息走漏後如野火蔓延，當地民眾覺得是人民革命政府的愛國烈士，說不定就是畢曉普本人。處理不當可能引發動亂，美國軍方和ＦＢＩ準備派人前去檢驗，格瑞納達政府也請英國政府協助，希望能有代表第三方的小型調查團共同參與。

我們這支調查隊確實小，就只有身為法醫人類學家的我，加上法醫病理學家伊恩・希爾醫師（Ian Hill）。英美兩國對比強烈，他們派了大批人馬，個個身著軍靴、Polo衫、棒球帽，外套上標誌醒目，閃耀金屬箱裡裝著最新穎的器材，所有人散發出高高在上、疏離冷漠的氣息。

伊恩戴上英國風遮陽帽，穿了短袖格子襯衫、奶油色上衣、米黃色短褲，一副來海島渡假的模樣。我則是老樣子，看起來就像誰家的媽媽（本來就是）。美方的人只瞥一眼，顯然認定我們是「無立即威脅」的冗員，丟著不管無妨。他們多看幾集《神探可倫坡》（*Columbo*）就會明白以貌取人很危險。

伊恩以前待過英國空軍，飛往格瑞納達航程中對飛機每個吱吱嘎嘎的聲音高談闊論，順道回憶了一下他經手過的墜機事故，不忘提醒我遇上迫降怎麼提高生存率。就算起飛的時候很鎮定，聽了這麼多空難故事我也該精神衰弱了，所以抵達目的地特別開心。熱帶風情酒店裡有游泳池、雞尾酒吧、露天餐廳，想到自己這趟是來驗屍的總覺得格格不入，但我們適應力很強。

初次與美國鑑識團隊接觸，對方或許修正了印象，但大概就給我們貼上「煩人」這個標籤。既然美方先前做過調查，我們表示想閱讀報告副本，他們卻回答當下無法取得，還補了一句：「夫人」別擔心，找到之後立刻送上。說這話的時候甚至懶得遮掩囂張跋扈的沙豬語調。

伊恩和我決定打消耗戰，每天過去問他們到底拿到副本沒，對方也每天耐著性子客客氣氣丟出罐頭回應。玩膩了總得換點花樣，我們會一天問兩次、兩個人輪流問，或者伊恩一天我一天，偶爾假裝沒溝通好一前一後接著問。苦中作樂也是不得已。

我們找到挖墳工人，請教事發時究竟看見什麼、實際地點在何處、覺得為何氣氛緊張。他十分親切，直接帶我們到事發地點，指著填好的墓地解釋當地人想法，提供不少有用消息。雖然大部分是格瑞納達當地傳聞，然而其中包括一開始簡報裡沒提及的細節：根據挖墳工說法，當地人都知道賈桂琳·克里夫特被處決時已經懷了畢曉普的孩子。美方不肯告知此事，我們自然沒考慮過胎兒遺體這個可能。打探情報真的很重要，看似不起眼的人物可能掌握關鍵訊息。

為了避開當地炎熱的正午時段，挖掘行動大清早就開始。撥開一點點土壤就找到美國陸戰隊屍袋，保存狀態並不好，但使出護理師捲床單挪動臥床病患的手法仍能完美取出。每當需要以最低擾動來搬動遺體時，我們都採用類似做法。

一找到屍袋，美國團隊立刻打包回家。我們這邊工作流程不同，會詳細調查現場各個角落，遺體正下方與周邊環境都要顧及。以這次情況而言，屍袋早有破損，也就是說骨頭可能掉到外面，經由動物活動與地下水流而四散，不應該認定屍袋及現在的內容物就是完整發現。

我再刮開一些沙土以後果然又找到骨頭。畢竟是有歷史的墓園，找到骨頭本身不足為奇，只不過我挖到的骨頭很小，是個未成年人。詳細調查必不可免，但我一眼就能斷定眼前所見並非胎兒，自然與賈桂琳・克里夫特有孕在身的傳聞毫無瓜葛。

然而我起了玩心，抬頭望向泥洞外，閃亮軍靴落入眼簾，於是堆滿笑臉朝美方調查人員開口說：「找到小孩在預期內嗎？」他聽完臉都白了，二話不說一個人跑到墓園角落拿出行動電話比手畫腳口沫橫飛。這種事情鬧什麼英美較勁很幼稚我也明白，但忍不住悄悄露出勝利的微笑。

那人回來以後，我開口問他能否自己排列未成年人的肋骨，可以的話就讓美國團隊處理。他那表情好像差點暈倒，看得出來沒什麼處理幼童遺骨經驗。骨頭還是遞上去，我沒特別提醒他根本不是胎兒，畢竟從美方角度我也不該知道賈桂琳・克里夫特帶著身孕死亡。

結果他主動問我認為孩子多大。「很小吧，」我這麼回答。是有點對不起他，但誰叫美國團隊如此冷淡呢，要我不禮尚往來也難。

到了太平間，立場顛倒的好戲才剛開始。他得自己設法拼好那副遺骨，花了好幾個鐘頭裝設「器材」，卻遭遇技術困難不斷打電話求救。其實重組孩童骨骼哪裡需要器材呢，憑經驗就夠了。我遲遲不動作，直到收工前一小時才出面將遺骸從頭到腳拼好，約莫十五分鐘就結束。組好之後，我說孩子大概兩歲，他忍不住露出苦笑。本以為事已至此雙方心裡有數，可以開誠布公了才對，我趁機詢問之前的調查報告到底能不能給一份，沒想到他似乎做不了主。

挖墳工人和我們相處愉快，當晚他家裡開花園派對，邀我和伊恩過去坐坐，我們欣然應允。其實他也向美國團隊提出邀約，但那群人委婉而果斷地拒絕。反正不去是他們的損失。

抵達工人家，他熱情招呼我們去花園。露天篝火架著大鍋，中間堆滿雞肉與蔬菜烹煮，邊緣排了一圈麵包吸收美味高湯，味道棒極了。後來他又開一瓶自釀的粗黑糖朗姆酒，夜色變得更加醺酣，明知隔天起床會很辛苦還是值得。

夜色漸深，大家圍著篝火坐下賞月，享受美酒佳餚和清風。我結識一位風趣男士，是當地私立大學的解剖教授，彼此領域重疊所以聊了很多解剖學、教學和人類學的話題。談起自己為什麼來到格瑞納達，事涉政治敏感我還特別小心（後來發覺都是庸人自擾，全島居民早就議論紛紛），可是忍不住埋怨了美國團隊幾句，說他們連之前的調查報告都神祕兮兮怎麼也不肯給。這位教授的回答出人意料，美妙至極。

「那時候我在場，有拿到一分副本，明天印給你們？」

兩個解剖學家在挖墳工人派對上，喝了粗黑糖朗姆酒，成就一段佳話。到了明天，美國團隊要擔心的可不只是小孩肋骨。

翌日我們拖著宿醉頭痛前往當地大學，找到教授辦公室，他準備好報告副本等著。其實裡面沒有太多新鮮東西，只是補充之前尋找畢曉普遺骸無功而返的背景資料，當然還有賈桂琳．克里夫特當時懷孕這件事，但我們已經透過其他管道得知。

伊恩和我回到太平間，美國團隊又忙著架設裝備。我們維持每天見面的儀式，開口就問：「你們找到報告了嗎？」對方例行公事回答：「抱歉，夫人，還在找。」於是我從包包取出影印副本，表示如果美國那邊遺失文件，拿我們的過去補齊也罷。他們嚇得好像水溝竄出的老鼠，所有人從椅子跳起來東奔西跑、拿電話講個不停。有趣的是直到最後他們也沒來跟我要，看樣子認真找絕對找得著。

驗屍結果出爐，沒什麼好擔心：找到的遺骨和畢曉普、他女友或當時閣員一點關係也沒有。

一九八三年，美軍攻入格瑞納達時曾試圖對軍方總部發動空襲，然而轟炸失了準頭，打在附近一間精神病院。孩童骨骸應該是以前葬在墓地的死者，美軍屍袋及其餘骨骸則是那所醫院的可憐病人，只因為出現在不對的時間、不對的地點就粉身碎骨。之所以能夠肯定，線索包括骨頭碎裂的狀態、性別年齡的混雜，最重要的是找到一條睡衣腰帶，上頭大大繡著醫院的標誌和名字。

如果大家忘記互相尊重、彼此信任，選擇隱瞞而非合作，那麼一副肋骨加上幾張紙就能鬧出很多事。說實在的，毫無必要，因為所有人追求的都是真相。

第五章

咽部：舌骨與喉頭

人類的聲音是靈魂的器官。

——詩人華茲華斯 Henry Wadsworth Longfellow，1807-1888

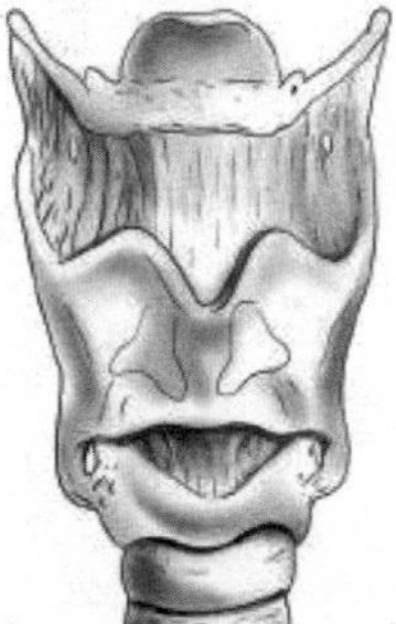

論起最受犯罪作家們喜愛的骨頭，想必就是舌骨。舌骨易碎，小說中很多人因此死亡。

舌骨位在頸部頂端，低於顎骨，後方是頸椎第三節。用手指掐住這個部位施力按壓（別太用力），應該兩側都能感受到阻力，脖子也會很不舒服。指尖底下是舌骨兩個大角（也有人稱為大翼），負責支撐從顎骨底下延伸至舌骨頂端、從舌骨往下延伸至胸骨的肌肉，以及喉部、發聲器官的結構。

孩提時代，舌骨分為五塊，包括中間的水平體、兩側各一個小角，小角底下還有大角。舌骨大致呈C形，開口朝後容納氣管。小角在我們兒時就會與水平體融合，大角得等到四十、五十多歲。

舌骨大角頗為脆弱，施暴者以拇指食指扣住頸部兩側施加壓力確實能捏碎，但現實中並非所有勒殺都會造成舌骨碎裂，統計顯示約三分之二的勒殺案例中無此狀況。舌骨斷裂在年輕人算少見，在幼兒更是罕見。縱使死者舌骨碎裂也不必然是被勒斃，因為舌骨有可能在生前就受傷。

舌骨碎裂的遺骸

珍妮的淒慘故事可以作為範例。她兒時過得不好，父母雙亡後與哥哥分別住進寄養家庭，年紀還很輕就生了三個小孩。可惜婚姻破裂，本就萎靡的生活更加混亂，從酗酒演變為藥物濫用，一出門就是好幾週不見人影，有時在朋友家睡沙發，有時直接找廢屋容身，偶爾弄到點小錢才訂個青年旅舍。她三十七歲那年，有人發現真的很久沒看到她了，終於通報失蹤人口。

她最後行蹤出現在北部某城市郊區，附近居民早就向市議會抱怨遊民出沒及亂倒垃圾的問題。又過了一年七個月，公衛體系查封廢屋，外包清潔公司進入清理以便整修出售。工人明明不是挖墳，但翻開堆積如山的垃圾赫然發現底下埋了骸骨。死者蜷曲的模樣就像胎兒，噴霧罐和塑膠袋就擺在身旁。

取DNA鑑定以後確認死者就是珍妮。推敲起來，她死在後院，由於外頭一直有人朝圍牆內亂丟垃圾，於是屍骸就被埋了起來。

警方找了一位法醫考古學家協助，確保遺體盡可能完整回收。驗屍報告不敢對死因太過武斷，但點出珍妮全身骨骼多處癒合的痕跡，顯見生前受過不少傷害，然而究竟死於意外還是謀害就不得而知。

負責的法醫考古學家專業素養極佳，找齊四片舌骨並完成辨識。小角部分已經與水平體合而為一，左右大角保持分離，其中左大角碎成兩塊。警察將遺骨送到我們實驗室，想知道的就是舌骨左大角碎裂到底發生在死前、死後，還是死時[1]。

死前傷害通常會有癒合痕跡，死後或死時留下的骨折則否。死時骨折由於骨頭仍有水分，傷口多半不平整，原理就好比折斷青嫩的樹枝，斷裂處會凹凸不平，留有雜亂的凸起。反觀枯死乾燥的樹枝，折斷的地方很乾淨，死後已經乾燥的骨頭也是同樣道理。

死前就留下的骨折即使源於暴力或外傷，也可能距離死亡事件有一段時間的間隔。死後骨折通常是處理或挖掘遺體時所造成的。因此死前骨折看得到癒合，死後骨折完全沒有。死時骨折則不同，指向人為死因，值得進行他殺調查。珍妮的舌骨大翼斷裂，若能盡可能精準推估出事發時間點或許能夠釐清案情。

肉眼看來，珍妮舌骨大翼的斷裂面似乎很平整，然而以顯微鏡觀察則會看到截然不同的景象。實際上骨頭是在濕潤狀態下折斷，代表事發時她還活著。斷面的凸起前端較圓，是骨頭無法成功自癒的跡象。綜合來看，珍妮在舌骨斷裂之後並未立刻死

1. 譯按：perimortem，指瀕死階段或死亡事件前後。

亡，還存活了一段時間，不過沒到幾年這麼久，大概只有幾個月。

其餘部位多處骨折已經癒合，一種可能是遭到家暴或襲擊，但也可能肇因於長期酗酒的反覆摔倒。由個人背景無法找到珍妮遇襲的線索，但從急診病歷反而能看到她確實摔倒多次，天氣惡劣時更是頻繁。

我們家二女兒曾經在某個大醫院的骨科病房工作過，見識很多摔跤骨折的住院病患，其中不少與酒精或毒品相關，豪雨、初雪導致地面濕滑時人數也會大幅增加。據她所言，病人本身有各式各樣的需求，他們身上是否有傳染病又很難判斷，護理師照顧的同時還要顧慮自身健康安全，辛苦到極點。此外，這些病人雖是傷患，出現戒斷症狀時卻會暴躁易怒，醫護常常不得已將他們銬在病床上，甚至請警察在旁戒備。如珍妮這樣的生活景況不只影響自身，也波及試圖幫助他們的人。

但回到舌骨這件事情，摔倒而摔斷舌骨的機率實在太低，所以仍舊無法排除珍妮曾經遭遇暴力事件。本案直到最後都無法判明死因或事情經過，不過舌骨骨折應該不會是關鍵證據。

從舌骨往下，比較重要的是甲狀軟骨與環狀軟骨。兩者都會隨年齡增長骨化，並因此生成細緻且異常美麗的紋理外觀。

甲狀軟骨別名喉結，在英語中又叫做「亞當的蘋果」，淵源就是聖經故事裡亞當吃下禁果，有一塊卡在咽喉。青春期開始後男性喉結較為發達，甲狀軟骨體積增加導致音調降低。聲帶連接甲狀軟骨後側，所以喉結越凸出會將聲帶拉得越長，音色變得更低沉。

女性喉部成長不明顯，但有少數女性例外。由於甲狀軟骨男女之分頗為顯著，跨性別者、特別是由男跨女者會特別介意，常利用圍巾、頸鍊、高領衣物遮掩。技術進步了，一部分人選擇接受手術「削」去部分軟骨。

甲狀軟骨最早大概三十歲就可能開始骨化，但個別的差異很大，也無法藉此判斷性別。

再從甲狀軟骨往下會找到環狀軟骨，與頸椎第六節同一高度，形狀像古時的圖章戒指，寬的那面朝後，小圓環朝前。環狀軟骨的下面有一連串軟骨環，它們包覆氣管但保持開啟以利呼吸，同樣會在年齡增長後逐漸骨化。

舌骨、甲狀軟骨、環狀軟骨、氣管軟骨環是法醫人類學家檢查人類骨骸時很常找到的有趣小東西，做這行一定要能清楚辨認。

頸部遭受壓迫會有生命危險，異物進入氣管也一樣。為了撰寫教科書，搜集資料時我讀到一個病例：耶誕節的急診病人呼吸道嚴重不適，自己懷疑是卡了火雞骨頭。醫生給他照食道鏡，在甲狀軟骨附近找到目標後取出。結果並不是火雞骨頭，而是貝殼。請病人回想當天究竟吃過什麼，他猛然想起火雞內餡有牡蠣。

不親手調查、親眼見證，誰也不知道最後會找到什麼。

第三部

四肢：顱後附肢骨

The Limbs: Postcranial Appendicular Bones

第六章

胸帶

你們還是天使的時候，肩胛骨上生著翅膀。

——作家大衛・艾蒙德 David Almond

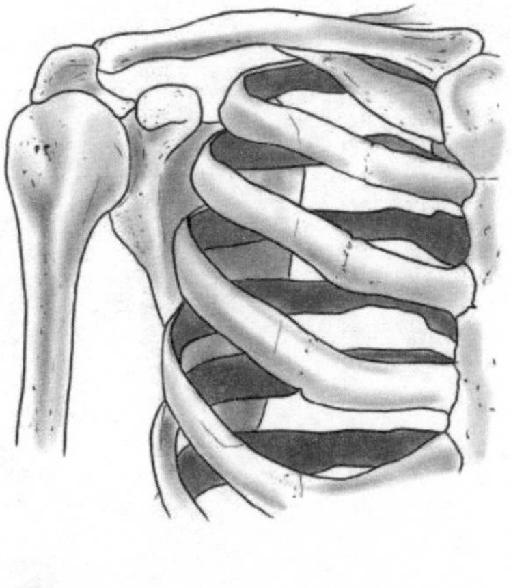

人類骨骼有兩條「帶」。這個「帶」在英文裡是girdle，更常用於指稱女性緊身衣物，不過自從在課堂提到我媽的束胸帶、束腰帶，結果搞得學生一臉空白，我就決定不再用這種比喻免得更顯自己老。

骨骼的帶狀結構之一是位於上方的胸帶，也稱作肩帶，連接手臂骨骼（肱骨）與軀幹，包含前面的鎖骨及後面的肩胛骨。位於下方的帶狀結構則是骨盆帶，兩塊髖骨與後側的骶骨之間形成關節，還有股骨連接左右下肢。

有趣的地方在於，胸帶中的肩胛骨是全身上下最不易骨折的部位，而鎖骨卻是最常骨折。

靈長類都有鎖骨。許多哺乳類有退化的鎖骨，但有蹄類身上已經找不到鎖骨了，例如馬、豬、以至於河馬皆是如此。貓則是鎖骨退化的範例，牠們因此可以鑽進看來塞不下的狹窄空間。

人類鎖骨除了供肌肉附著，也負責將手臂固定於身體兩側。多數四足動物前腳位於身體下方而且僅用於移動，鎖骨不需要雙重功能自然體積不大。但奇妙的是，鎖骨對人類也並非不可或缺，只要縫合肌肉，缺少鎖骨不會造成什麼影響。由於賽馬時意外墜落很容易摔斷鎖骨，有一派觀點認為與其承擔骨折風險不如預先取出，於是以前有些選手便接受這樣的手術。

事實上鎖骨斷裂確實可能危及生命。鎖骨是拉長的S形，結構最脆弱容易骨折的地方是水平方向三分之一的大弧。麻煩在於底下就是鎖骨大動脈和靜脈，是特別粗的血管，容易被銳利的骨頭碎片割破或刺穿。

勞勃．皮爾爵士（Sir Robert Peel）自一八三四到四六年間兩度擔任英國首相，是公認的現代警察制度之父（於是他的暱稱「皮勒」〔peeler〕和「博比」〔bobby〕也先後成為警官的同義詞），其死因就是鎖骨骨折。話說皮爾爵士買了一匹獵馬，這個品種踢人事故本來就多。一天他騎馬走上靠近白金漢宮的散步丘（Constitution Hill），途中遇見認識的兩位女士及她們的馬夫。馬夫的坐騎脾氣比較暴躁，結果皮爾爵士的獵馬受到驚嚇，不僅將主人甩到地上，還一腳踩了過去。他斷了好幾條肋骨，左側鎖骨也碎裂，刺穿底下動脈後大量失血。

考慮到他在事發三天之後才死亡，身上又還有多處重傷，我懷疑皮爾爵士其實死於別的併發症。不過刺穿血管比較震撼人心，時至今日多數文獻仍將鎖骨斷裂記載為他的死因。

無人聞問的嬰兒遺骸

鎖骨是人體最早成形的骨頭，在子宮內的第五週就開始發育，很多媽媽這時候尚未察覺自己懷孕。鎖骨還特別早熟，懷孕第二個月時已經呈現S形，之後每週穩定成長約一毫米，剛出生的嬰兒鎖骨大約四十四毫米長。由於其形狀特別、長度規律，我們常靠鎖骨判斷胎兒或新生兒的年齡。

多數人會慶祝孩子誕生，但並非所有父母都歡迎新生命，所以胎兒和新生兒的遺體會出現在各種稀奇古怪的地方，可能撬開地板或浴室瓷磚才找到，或者掀起煙囪蓋清掃、給閣樓做隔熱工程時發現，也有裝在行李箱塞進櫃子最深處就被徹底遺忘的例子。不想要孩子的時候除了遮掩孕肚，剛分娩出來的小身體無論是死是活都很好藏匿，大人以為證據永遠不會曝光。

事實不然，即使過了許多年遺體仍可能重見天日。很多找上我們鑑識的案件要追溯到七十年前，甚至更古老。那時候生活條件惡劣得多，墮胎不合法又不安全，但仍有女性選擇這條路，也有密醫提供相關服務。不要孩子常見的理由是家裡太窮、多一張嘴餵不飽，再者則是無法承受未婚生子的恥辱與汙名。

找到幼兒遺體會衍生許多問題。一般人首先想到的不外乎何時死亡，母親又是何人？不過從執法角度來看，真正最關鍵的反而是死亡當下孩子多大，也就是出生前還是出生後死亡。假設是出生後死亡，一個可能是遭人殺害，另一個可能是自然死亡，譬如缺乏醫療照護等等。而若出生前已經死亡，仍必須探究是墮胎還是難產。

所謂死產，定義是妊娠二十四週後出生但沒有生命跡象的嬰兒。若在妊娠二十四週之前已經死亡，則以流產或死胎稱之。二十四週是英國法律規定的墮胎期限，一般認定二十四週之後只要提供足夠醫療照顧胎兒就能正常發育，換言之技術上已經可視為「人」，所以鑑識時也將這個時間分界當作關鍵。

判斷胎兒是否超過二十四週的法定分界，鎖骨是個可靠指標。二十四週的胎兒鎖骨大約二十七毫米長，接近成年人拇指，而且測量精準度很高。即使活在母體內的娃娃也能透過超音波進行，不過圖像不容易看懂，通常需要諮詢專業的放射線技術員。不在子宮內的情況可用X光或斷層掃描，若已經進入驗屍階段當然能直接取下鎖骨量長度。

在自家找到胎兒或新生兒遺體會造成屋主不小的心理陰影。曾有一堆夫妻在蘇格蘭群島偏遠處買了一棟石砌小屋，大規模整修期間他們掀開廚房地板做防水和管線，望向地基時卻留意到土壤上有像是骨頭的東西。島上很多古跡，他們就近找到幾位考古學者幫忙確認，挖出的骨頭都很小，有些是動物，可惜其餘不是，最後還是得報警處理。

當地警隊沒有犯罪現場調查員，等待本島支援要花上好幾天，於是那對夫妻就請考古學團隊繼續協助。取出的骨頭已經乾燥，裝進兩個小紙箱之後空運至最近的太平間，但也是一百五十英里外了。案子後來找上我，希望檢驗之後能判斷出死者年齡、死亡時間距今多久，以及其他對偵辦有用的線索。現場拍攝的照片品質極差，差到我居然得開口詢問究竟該看什麼位置、什麼東西，這是內心第一聲警鐘。第二聲很快來了，我又詢問當初挖掘骨頭的是誰，得到的答案是：「沒問題的，他們是考古學家，只留下人類骨頭，其餘都丟了。」

受過鑑識訓練就會明白這樣的情況有多糟糕。鑑識工作應該由具備專業知識的人操刀，而我們是不會亂丟東西的。也罷，只要考古學家能清楚分辨人類與動物骨骸的差異，那麼紙箱裡只有人類遺骨，勉強算是「沒問題」。可惜我一看就發現既有人類胎兒的骨骸也有動物骨骸，代表這群考古學家的分辨能力並不可靠。

結果必須重新搜查棄屍地點。據我所知毫無斬獲，但應該也沒有法醫人類學家隨行。現實生活的調查行動與電視演出相差甚遠，一眼看透真相這種事情少之又少。我向負責調查的警官埋怨相片品質不佳、搜索範圍太小，如果演變成他殺案件會相當棘手，證據真的不夠完善。他與我是多年好友，聽完也面色凝重。我想這次經驗間接刺激警方改進了現場搜查和證物回收的作業程序。

紙箱內的動物骨頭尺寸很小，看得出是常見害獸、大鼠小鼠為主，由此也可以推論屋子底下的人類骨骸早就成為野生動物的食物來源。而確實遺骨上留有很多齧痕。新生兒骨骼超過三百塊，我拿到的骨頭數量才百分之二，而且很快察覺裡頭不只一個嬰兒，因為找到三塊鎖骨，二左一右，右邊那塊的大小偏偏又和左邊兩塊都不同，沒辦法硬湊成一對。

總而言之，至少是三個小嬰兒的遺體。假設他們是完整埋入地底，那最少就有九百塊骨頭。找不到的部分恐怕早被時光葬送了，或許是入了野生動物之口，或許是地底水流（該區十分潮濕）帶走，又或許是被當地的酸性泥炭土分解掉。當然還有其他可能性，例如之前考古學家認不出胎兒骨骸所以根本沒撿起來，也可能是最初的遺體就不完整。我理所當然必須找找看有沒有肢解痕跡。

骨頭上面沒有明顯傷痕，無法推斷死因，屍體一開始就缺損的機率不大。單憑骨骼無從推論嬰兒性別，判斷年齡倒是有一定準確度，尤其現在有鎖骨。留下左鎖骨的兩個孩子都足月，大概四十週[1]。右鎖骨的孩子小了不少，才三十週，雖然仍在現代法律保護範圍內，但若事發時間已成歷史就另當別論。雖然嘗試抽取DNA但沒能成功，或許保存狀況太差，抑或是年代太過久遠。

我們認為答案是後者。放射性定年法可以印證猜想是否正確，但我一向主張若非絕對必要別將嬰兒骸骨送驗，特別是尋得碎片太少時更該保守。放射性定年法的過程需要摧毀一定分量的骨頭，要是出了差錯會變成滿足生者好奇心卻令死者無骨可葬。我請警察先試著從背景調查切入，化學檢驗則當作最後手段。

警察只打聽到地方上口耳相傳的歷史，但拼湊梗概之後符合證據，也足夠得到地方檢察官的認可。故事追溯到第一次世界大戰之後，窮鄉僻壤的小島儼然與世隔絕，沒有電話、電力、自來水和大眾運輸，居民生活困頓，只能從貧瘠土地與海中勉強找些東西維生。他們用石頭砌屋牆、拿茅草搭屋頂，窗戶開得很小，地板直接貼著泥土，住處狹窄陰冷又潮濕。

當時有位叫做斐爾莉的未婚女性獨居在典型兩房小屋內，距離嬰兒屍骨所在地點只有一百碼。鄉親們覺得她行為不檢，說她是蕩婦、妓女，用蓋爾語 *siùrsach* 或者

1. 譯按：此處是從受孕開始計算，四十週包含懷胎九月加出生後足月。

striopach 稱之，還比喻為舊約聖經的耶洗別（Jezebel）。

據說她為了過活賣身給附近海軍基地的技工或稍微富裕的商人，三不五時會換上啟人疑竇的寬鬆衣物，搬去臨近村落與性格跋扈的母親塔米娜同居，一陣子以後再度露面回復原本生活。每次離家發生的事情或許就與地板下那些遺體有關係。

那個年代缺乏有效避孕工具，如果斐爾莉真的從事性工作，意外懷孕會成為嚴重職業危害。地方盛傳她生下多達十一個孩子，不過這類傳言時常加油添醋。無論如何，斐爾莉在一九五〇年代過世，膝下只有一子，出生時是臀先露[2]，找了當地醫生協助才順利分娩，或許也因此才得以長大。

有人推測斐爾莉沒辦法墮胎，唯一辦法就是拖著便便大腹搬到母親家待產。親戚或許睜隻眼、閉隻眼心裡盼著她流產也罷，又或者私下受過她的接濟。理論上那個年代未婚生子不合法，蘇格蘭教會視之為罪孽，通常整個家族都要背負烙印，何況她祖父還是位平信徒聖職人員[3]。大肚子可以掩人耳目敷衍過去，真有了私生子可是無法饒恕。妙的是殺嬰反而沒那麼罪過，教會的非難比起法律更令人生畏。

根據傳聞，孩子生下以後被塔米娜塞在平常裝魚的生鏽水桶帶去溺死，遺體丟在小屋地板底下，經過一段時間腐化分解只剩骨頭。

2. 譯按：即所謂胎位不正，嬰兒臀部距離母親骨盆較近。
3. 譯按：指主要職業不屬於教會，但負責某些聖職工作協助教會生活的人。

發現嬰兒骸骨時，斐爾莉的獨子已經過世，但臨終前曾經透露母親自承生過五胎，其餘四個手足被外婆淹死。他能倖存的確是因為出生時醫生在場，日後忽然消失事情會鬧大，否則大概也會死於塔米娜之手。

孫子與作風強悍的外婆不是很熟。斐爾莉很怕塔米娜會幹什麼傻事，一直護著孩子直到入學年齡，之後就算想瞞也瞞不住了。

即使故事看來完整，但沒有實質證據，其中或許有大半是穿鑿附會。指控塔米娜喪心病狂之前應當考慮時代背景，過去社會很多風俗與現代價值觀天差地遠。也許是斐爾莉自己求助於母親，又或者兩人一同承擔鄙視罵名只為了圖個全家溫飽。

未婚生子並因此殺嬰一度太過普遍，一八〇九年蘇格蘭修法調整隱瞞懷孕和私下分娩的刑責。原本十七世紀起社會將殺嬰視作謀殺，但修法以後刑期降低至兩年，而且遭到起訴的婦女也可以主張死產，有機會從輕量刑。

斐爾莉的兒子說總共四個嬰兒被埋，但我從地板底下找到的遺體只能確認三人。或許第四人的骨頭混雜其中，又或者被動物吃光、叼去別的地方所以找不到。法醫人類學家可以記錄的是「最低人數」，實際上超過這數字並不意外。計算最低人數的根據是同一部位的骨骼有幾份，以及從尺寸推斷出的年齡差異。三塊鎖骨看得出來自不同死者，但無法百分之百肯定其餘骨頭都屬於同樣三個孩子。

無論究竟幾個孩子，也無論是否真的死於自己外婆之手，八十多年後他們終於入土為安，與可能是母親的女子相伴長眠。孩子們本就無名，我們能做的只有將骨頭分裝進小棺材。其實他們是否真的血脈相連也沒人知道，只能根據傳聞和間接證據加以揣測。地方檢察官認為可以結案，而孩子們在無人聞問許多年之後也該有個歸宿。

為夭折多年的嬰兒找回姓名

約莫同期，蘇格蘭北部發生類似的案件。年輕夫妻給新裝潢好的臥室安裝聚光燈，在天花板上開個洞拉電線穿過屋頂夾層時被什麼東西給卡住，戳了一會兒以後一個布包掉下來揚起一陣瓦礫塵埃，看清楚才發現是一九五〇年代的女裝裹著乾癟的嬰兒屍體。

從情況能猜想到是正常新生兒，鎖骨長度也印證了這一點，但找不到明確死因。這種案子有時很難進入正式調查，畢竟究竟要調查誰、起訴誰？除非屋主或住戶一直是同個家族，否則怎麼知道事發當時屋裡有誰？可能知情的人在不在世都是個大問題，如何指望找得到願意認罪的凶手？

然而，偶爾我們也能為夭折多年的嬰兒找回姓名。在下面這個令人唏噓的案例裡，鎖骨又發揮臨門一腳的功能。一名女子走進英國中部某警局，直接向櫃檯人員表示她二十年前即將臨盆之際卻死產。未婚的她連懷孕都瞞著所有人，自然不敢公開處理嬰兒遺體。

女子說分娩地點就在當時住處的浴室地板，孩子生下來就是死的，沒有發出哭聲。她自己切斷臍帶，拿報紙包好嬰兒。

胎盤掉落，她直接丟垃圾桶，但對遺體不知所措。她不想隨隨便便捨棄女兒，但因為房子是租的而且能預期不會長住，就地埋葬同樣遲早要分開，所以也不是好主意。這種矛盾心態十分正常，也解釋了許多流產和死產的遺體為何出現在奇怪的地點，包括墓地邊、行李箱裡、房屋死角等等。從斐爾莉的年代開始人口流動頻繁，多數人不會一輩子住在同一間房子。

總之這名女子得想個辦法悄悄安葬女兒，不能曝光又要搬遷時可以帶走。她說自己用報紙和舊枕頭套湊合著包裹遺體，又出門買了一個大的金屬植栽盆，底層鋪上肥料，女兒放中間，上面堆土以後種了月桂。女兒在盆裡，她覺得澆水不大對，於是任由月桂枯死，只留下盆子與裡頭的東西，幾次搬家都沒落下。進了新屋，她會找棚子或櫃子收好它，保持「乾燥溫暖」。

拖著祕密走了二十年，想必內心積藏深沉的焦慮和罪惡感，女子終於決定放下重擔，找個人說出真相。

雖然不確定實際上能找到什麼，警方還是請我前往現場協助回收遺體。盆子高度和圓周都約為六十公分，金屬材質所以無法照X光，只能來一次迷你挖掘作業。

到了太平間，我們拿油漆刷和園藝小泥刀取代常用工具，一層層剝除盆內乾硬的泥土堆，之後還要詳細檢查以免遺漏證物。所有人默不作聲屏息以待，能聽見的只有相機喀嚓喀嚓記錄著每個步驟。挖開才幾公分我就看見棉布一角，小心撥開沙土後確定是枕頭套，女子說詞得到證實。由於枕頭套完好無缺，我可以直接拉出，仔細剪開就看到裡面裝了什麼。

裹著嬰屍的報紙已經分解，眼前只見一具完好無缺的嬰兒遺體，原本骨頭間的肌肉雖然皺縮如紙卻仍清晰可見。乾燥保存之下肌肉韌帶沒有損傷，器官肢體的形狀位置大致完整。女嬰保持胎姿，頭骨凹凸不平，由此可以判斷是經由陰道出生。我們回收所有骨頭並進行攝影存檔和分析。鎖骨長度四十二毫米，符合足月出生說法，死因則難以判斷。

雖然藏匿嬰兒遺體仍是法律明文規定的犯罪，據我所知那位母親沒有被判刑，只受到告誡。這案子令人揪心不僅僅因為孩子夭折，還有一個媽媽獨自面對死產、背負心理創傷長達二十年之久。

女嬰應該葬在當地墓園了。我不確定那位女士是否參加葬禮，但既然她對女兒依依不捨，想必會在家庭聯絡官[4]陪同下出席才對。有些人以為警察對民眾冰冷疏離，我觀察到的情況恰恰相反，尤其這種案件裡他們對當事人的深沉悲哀感同身受，總會竭力提供慰藉與支持。

由於無法判斷死因，我們不能肯定女嬰是否死產。如果是死產，母親承受心理煎熬夠久了。然而世上總有不同觀點，同理心強的人看見一個孤寂傷痛的悲哀母親，性惡論者則懷疑她只是不想要孩子，殺害藏匿以後還要裝作良心發現。事實真相恐怕永遠沒人能夠肯定，不過如果她真的犯了罪何必出來自首？我個人對人性還是比較樂觀的。

4. 譯按：family liaison police，受過專門訓練為犯罪及受害者家屬提供協助的警官。

細小骨片提供的線索

作為判斷年齡的工具時，鎖骨有個特點：不僅適用於胎兒和新生兒，而是一路向上直到三十歲前都有效。

鎖骨是胎兒時期最早成形的骨頭，卻也是人體發育時間最長的骨骼之一。鎖骨內側（靠近胸骨）有一塊軟骨，十四歲前後逐漸骨化（女孩比男孩略早），等到軟骨完全被取代以後就與鎖骨主幹融合。

融合現象大約從十六歲起反應在外觀上，因此大概十六到二十四歲這個階段，鎖骨內側會有像是傷口結痂的薄片。（解剖學所謂「內側」是指靠近身體中心線，「外側」則是遠離中心線。）軟骨完全骨化並與鎖骨融合要到三十好幾、接近四十才結束，因此從外觀就能清楚劃分出三個年齡區段：十五歲以下、十五至二十五之間、超過二十五歲。無論兒童或成人，想要判斷年齡時，首先就從鎖骨看起。

雖說鎖骨容易折斷，但本質其實頗強韌，掩埋、風吹日曬，甚至火燒都難以摧毀。其硬度一方面歸功於密實的皮質，另一方面則是靠近鎖骨所以內側受到些許保護。這個特點也能成為關鍵線索，在英國中部失蹤的十九歲性工作者瑪瑟菈[5]就是很

5. 譯按：被害者全名瑪瑟菈．安．戴維斯（Marcella Ann Davis）。

好的案例。

瑪瑟菈的女兒才九個月大。認識的人說她之所以一直做高風險行業就是為了養孩子。一天傍晚，瑪瑟菈將孩子交給臨時保姆就出門工作，搭上計程車前往市中心的紅燈區。後來她好幾度以電話向保姆確認孩子狀況，晚間剛過九點撥了最後一通。原本說好十一點回家卻不見蹤影，保姆透過瑪瑟菈的母親報警處理。

警方與當地各醫院確認過沒有發現她的行蹤，轉而設想四種可能。一是瑪瑟菈決定拋棄孩子，二是她遭人挾持監禁，三是出了意外受傷或身亡卻尚未被人發現，最後則是客人玩過頭鬧出人命。考慮到瑪瑟菈一直以來認真照顧女兒，第一種可能性實在太低，其餘三種則是緊急事態，必須以最快速度找到人。

詢問瑪瑟菈的同業時，她們起初不願配合，畢竟無論熟客與否，這一行不會隨便出賣客人的姓名、容貌、車牌等等資訊。所幸解釋清楚以後大家明白事有輕重緩急，很快協助警方整理出人數不多的名單，最有嫌疑的才兩人，其中一個尤其顯眼。

保羅・布隆菲（Paul Brumfitt）之前就犯下兩次命案，坐過十四年牢。初犯是持鐵鎚打死店員，逃亡到丹麥期間又勒死公車司機。此外，他曾用燭臺打傷過孕婦，聲稱是和女友吵架才情緒失控。精神科醫師檢查後認定他沒有精神疾病，最後有條件釋放，但又二度持刀強暴性工作者，靠保釋沒回到監獄。難不成瑪瑟菈碰上他？

出獄之後，矯治計畫安排布隆菲由地方市議會僱用為園丁與公園管理員。警察發現他竟然租了一座小型木材堆置場，旋即針對他住處與這座堆置場展開搜索，在公寓的確找到瑪瑟菈的血跡，然而這樣並不足以成立謀殺罪名。木材堆置場內留有大型篝火的痕跡，看上去焚燒過各式各樣東西很長一段時間。

如果餘燼層次分明，代表不是一次性大火，而是多次燃燒，因為頻繁添柴撥火會留下同質性灰燼。這個火堆需要系統化搜查，一層一層確認燒過什麼東西。

理所當然，靠近表面的灰燼應該比較新，越下面就過了越久時間。因此調查中除了小心拆解餘燼，還得詳細記錄所有發現，這種工作得交給專業的法醫考古學家。

有經驗的法醫考古學家在英國並不多，幸好這次警方成功請到高手約翰．杭特教授（John Hunter），同時也聯繫了我，我便從蘇格蘭前去支援。我只知道約翰從篝火裡找到像是骨頭的東西，警方希望我看一看，還有他們正在搜尋失蹤女性，擔心已經遇害，而嫌犯與篝火所在地有連結。關於瑪瑟菈的資訊我則一無所知。

約翰處理篝火很有條理，每層殘餘物分開包裝、貼上標籤後才送來供我進一步檢驗。首先將袋子打開，東西倒在桌上好好觀察裡頭有什麼，大部分時間得靠放大鏡。

餘燼頗為麻煩，因為全是黑色和灰色，所以眼力要好，燈光也要好，免得出紕漏。火堆最上層找回很多木頭，有些並未完全燃燒，純粹只是當柴薪用。稍微往下就看見一些骨頭了，但不是人類，多半是剩菜廚餘。

可是更深層出現了很小的骨頭碎片，外觀不像其他動物，似乎是人類。表面呈灰色，代表燃燒很久。剩餘分量太少，已經不可能檢驗DNA。從灰燼分層來推斷，同一位置反覆生火，骨頭被越燒越小，或許動機就是完全消滅證據，避免東窗事發。

底層還有一串鑰匙。警察拿去實驗過，可以打開瑪瑟菈住處前後門。

不過鑰匙只是間接證據。不能證明骨頭是瑪瑟菈，就無法以謀殺起訴布隆菲。

餘燼裡的骨片幾乎都比指尖還小，其中一塊倒真的是指尖。雖然體積小，從生長部位已經融合可以判斷死者為成年人。還有一塊觀察後我認為來自腿部腓骨，也就是腳踝外側隆起。腓骨顯示長骨末端負責成長的生長板已定形，而且就在近期而已。女性生長板融合多半發生在十六到十八歲之間。我又辨識出一塊下顎齒槽骨（牙齒的底槽）並拍攝X光片，可供法醫口腔學家比對瑪瑟菈以往的牙醫病歷影像。

最後終於找到關鍵的鎖骨。儘管它熬過熊熊烈火，卻被燒得只剩拇指指甲大小。所幸殘留部分足夠判斷出年紀為十六到二十一歲之間，內側開始融合但只是初期。從碎片痕跡也能肯定屍體曾經遭切割。

結果這些細小骨片提供的線索全部符合警方對瑪瑟菈的描述。她十九歲，落在推測年齡階段中間。她嬌小，身高不到五英呎（一百五十公分）。警察得到消息，瑪瑟菈平時愛穿高跟鞋，不然看起來太矮。而且因為外表不像真實年齡，她也利用優勢吸引特殊客群，特地搭配一套工作服裝吸引想與幼女發生性行為的男性。

於是警方做出如下推論：布隆菲前往紅燈區，挑上瑪瑟菈，說服她一起回自己居住的公寓。基於嫌犯前科，他可能持刀威脅並侵犯瑪瑟菈。之後很難說，或許瑪瑟菈抵抗，又或者布隆菲怕她聲張，總之最後刺死她。他犯下的強暴案獲保釋出獄，再被逮捕就得直接坐牢，而他對殺人並不陌生。公寓血跡應該是這樣留下的。

即使我們推測瑪瑟菈慘遭分屍，但公寓內血跡太少，應當不是事發地點。之後布隆菲將屍體搬到木材堆置場，花了很長時間一塊塊連著衣服和隨身物品燒毀。至於其他動物骨骼，可能單純是他吃剩了丟進去，也可能是為了故布疑陣，誤導想調查餘燼的人。

布隆菲被逮捕，起初不肯回答問題，過一陣子才鬆口坦承行凶，然而始終沒解釋犯案與分屍過程。犯下兩次強暴案以及瑪瑟菈這樁加重謀殺罪，他被判三個無期徒刑，到現在都還關在監獄裡。

審判時，法官採納鑑識結果，主要基於三項證據：口腔學家證實齒槽骨X光片與病歷一致，鑰匙可以打開瑪瑟菈的家門，最後是我們透過拇指指甲大小的鎖骨推斷死者年齡。由這個案例應該能夠看得出來為何法醫人類學家關注鎖骨。

人體是個精妙的生物工程

胸帶第二塊骨頭是肩胛。它不像鎖骨，在鑑識中很少發揮功用，也不易斷裂。然而由於上肢與軀幹的連接不牢固，肩胛有可能脫離關節，也就是脫臼。

脫臼是人類歷史上常見的刑罰，稱為吊刑、懸掛，別名巴勒斯坦吊掛。做法是將對象雙手綁在背後，繩子連接手腕，然後往下垂吊。由於肩膀角度，體重會將肱骨從肩胛扯出來。肩胛和肱骨的組合是杵臼關節，代表骨頭脫位後可以復位並反覆行刑，從施虐者的角度來看很理想。如果在肩膀加上重物痛苦更甚。據說吊刑非常人所能忍受，實行過久可以致死。死亡機率取決於年齡和身體狀態，死因則是窒息、心臟衰竭或者血栓生成。

撇開死亡與嚴重心理創傷，吊刑會造成長期後遺症，例如上肢失去觸覺（感覺異常），源於腋窩一帶神經受傷，或者肌肉麻痺，主要成因是腋神經受損。

肌肉也會被吊刑影響，其中最重要的是三角肌。它包覆肩膀前後及上方，主要控制手臂往左右抬起的動作，受刑者可能往後再也無法將手臂伸直並抬至肩膀高度。若有人自稱受過吊刑，人權運動者常以後遺症有無判定真偽。

法醫人類學家也可以從髑髏研判死者是否受過吊刑，前提是當事人沒有死在吊刑過程中。長期性神經損傷會導致肌肉萎縮，生前受過吊刑的人肌肉附著處有機率出現骨蝕，留下的痕跡稱為著骨點病變，其實就是連接骨骼的肌肉與韌帶受傷破損。

吊刑聽起來太不人道，應該走入歷史，可惜時至今日依舊有人藉此拷問逼供或殺雞儆猴。人體是個精妙的生物工程，但我們自己最清楚極限何在，被有心人士誤用時就成了簡單卻有效的武器。

肩胛骨除了天生堅韌，還得到周圍肌肉的保護，所以很少出現骨折。它的英語是 **scapula**，來自希臘文 *skapto*，原意為挖或鑽，起因就是肩胛骨外形很像圓鍬。許多古文明取用牛馬鹿等動物的肩胛骨，稍微改造之後當作翻土鋤地的工具。

雖然一般而言肩胛在鑑識調查中並非關鍵，不代表我們就會草率敷衍。背部中刀中彈有可能在肩胛留下傷痕，球棒、鐵管之類鈍器則能造成骨折。此外，有學者認為使用腋下拐杖也能引發壓力性骨折。骨關節炎或感染等疾病有機率發生在肩胛，而先天或後天的發育異常儘管少見但仍有案例存在。

辨認性別時用得到肩胛骨。原則上，男性肩胛骨本身和肌肉附著點都比較大。有人主張以肩胛骨判斷死者慣用手，不過實務上以推估年齡為主，特別適用於十到二十歲之間許多骨骼融合成形的階段。

肩胛骨從胎兒頸部開始發展，慢慢下降到胸壁後側就定位。沒有下降的情況叫做先天性高肩胛症，通常是單邊、偶爾雙邊肩膀特別高，好發於女性，占病例大約七成五。高肩胛症與其他疾病如脊椎側彎有關。另一種罕見情況是連接肩胛與脊柱的軟組織發生骨化，於是多出一塊「肩椎骨」。

肩部骨骼前端有個從肩胛冒出的突起，就叫做肩峰突。肩峰的英文 acromion 也來自希臘語，原意是高聳的岩峰（與雅典衛城相同語源）。肩峰突在人類十四到十六歲之間形成，十八到二十左右會與肩胛融合，對肌肉附著很重要，強壯的三角肌就是自此處嵌入。三角肌構成肩膀輪廓並控制運動，前方纖維收縮會彎曲肩膀（手臂往前），側面纖維收縮可達成外擴（手臂向左右舉高），後方纖維收縮能支撐延伸（手臂往後）。

許多體育項目需要這些動作，尤其密集使用上肢肌肉的划船、舉重、體操一類。幼年時三角肌反覆對肩峰突施加過大壓力可能導致一種特殊現象：直到青春期結束，肩峰仍然無法與肩胛融合，維持獨立狀態，此時稱為肩峰骨。絕大多數情況下，肩峰骨並不會引起疼痛或任何障礙，當事人終其一生未必會發現。

身體承受壓力就會做出反應，反覆操練時更加明顯。透過骨骼，我們能看見幾百年前特殊行業的活動歷史。一五四五年夏日暖洋洋的傍晚，法國艦隊入侵英格蘭，都鐸王朝亨利八世的宏偉旗艦「瑪麗玫瑰號」出海迎擊，卻在還能看見陸地的距離就沉沒於索倫海峽。船員共計四百一十五名，僅二十五人存活。一九八二年打撈成功，也取出尚在船內的一百八十具遺骨。

不出所料，檢驗發現全是男性且多數年輕，三十以下為主，部分才十二、十三歲。船艙裡囤了三百把長弓和數千枝箭，據此推論船員中有當年十分威風的英格蘭弓兵隊。骨質考古學家安・史特蘭（Ann Stirland）詳細觀察，發現遺體具肩峰骨的比例超乎常態，竟有一成二之多。

現代從事射箭運動的選手如果自幼練習也常會出現單邊肩峰骨，左側為主，因為多數人是左手持弓並保持穩定。根據這個邏輯，瑪麗玫瑰號上許多男孩或許也小小年紀就學習射藝，肩峰小骨忠實反映了訓練的辛苦程度。

安．史特蘭居住在樸茨茅斯（Portsmouth）近郊，瑪麗玫瑰號的船員骨骸最初由她帶回家中收藏分析。此一時，彼一時，現在絕對會送到實驗室確保安全。當年管制不嚴格，但我也因此有幸去她家拜訪。那是個陽光和煦的夏季午后，我們將所有骨頭放在餐廳大桌子上，感謝時光願意留存如此珍貴的歷史記憶給人類。她發現肩峰骨以後相當興奮，我們花了幾個鐘頭嘗試給每塊肩峰骨找到對應的肩胛，可惜沒有全部配對成功。能近距離欣賞，甚至親手觸碰遺骨是無上的光榮，組合骨片那段靜謐美好也令我回味無窮。每當看到關於瑪麗玫瑰號的紀錄，我的心思又回到兩人相伴共同研究的那天，忘不了她的茶、她的熱情，以及我們彼此分享的歡笑與驚奇。

第七章

骨盆帶

骨盆是名副其實的演化大門。

——演化人類學家荷莉・鄧斯沃斯 Holly Dunsworth

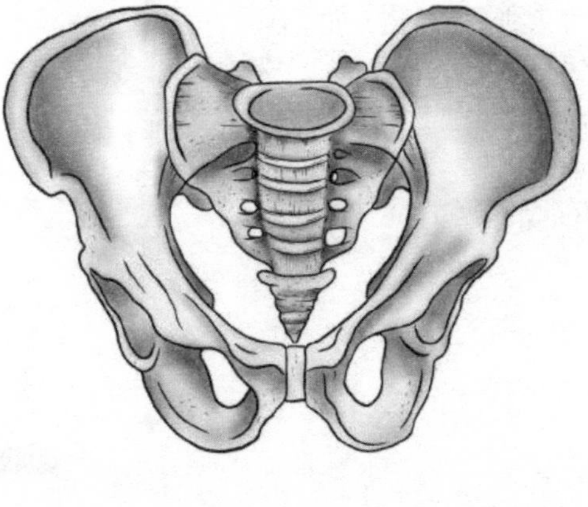

人體第二條「帶」是骨盆帶，自骶骨延伸至前面的恥骨而環繞軀幹。上半身重量從脊柱經骨盆帶轉移到臀部，再從臀部經由下肢轉移到地面。

髖骨又稱作無名骨[1]，左右成對，各自又分為三部分：髂骨（後側及頂端），坐骨（底部），以及恥骨（前方）。髂骨與後面的骶骨形成關節，且有寬而平的翼狀面供肌肉附著。臀部側面可以摸到的凸起就是髂骨。坐骨是我們坐下時的重心位置（尤其是坐骨結節）。恥骨兩片位於前側，沿身體中線組合，外側皮膚生長陰毛。

胎兒兩個月時髂骨開始生成，四個月是坐骨，大約五、六個月輪到最後的恥骨。出生時骨盆帶共有二十一塊不同骨骼（骶骨十五塊，髖骨一邊三塊）。左右成對的三塊骨骼在青春期結束時會融合為完整髖骨。坐骨與恥骨最先融合，發生於五到八歲，也就是說八歲兒童的髖骨只有兩部分。坐骨和恥骨融合之後，十一至十五歲間又在碗形髖關節與髂骨結合。二十到二十三歲間髖骨完全成型，骨骼頂峰部分停止成長。

法醫人類學可以從髖骨得到大量訊息。雖然無法用來推測身高或族裔，但適合研判性別與死亡年齡。我們有個說法：得到整副骨架時判斷性別準確度約為九成，然而只能選一塊骨頭的話，就選髖骨，因為單靠這個部位就有八成把握。

髖骨也是估算年齡的首選，自幼到老都會反映在此處。成人二十到四十歲間，薦

1. 譯按：innominates，也稱作髀骨或胯骨。

骼關節（sacroiliac joint）與骨盆前側恥骨聯合的表面都有所不同，包括發展性及退化性的改變。相關研究文獻豐富，就算死者超過三十歲還是具有很高的參考價值。

骨盆腔內找到胎兒的骨頭

骨盆被一條清晰的界線區分，界線之上為假骨盆（又稱大骨盆），界線之下為真骨盆（或稱小骨盆）。假骨盆之所以「假」是因為通常歸類到腹腔，它有大而平坦的肌肉附著點，也容納部分腹部臟器。下面的真骨盆空間狹窄，內有膀胱、直腸和內生殖器。

區隔真假骨盆的界線稱為骨盆上口或骨盆入口，相對的另一端則是骨盆出口，後有尾骨、左右有坐骨結節。入口出口如其名，腸子、神經、血管等軟組織由此處進出骨盆腔，尿道、消化系統和內生殖器也經此處排出多餘物質（男性內生殖器排出精液，女性除了月經當然還有嬰兒）。

骨盆與女性生產關係密切，自然特別適合用來判斷遺體性別。平時骨盆保護內臟並輔助雙腿行走，懷孕時更要騰出足夠的空間，因為穿越骨盆腔的所有物體裡，最大的就是嬰兒頭部。相信我，一旦嬰兒通過骨盆入口，媽媽滿腦子只想著盡快把孩子擠出來。

兩性骨盆在青春期之前都維持幼態，換言之孩童的骨盆無法分辨性別。然而到了青春期，人體大量分泌荷爾蒙，尤其是女性的雌激素，這時候骨盆才會出現差異。一般情況下，男性骨盆形狀變化不多，只是隨肌肉量而增大，但女性骨盆則因為雌激素而有明顯轉變。

雌激素的作用之一是幫助女性骨盆帶從幾個層面為陰道產做好準備。例如青春期發育階段，骨盆後側和骶骨會提高，拉直原本鉤狀的大坐骨壓痕（坐骨神經從此處經骨盆腔進入下肢），營造出較鈍也較開放的角度。配合提起的骶骨，骨盆腔內部和出入口都會擴大。男性恥骨一直都近似三角形，女性恥骨形狀則變得更大更方，同樣能增加骨盆入口與出口的尺寸。女性坐骨結節的距離比男性來得大，不相信的話去看看老式腳踏車坐墊，以前廠商考量女性生理特徵，將淑女車的坐墊做得特別寬。

種種小變化相輔相成，女性骨盆有了足夠胎兒頭部穿過的空間。不過順利完成生產的條件不只如此。母親的骨盆裡一開始就有許多神經、血管和臟器，能騰給一顆大腦袋瓜的餘裕真的不多。據說平均起來，女性骨盆腔終究比嬰兒頭顱小一英吋，想要母子平安必須做出妥協，而且是雙方各讓一步。畢竟也就一吋的事情。

接近分娩，母體卵巢與胎盤分泌的鬆弛素（relaxin）會增加。這個荷爾蒙的作用如其名，可褪下胎兒周圍的膜並軟化子宮頸。有些研究認為鬆弛素還能軟化骨盆環韌帶，使其不再緊縮，創造些許活動彈性。產道稍微放鬆，同時胎兒顱骨尚未完全融合，可以貼著腦部小幅度重疊擠進產道。因此新生兒頭顱形狀不整很正常，很快就會復原。

骨盆關節常有凹陷或溝槽，骶骨和髂骨之間以及前側兩塊恥骨之間最明顯。以前的學者認為這些痕跡與生產有關，所以給它們取名為「產疤」（scars of parturition），少數人甚至主張產疤數量等於女子生產次數，每次留下一個洞。隨時間演進，學界已經發現事實不然。要是我叔叔威利所有的兄弟姊妹還在世，一共二十四人，他母親簡直成年後一直都懷著身孕，如果每次生產就多一個洞，骨盆外觀不就成了瑞士起司！

雖然骨盆關節的凹洞在女性身上較常見，男性並非完全沒有，所以更不可能與生產有直接關係。話雖如此，分娩時關節表面韌帶拉伸，留下凹疤的機率不小，驗屍時找到這類痕跡還是會先往女性猜想。

在骸骨的骨盆腔內找到胎兒的骨頭並不奇怪，其實這是法醫人類學家的例行檢查項目。臨盆本來就對母親與嬰兒都很危險，有可能雙方一起死亡。石胎是值得一提的罕見現象，英文 lithopaedion 來自希臘語，意思就是「石頭嬰孩」，可能原因是原發性腹腔妊娠或續發性腹腔妊娠，也就是子宮外孕。

卵子通常在輸卵管高處受精，但偶爾會發生在輸卵管與卵巢之間的縫隙，受精卵可能掉進腹腔。這種情況叫做異位妊娠，受精卵沒有進入子宮，在別的地方發育，最常見位置是停留於輸卵管，輸卵管因此破裂的話，胚胎一樣會流到腹腔。

胚胎屬於寄生體，即使沒能進入子宮，只要成功附著在腹腔某處表面仍能存活，最多長達十二到十四週。這個階段胎兒會翻轉，胎盤尋找依附點，正常情況由子宮供給血液，子宮外孕時得不到養分，胎兒多半會死亡。但石胎不同，存活時間更久，目前已知最長的活了三十週。

子宮外沒有出口，母體無法排出胎兒，有些案例中胚胎已經發展過大，母體無法將之吸收，後來逐漸鈣化，慢慢形成石胎。學界推測這是自體免疫反應，避免胎兒腐爛引起感染。

醫學紀錄上石胎數量不到三百，多數案例中母親是事後接受骨盆腔檢查才察覺異狀，檢查目的大部分與石胎無關。她們根本不知道體內藏了一個人，也能再次懷孕生產。石胎重量可達四磅（約一千八百克），最高紀錄是躲在母體超過四十年沒被發現。

骨盆槍傷

骨盆亦屬容易骨折，常見原因是摔倒、擠壓傷，以及交通意外，例如行人遭車輛衝撞。尤其別讓膝蓋撞上汽車儀錶板，如果股骨（大腿骨）往上刺入髖關節，骨盆會裂成好幾塊，傷勢嚴重時可能損及神經，導致失禁或性功能障礙。所以請大家乘車時千萬別用膝蓋抵著儀錶板，腿無法伸展就將座位往後挪。

由於骨盆是環狀，出現一處裂痕通常代表會有第二處或其他破損，稱之為不穩定骨折，症狀很複雜。有過不穩定骨折的人，遺骸留下明顯痕跡可供法醫人類學家辨識，加上傷勢嚴重幾乎必然得住院治療，大半會有X光、斷層掃描或磁振造影紀錄可以比對。

骨盆槍傷並不算怪事。以下兩個案例中，警方挖出骸骨，請我取出子彈，推論開槍者何人。兩人死亡皆已經四十多年，不過開槍者的身分涉及更大規模的調查。他們未經驗屍就下葬，子彈還留在身體裡。現在聽起來不可思議，只能說時空環境不同。

首先是一個十八歲的年輕人。他站在北愛爾蘭首都貝爾法斯特（Belfast）街角與朋友聊天時，一輛車子經過，車中人開槍命中他的腿部，是經典的飛車槍擊事件。雖然立刻送醫，但最後他死在手術檯上，病歷記載了子彈有入口卻無出口，代表很可能停在體內。

舊案調查組決定開棺驗屍確定彈孔。死者埋在家族墓地，而且是頭一個下葬，後來上面多了三個同伴，因此挖掘過程困難而冗長。偏偏天公不作美，挖掘作業似乎總會碰上陰暗濕冷的天氣，一群人瑟縮在帳篷內忍受狂風暴雨的景象真是可憐。有經驗的人就知道：挖開的墳坑會灌滿雨水，最後免不了整條小腿踏進泥濘。

墳墓最上面是個孩子，裹著棉衣，挖了一點點就找到。我們持小鏟謹慎處理，取出遺體裝進屍袋擇日改葬。接著動用挖土機撥開幾層泥土，看見第一具成人棺木。起初還很單純，跳進坑裡確認銘板姓名，打開蓋子，骨頭收進屍袋，拆開腐朽的板材遞上去。到第二具成人棺木開始麻煩了，深度已經需要梯子，而且下面空間狹窄活動困難，不適合上了年紀還被自己爸爸說是「心寬體胖」的婦女，如果有個年輕力壯苗條纖細的同事該多好。所以露希娜真是個好夥伴，我們合作無間。

第二具成人亡骸也順利回收，所有屍袋先放入所謂的運送靈柩，實際上就是超大木箱，等調查結束就能好好安息。

遭槍擊的年輕人的棺木位置與墓園紀錄一致，實務經驗上未必每次都這麼理所當然。確認了銘板，也發現棺材腐爛太嚴重，不大可能完整抬出，於是掀開棺蓋，骨骸裝進袋子。我們拿金屬探測儀掃了棺材，清理碎石以後又再探測坑底泥土，以免遺漏任何可能作為證據的金屬物體。但沒有任何反應。

調查團隊準備了移動型X光裝置給屍袋攝影。死者家屬及法律代表全程在場，保障掘屍行動公開透明。受害者家屬與警方關係緊繃不難理解，他們甚至自己找了一位法醫人類學家過來監督。警方則希望重建合作關係，撫平家屬的哀慟。

找到一些金屬。所有發現都會向親屬、律師及他們聘請的人類學家做報告。前幾次判斷後認為只是靈柩裝飾或釘子，但後來一個物體引起關注，因為它在骨頭裡，而且是骨盆。我們決定翌日早晨在太平間做進一步調查，所以屍袋在警察與親屬陪同下送走。

警察開車送我們回旅館。我承認當時很累，大腦沒在運轉，覺得有點悶就直接開口問：「怎麼不開車窗呢？」大家盯著我，似乎以為我在說笑，意識到我是認真發問，他們解釋防彈車窗不能降下，否則怎麼擋子彈？我這才想起自己身在何處。北愛爾蘭近年依舊動盪不安。

隔天早上冷極了，本就低溫的太平間變得更難熬，穿多少襪子上衣都暖不起來。屍袋經過攝影放在小桌上打開著，儘管手指僵了仍要從遺骨檢驗的第一步做起：全部骨頭擺上獨立的桌子，記錄找得到和找不到的部位。清點完畢後按照解剖結構排列，原本亂糟糟的一袋骨頭變作完整骨架，彷彿死者重現眼前。我們從混亂中找出秩序，警察與律師看了總是嘖嘖稱奇。

組合過程中我們順便尋找性別、年齡、身高與族裔線索，確認兩百多塊骨頭上有什麼異常、創傷和疾病的痕跡。從骨骼特徵看得出是位男性，髖骨尤其明顯，年紀約在二十歲上下。肋骨前側和胸骨沒癒合的裂痕符合醫院記載，醫生為了救他的命曾經切開胸腔對心臟直接按摩。右手掌骨同樣裂開卻並未癒合。根據病歷，子彈自右腹股溝進入，我們也確實在右髖找到證據：坐骨恥骨區塊的頂部和底部各有一條裂縫，剛好使右恥骨從骨盆分離出來。

前一天從X光看見的金屬物嵌在左髖的恥骨內面。從裂紋形狀可以推測子彈先經過並擊碎右手掌數塊骨頭，接著貫入右大腿並向上擊碎骨盆右側，動能耗盡之後埋進左恥骨。

我們找到子彈就功成身退，證據的回收及分析要交給病理學家。他用塑膠鑷子夾出子彈之後送去化驗，之後與法醫人類學家再無關聯。我沒繼續過問，也不知道案情是否有進展，工作內容只有兩項：首先是鑑識棺木與移動骸骨，再來則是尋找、記錄、呈現子彈最後位置和彈道路線。已經全部完成了。

骨盆槍傷的第二個案例很類似。對象四十一歲，住在相同地區，中彈處也是右腿。事發後他同樣立刻就醫，但保不住右腿必須截肢，過兩天因為併發症死亡。病歷紀錄大同小異，子彈從右邊進去卻沒有出來的彈孔，大概又卡在體內。

這回挖掘作業我沒參與到，只聽說有點小波折。由於家屬將他遷到離住處較近的地點，遺體經歷兩次埋葬。都被動過一次了，警方原本擔心找不到子彈，可是金屬探測儀掃過腐朽的棺材與骸骨仍有反應，病理學家最終取出子彈進行檢驗。

到了北愛爾蘭警署總部，第一站竟是牢房。棺材連同其他挖出的東西被擱在裡頭過了一夜，我們得調查是否還有值得留意之處。遺骨送到太平間，稍後也得過去看看。所以我倆跪在混凝土地板上，像打撈遇難船隻漂流物似地到處翻，一大堆的木板、飾板、聖像、布片、繩索、釘子，當然還有很多的泥巴與碎石。

結果只找到一塊沒被帶走的指骨，裝袋貼標籤之後隨我們一起前往太平間。理論上遺骨必須缺少了這個部位，否則案情就會越滾越大。

所幸太平間那具人骨的手掌確實空了一角，指骨的大小也對應得上。右腿髖關節以下不存在，符合截肢病歷的敘述。至此代表死者親屬的律師能夠放心，警察沒有挖錯人。

左右兩塊恥骨裂開後與髖骨分離，最可能成因就是槍擊。雖然子彈已經取出，右恥骨的星狀骨折代表子彈進入點，看得出威力經過緩衝，於是子彈在骨骼頂部停住。骨折沒有癒合，證實槍擊和死亡事件相隔不久。法醫人類學只負責到這兒，我們將報告呈交警方就完事。

大約同時期的兩個案件存在諸多相似處，是巧合嗎？受害者皆為男性，僅身中一槍，瞄準右腿、子彈停留於髖骨，兩人皆因重傷身亡，卻又都沒有立即驗屍，明明病歷都清楚記載了子彈有進無出。究竟只是一連串機緣湊巧，抑或是暗藏規律的犯罪行為，調查與解答的任務只能交給其他專家。

骨盆帶能找到的東西很多，因此必須仔細檢查，然而該留意的不只骨頭，連周邊環境也要拿金屬探測儀偵察。生殖器穿孔沒那麼少見，無論男女都可能以金屬配件裝飾或改造私處。我個人見過一個設計極其特殊的陰囊環：八個金屬環沿著陰囊中線排列，放大版的別針從中穿過，全部連接到陰莖頂端另一個金屬環。這做起來會有多痛超乎我想像，不過從法醫人類學角度來看識別度奇高無比。

其餘能找到的異物包括膀胱結石、各種子宮內避孕器，以及或許涉及毒品走私的可疑小包裹。有一次我們還從肛管中取出牙刷，想破頭也想不通究竟怎麼回事。

第八章

長骨

因此毋庸置疑，建築會有分支結構，靈感源自人類自己的四肢。

——藝術家米開朗基羅，1475-1564

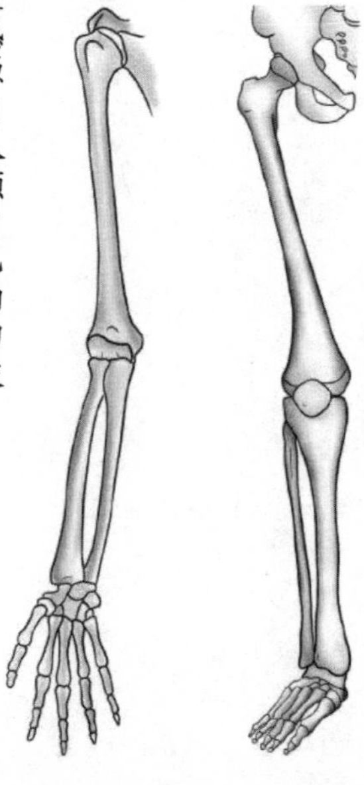

人類的上肢與下肢的長條狀骨骼可以類比，換言之系出同源，畢竟我們原本也是四足行走的動物。數百萬年前，一部分四足物種發現其實將力量集中在後腿也能活動，於是騰出前肢可以做更多事，比方說松鼠能捧起堅果也可以爬樹。

一般而言，陸面動物若可以僅靠後足站立，前肢就會相對變短。所以毛衣套在下半身會像嘻哈歌手的七分褲，大部分小孩都做過這種事。

近年來生物學界基於「限制假說」（constraint hypothesis）對袋鼠前肢特別小提出解釋：牠們的胚胎發育不夠久就出生，但需要足夠強大的前肢才能爬進母親的育兒袋，不具備這個特徵無法存活，然而前肢為了發揮功能提早成熟，無法繼續發育。後腳沒有受到同樣限制，所以還能變長變粗。

限制假說也用於解釋為何水中和空中找不到有袋動物。另一個科學界探討很久的話題是獸腳亞目（therapod）暴龍，牠們的前肢短小得離奇，或許是交配和制伏獵物時才用到，又或許是倒下時能撐起身體。人類恐怕永遠得不到答案。

大概四百萬年前，人類祖先開始雙腳行走且直立身體，往後我們不再將自己的四肢分為前後，改口說是上下。上肢連接軀幹與手掌，賦予人類與世界互動、從事複雜行為的能力。下肢連接軀幹與腳掌，主要功能是移動。

解剖學家為了避免雞同鴨講，十分講究身體各部位的名稱。上肢靠近軀幹這半截叫做上臂，下肢靠近軀幹這半截叫做大腿，上臂和大腿都只有一根骨頭，分別稱作肱骨和股骨。離軀幹較遠的另外一截，在上肢稱為前臂、在下肢稱為小腿，各有兩根骨頭，前臂是橈骨（拇指這側）與尺骨（小指那側），小腿是脛骨（腳拇趾側）與腓骨（腳小指側）。橈骨對應脛骨，尺骨對應腓骨，加上肱骨和股骨共六部分，合稱長骨。

足以在骨頭刻下痕跡的痛

幼年期長骨發育速度容易預測，用以推論二歲、以至於十歲的兒童身高還算準確，之後就沒有這種把握了。進入青春期，長骨不只是發育速度難料，連發育始於何時、終於何時都說不準。等到長骨停止生長（通常是女孩的十五、十六歲，男孩的十八、十九歲）人的身高就固定下來。

人類四肢骨骼的長度變化相互協調，不會右手極長左手極短，也不會手很長腿很短。這句敘述自然有個前提，就是發育正常。

有些年紀的人或許還記得一種叫做沙利竇邁（Thalidomide）[1]的藥物，一九五〇年代末到一九六〇年代初由德國藥廠研發製造，效果是抑制焦慮與失眠，還能緩解孕婦的妊娠嘔吐反應。藥物經過動物實驗，孰料並未預測到它對人類胚胎的嚴重影響，所以沒人阻止第一孕期的孕婦服用，後來才證實該成分與某些出生缺陷有直接關係。[2]

沙利竇邁的機制與副作用強度取決於孕婦服藥的時間點，例如懷孕第二十天開始服藥會造成胎兒腦部中樞受損。長骨沒能倖免，大約第二十四天起影響上肢，第二十八天起擴及下肢。

藥物造成的畸形主要為海豹肢症（Phocomelia），上臂和前臂、大腿和小腿縮水很嚴重，手掌和腳掌相對症狀輕微一些。一九六一年，我出生的那一年，英國回收沙利竇邁，但國內至少已有兩千個寶寶因此有了先天缺陷，其中近半數出生後幾個月就夭折，活下來的人也得適應肢體障礙。還記得曾經有位同班女孩用腳寫字寫得行雲流水，我從她身上領悟到逆境可以激發恆心與才華。加上外表不同的人常被排擠歧視，也磨練出他們堅強的心志。

既然幼年期長骨成長速率穩定，與兒童的身高年齡都成正比，鑑識中自然能夠派上用場。至於成人，長骨只能推估身高，不能用在年紀上。更生活化的例子是我們可

1. 譯按：又稱為沙利度胺或「反應停」。
2. 譯按：該藥物明顯提高孕婦流產率和海豹肢症畸胎率，估計全球約一萬兩千名畸形兒與此有關。

以依年紀給小孩買褲子，但給成人買的話得先知道對方腰圍及腿長。

長骨持續變長變粗直至青春期末尾，延緩發育的事件常會在骨骼內部結構留下印記。長骨是縱向成長，還有發育空間的長骨末端找得到骨骺（epiphysis），骨骺消失代表發育結束。如果發育過程經歷特殊事件，骨質累積隨之異常。

這時與骨骺平行的方向上會有白色線條或帶狀痕跡。若X光片顯現骨骼出現「層次」，代表當事人有過足以影響成長的遭遇，但無法據此推論事件為何。有些案例只是兒童常見疾病如水痘或麻疹，也有的是因為短時間營養不良。這種現象稱作「哈里斯線」（Harris line），在橈骨和脛骨遠端特別容易觀察到，不過只要鬆質骨較多的部位都有可能出現。事件結束後身體回復正常運作，生長停滯線就會隨時間淡化消失，彷彿一開始就不存在。

某天我進太平間工作，頭一個案子送來很多骨頭，其實滿明顯都是牲畜的，但我還是檢查了。之後匆匆趕到第二間，結果竟是個才十、十一歲的男孩，而且病理學家很肯定死因是上吊自盡。兒童自殺極其罕見勉強可謂不幸中的大幸。男孩的家人朋友很難接受事實，一直說他沒有任何疾病、焦慮或困擾，表現十分正常，看上去也活得挺快樂的，而且還有大好人生等待著他。警方也說死者家庭環境良好，找不到身心、甚或性虐待的蛛絲馬跡。

病理學家在螢幕上先後調出男孩上肢與下肢的骨骼X光片。他本意是確認有沒有現存或已經癒合的骨折，想藉此推敲兒虐的可能性。我還記得自己情不自禁脫口而出說：「有點古怪。」因為畫面上，男孩的橈骨脛骨下端有三到四條非常清楚的哈里斯線。由於線條中間有間隔，可見骨骼發育幾度停滯又幾度復原，換言之有某種事件反覆上演。

病理學家問我什麼樣的事情能造成這種情況，我無法回答，只說應該類似週期性疾病之類。當下我完全沒料想案情會如何發展，直到事後某次研討會與這位病理學家去喝了一杯才得知真相。

警方詢問家人與家庭醫師，確定孩子病歷或外觀都沒有反覆發作的身心疾病。然而一個疑點是他還在雙親準備出門渡假的前夕自盡，兩人解釋說：因為他們家在海邊開民宿，學校放假時反而最為忙碌，因此過去四、五年裡養成習慣，選在上課期間挑幾天休息，孩子就請爺爺過來照顧。父親說完忽然崩潰了，坦承自己兒時曾經受虐，他以為事隔多年不會重演，如今卻不得不懷疑是孩子的爺爺本性難移。警方立刻著手調查，竟在爺爺住處找到男孩遭受性虐的照片，他想賴也賴不掉。

X光片上那些線條是男孩年復一年累積的憂慮恐懼。他知道父母出遠門以及爺爺造訪代表什麼，身體對那些侵犯做出這樣巨大的反應。直到最後，或許他有口難言，再也承受不住，寧可上吊也不願再度面對創傷。

大人發現得太晚，來不及挽回孩子的性命，只能透過X光片上長骨的幾條白線試著理解他的痛苦。如果我出庭作證，能證明是受虐壓力造成哈里斯線嗎？不能。但哈里斯線足以引導警方朝特定方向探察，可惜終點除了破案，還有不堪回首的過往、天倫美夢的破滅。真相有時就是如此殘酷而震撼。

隨著韶光荏苒年歲增長，我們變得成熟圓融，也能夠平心靜氣面對自己的過去，即使童年時經歷了足以在骨頭刻下痕跡的痛。肉體的傷疤或許能夠癒合，心理的創傷卻難上許多。

做錯事的人本來就不是我

我常好奇自己九歲時橈骨脛骨是否也有哈里斯線。有也罷沒有也罷，到了青春期大抵也被骨骼的發育再生抹消乾淨。雖然心上那條哈里斯線永遠存在，我學會與它和平共處，接受自己的一切。

那日天氣晴朗，學校放假，天真無邪的我對於即將改變人生的那件事毫無準備。小時候我過得幸福安全，還不懂得外界的惡意。

當年我父母在蘇格蘭西邊的卡倫海岸（Loch Carron）經營旅舍。我還記得自己怎麼繞過前面小酒吧的門口走到廚房，每天火車送來的大型牛奶桶會放進後門旁邊的大冷凍櫃。那個年代氣泡飲料是奢侈品，冰冰涼涼還摻雜少許冰晶的牛乳令人難以抗拒，是消暑的最佳選擇。我打算從架子拿個玻璃杯，用掛在牛奶桶蓋外頭的金屬舀子盛滿。

旅舍人來人往，那天還有好幾箱蔬果進貨。當下我心裡只有冰牛奶，沒想過會在走道與人擦身而過。我認得他，是個卡車司機，平時神情不友善，所以之前沒互動過。可是他一把揪住我手臂，將我按在牆壁上。我後腦撞了一下，還感覺鋪在牆面的小石子刺進肩膀肉裡。

對方出言恫嚇，說我若發出聲音的話父母一定會大發雷霆。就算過了這麼多年，我閉上眼睛仍能回憶起手腕被他壓制、某個部位組織撕裂的感受，心底的尖叫像蒙住的蒸汽無處宣洩。直到現在我依舊很能忍痛，痛的時候也不會發出聲音。

完事之後男人將臉湊過來，連他口鼻散發的氣味我都記得清清楚楚。他說是我骯髒、我卑賤，要怪就怪自己，接著又警告我必須保密，因為說出去不會有人信，反倒讓媽媽覺得生了個騙子女兒，一輩子討厭我。

鮮血滑過兩腿間，那溫度烙在我記憶裡。腦海中羞恥與恐懼翻騰，我立刻衝上房子後方樓梯，進二樓浴室鎖緊門然後扒光全身衣服。得洗乾淨，不能讓人知道，這是永遠的祕密。我用力搓洗衣服血跡，希望不被母親看見，但實在清不乾淨，心裡慌了起來。那時腦袋裡蹦出一個念頭：把衣服「變不見」，媽媽那邊找個藉口搪塞過去。男人說得沒錯，我真是個騙子。

還記得泡進溫水突如其來一陣痛，我沒想過泡泡浴也能變得那麼難受。我一個人躺在水裡，傷痛難平但控制住情緒，而且腦袋轉得飛快。年紀還小的我並不真正明白自己身上究竟發生什麼事，只覺得那樣不對、自己做了件壞事，跟別人提起的話會有天大的麻煩。我也不敢哭，選擇將身心的傷隱藏起來。經過那天，我長大了，或許順便在骨骼留下一兩條哈里斯線，代價是童年就此告終。

一瞬間成熟起來算是種本能反應。我開始在朋友之間扮演「理智」、照顧人的姊姊、安靜沉穩的那個角色。別人覺得我性格內向、深思熟慮，事實上我是背負著祕密將近十年，從未向任何人提起，害怕再次傷害自己和波及家人朋友。直到多年後的某一天，我母親說了句氣話：「妳愛怎樣就怎樣吧，反正早就不聽話了。」她時常怨我態度冷淡，好像不把父母放心上。我不是小孩了，決定說出真相。

結果是二次傷害與冷酷的現實——那男人真的沒說錯，母親並不相信我。她顯得很受傷，指責我不該胡說八道。事後回想，我認為與其說母親懷疑我，不如說她不願意面對現實。對她而言，女兒說謊反而好接受，如果我真的小小年紀遭到侵犯，還關上心扉好多年沒告訴自己母親，她受到的打擊會更大。但說實話，我覺得我什麼時間說都不影響結果，我母親就是別過臉不願承認生命苦痛。

接下來她另一句話更顯示出她內心的防衛機制。嘴巴上說不相信，卻拐彎想討公道，突然講了個名字，說大概是他幹的。我錯愕到極點，母親口中的人對我很好，會逗逗我但可從未傷害過我。我為他忿忿不平，為什麼要隨隨便便誣賴人家？有個或許還有些朦朧的念頭在我內心深處萌芽：冤罪可以徹底毀掉一個人，然而要冤枉人卻又是如此簡單隨便。

我說出祕密的第二個對象反應截然不同。那時我剛出社會，認識了一位年紀大我很多的警官。他鼓勵我查出對方身分，還說要幫我逮捕犯人。但我知道報案是白費工夫，畢竟根本沒有證據，怎可憑我一面之詞定罪。何況過程中又得重述事情經過、面對陌生人的異樣眼光，我實在承受不住。

所幸那位警官的陪伴是一帖良藥。他像個慈祥的父親，體貼、體諒、有耐性。當時許多人無法理解我們的關係，尤其不認同二十五歲的年齡差距，但他持續的呵護逐漸撫平我內心傷痕，我也永遠感謝他真誠的關愛和付出。兩年前他走了，享壽八十二。小小遺憾是沒來得及當面再感激一次，他是我生命的明燈。

上了年紀，更能坦然面對往日。犯人大概死了，父母也已經過世，不擔心給他們添麻煩。尤其自己真真正正明白了：做錯事的人，本來就不是我。

第一次公開談論經歷是接受蘇格蘭保守黨領袖露絲．戴維森（Ruth Davidson）訪談。她溫和親切、善解人意，我也訝異自己竟能侃侃而談，講出鎖在記憶深處幾十年的祕密。只可惜九歲那時沒有這分勇氣。

許多年裡，丈夫是我最好的心理醫生，然而最後的療癒就在這字裡行間。事情過去將近半個世紀，寫下自身經驗是出於理智的決定，故事獻給我早已逝去但永不被遺忘的哈里斯線。

訪談中，露絲問了個問題：我參與戀童癖案件的調查，與自己的過去是否有關？

我認真思考一陣，很明確地否定了這個想法。其實我是四十好幾才進入法醫領域，早已為人妻還有三個小孩。調查過程看到影像會痛心，但我知道公歸公、私歸私，不能在工作中摻雜個人情感。站在這個崗位，原本就不得不見證人性的醜惡、生命的苦痛，必須在內心劃下清楚界線，避免移情和投射，專注於生者與死者身上的故事。就像刑事偵緝部長以前告訴我的：「別抱著罪惡感不放，做壞事的不是妳，何必替犯人扛責任。」

如果說個人經驗與工作有什麼關連，就是我體會到有些控訴可能亂槍打鳥、毫無根據，甚至出於惡意，結果卻會葬送別人的清白或性命。也許我對公平正義的觀念源自晦澀孤單的童年，即使內心那個角落只剩回憶。然而我堅信鑑識科學必須保持中立客觀，該坐牢的進監牢，不該坐的回家去。任何人未經證實和陪審團審判之前都應視其為無罪。

骨骸協助確立偵辦方向

法醫人類學家眼中，長骨對鑑識人類遺體十分重要，然而其他學門的專家常常略而不提，偶爾成為焦點是因為找不到死者其餘部位。

一次機緣湊巧下，警方進行潛水訓練時找到了裝有斷肢的塑膠袋。具有特殊專長的警官如山區搜救隊、遺體搜索隊等等會藉由定期訓練維持並擴展專業能力，那天潛水小隊從洛蒙德湖（Loch Lomond）湖岸下水。

第一次下潛就發現幾個黑色垃圾袋，他們以為是教官事前扔進水中作為標的物，回到岸邊才得知課程並未規畫這種內容。

垃圾袋內是貨真價實的人類屍塊。最先取出的是手掌，再來是連著前臂的手掌，接著是腳掌和一截腿，最後則是一塊大腿。眾人立刻從訓練模式切換到勤務模式。

多次下潛搜尋找齊了四肢，卻沒有頭顱與軀幹的蹤跡。頭和身體通常有死亡方式及死亡原因的線索，也較容易判斷身分，是凶殺案的調查關鍵。他們只能繼續努力。

同時我到了太平間協助病理學家，試圖從現有的斷肢查出線索。確定死者身分是第一優先，而且任何訊息都有助警方決定偵辦方向。

指紋與DNA在警方資料庫裡都查無吻合，所以並非有前科的人。由於屍塊算新，我提醒他們從近期通報的失蹤人口開始看。警察藉此縮小範圍，以生理特徵為比對條件。後來得到印證，斷肢被丟進湖裡不過一兩天。

我從屍塊判斷死者是男性，根據前臂、手掌、大腿、小腿、腳掌的毛髮分布能得知髮色偏黑，還估出鞋子尺碼並發現他身高超過六英呎（一百八十公分），長骨已經停止生長但各部位最近剛完成融合，因此年紀落在二十前後。雖然手掌腳掌都被砍下，同時又能找到摩擦破損，是否代表年輕人曾經遭到捆綁並用力掙扎？說不定凶手殘忍分屍的用意是隱藏這些痕跡。

失蹤人口資料庫有一筆符合。死者或許名叫貝瑞[3]，才失蹤沒幾天，十八歲，黑髮，身高六呎二吋（一百九十公分）。從斷肢肌肉抽取DNA與他雙親比對之後證實了噩耗。

幾天過後才撈起貝瑞的軀幹，但未能對死因或殺害手法有進一步瞭解。

又過了幾日，一名艾爾郡（Ayrshire）的婦女在洛蒙德湖南方幾英里外的海岸遛狗，狗兒對滿潮線下方那個塑膠袋特別關心。她輕輕踢一腳想知道裡面有什麼，驚覺那是顆人頭。DNA比對後確定是貝瑞，遺體終於完整。

警方也根據凶手作案模式分析出誰的嫌疑最大。犯罪學家和老資歷的警官們都將矛頭指向威廉．畢格斯（William Beggs），他是個以凌辱折磨別人為樂的性變態，以前就展現出虐殺傾向也實際採取過行動，具有這類側寫特徵很容易真的成為連續殺人

3. 譯按：全名貝瑞．瓦勒斯（Barry Wallace）。

魔。畢格斯曾經落網，可惜監獄似乎未能發揮嚇阻作用，恐怕過去就有很多受害者因為害怕或覺得恥辱而不敢報案或指認。

畢格斯常在酒吧夜店約年輕男子帶回住處，然後可能用了迷藥。一個受害者劇痛驚醒，竟看見畢格斯拿利刃在自己腿上刻些奇怪符號，還對他說：「別擔心，很快就會結束。」受害者意識到自身處境，認為橫豎都是死，要死也死在外面才能讓畢格斯的惡行曝光，於是裸著身子直接從二樓窗戶竄出。幸運的是他並沒有摔死，畢格斯也因此遭到逮捕定罪，判刑六年。

然而畢格斯服刑後學會的是如何修正犯案過程、降低自己被逮的機率，並不打算就此罷手。一如典型連續犯案者，他的行為越來越極端，儀式性隨之提高，例如將被害者手腳銬牢，既能增加自身性衝動也阻止對方逃脫。

再次犯案，他在酒吧挑上年輕男學生，帶回自己住處銬上性侵，在被害者皮膚上刻圖後砍斷咽喉。畢格斯想分屍滅跡，但顯然這件事情的難度出乎他意料。

人體大致上分為六區：頭顱與軀體兩者為中軸，成對的上肢和下肢往外延伸。正因為四肢導致屍體又大又重，不好搬運也不好隱藏，因此想要分屍藏匿的犯人通常會針對軀幹以外五個部位下手。頭顱也包含在內，不過有些凶手跨不過內心的檻。

絕大多數人沒有切割同胞身體的經驗，所以會有人憑直覺想從長骨中間著手。這麼做很快會發現難度頗高，需要合適的地點與工具，而且得花非常多的時間精力。

畢格斯意識到問題之後直接放棄，找森林丟棄遺體後被人發現。他又遭到逮捕，性侵、加重殺人與其他林林總總罪名都成立。就過往紀錄來看，畢格斯明明是個危險人物，但因為上訴有其程序巧妙，他只坐了兩年牢就回到社會。

這次出獄後他找到貝瑞。貝瑞是個人緣很好的大男孩，在當地超市打工，正在思考往後人生，考慮加入英國海軍。接近耶誕節，他們公司辦了派對，從同事敘述得知他玩得開心、喝了不少酒。朋友打算送他一程，貝瑞卻說不想那麼早回家，要去城裡的夜店。這是他生前最後被人目擊。

外出未歸，父母知道兒子期待這場派對很久了，可能只是酒喝多了去朋友家過夜，也就不怎麼擔心。可是隔天貝瑞還是沒回家，問了朋友居然沒人知道他下落，雙親開始焦急，最後決定報警。

夜店裡，不知怎的他讓畢格斯搭上還帶回住處，後來恐怕被下藥了，手腕腳踝銬住，接著遭性侵並殺害。畢格斯分屍技術有所精進，將貝瑞一分為八，連頭顱也摘下。之所以特地砍頭，可能是因為他喜歡一刀割喉，脖子斷了刀痕變得不明顯，判斷死因難度也隨之提高。畢格斯將手腳軀幹裝進垃圾袋丟到湖裡，可惜老天有眼，過兩天警察就跑去那兒潛水特訓。

他將人頭多留了一會兒，後來搭上前往貝爾法斯特的渡船，航程中扔進大海，所以頭部才在那麼遠的地方被沖上岸。過沒多久，畢格斯逃到荷蘭但被遣返英國受審，求處最低二十年徒刑。如今刑期即將結束，自然開始有人提出質疑：反覆做出這種變態行為的人真能教化矯治嗎？我只能由衷祈禱。

此案中法醫人類學透過骨骼研判性別、年齡、身高、鞋子尺碼，並透過體毛確認髮色，加上能夠推測遺體浸泡於水中多久時間。這些訊息協助警方從失蹤人口資料庫中篩選出可能目標，很快鎖定被害人並推測出凶手身分。從四肢取得的證據本身或許並不能用於法庭指控，但對確立偵辦方向起了很大作用。有趣的是，這些資訊不一定來自真手真腳。

某年十一月昏暗夜色下，內陸城市某社區有人報警，他們聽見吼叫、尖叫，然後東西碎裂，感覺應該出了事。警察抵達，公寓裡一片狼藉，有個男子倒在客廳地板，急救員無力回天，當場宣告死亡。

地毯、家具、牆壁上都是血跡，很容易判斷死者頭部遭到多次重擊。驗屍確定顱骨被鈍器毆打數回，導致失血過多而死。

我負責重組與檢驗顱骨，嘗試推敲凶器是什麼。這是二次驗屍，初驗已經以骨鋸鋸開一塊顱骨取下，方便後續調查腦膜和腦部。

死時受創，骨頭含有水分，傷處未必能完美拼合，尤其本案驗的是顱骨，三層板障都裂了。有時候碎片很小，幾乎無法判斷原本位置，得花好幾個鐘頭試誤。組合帶水分的骨片就像拼湊 3D 拼圖，還得使用強效黏著劑，處理時不夠小心手套就會黏在上面。

而且作業時整房間的人盯著我看，表情似乎是認為這種事情一眨眼就該完成。電視上不都這麼演？他們會漸漸失去耐心，喝茶的喝茶、吃點心的吃點心，通常人散了我們正好也開始有進度，準備分析傷勢如何形成、凶手以何種順序做了幾次攻擊。

不難判斷出死者至少被毆打三下。第一次在頭部前方，第二、第三次為左側，或許是倒地之後被追打。凶器是鈍器沒錯，骨骼缺損處有些稜角，所以很高機率是金屬物。一個傷口的衝擊點有弧度，指向凶器形狀類似鐵撬。問題在於看得到另一個比較銳利、像刀尖戳出的接觸點。如此說來凶器有兩把？當時我們也無法肯定。

等到凶手受刑入獄後才有警察提起後續。情況太過特殊，驗屍時想不出凶器實在怪不得我們。

死者麥可是警方留有紀錄的人物。他從事男同性戀性交易，因此調查之初警察很擔心無法追蹤到進出他家的人。無論如何，警方只能去他做生意的地段探查並向同業打聽，其中有兩人指出案發當日確實來了個生面孔客人帶走麥可，但想不起來確切時間。一開始兩人對陌生男子的外觀描述太籠統，沒有指認意義，到最後其中一人才像是福至心靈般脫口說出：給對方取了個綽號叫「船長」[4]，因為那人右手手掌是義肢，前端還真的裝鉤子，而且在酒吧會故意拔下假手吊在掛衣鉤嚇人。

警察聽了心中大喜，符合特徵、會找男性性工作者、酒後具暴力傾向的這個人不僅有資料，還特別好找到，於是很快將「船長」帶回偵訊。船長聲稱自己有創傷後壓力症候群，起因是從軍時被土製炸彈炸斷手掌與一小截前臂。造型獨特的義肢被警察取下送驗，用於連接腕部的杯狀底座上確實有麥可的血跡。

義肢是不鏽鋼製成，前端呈鉤狀，內側一根凸起像手指可以輔助抓握。鑑識專家比對後肯定鋼鉤與鋼指形狀吻合死者的傷勢，應當就是犯案工具。明明是義肢，到某些人手中卻成了凶器。

4. 譯按：即《小飛俠》故事中的虎克船長。

什麼樣的傷勢會導致長骨折斷？

有時候發揮辨識作用的不是骨骼本身，而是關節。四肢的關節與骨骼一樣上下對應，肩膀與髖部一組（接到骨帶），手肘與膝蓋一組（都在肢體中間且活動角度受限），手腕與腳踝（連接長骨與末端的手掌腳掌）。

上述都是能夠自由活動的關節（滑液關節，synovial joint），然而彼此之間有些區別。髖部和肩膀都能實現全方向活動（屈曲、伸展、外展、內收、內旋、外旋），但肩膀額外發展出了名為迴旋的特殊動作，也就是如風車般轉動雙臂。無論柔軟度多好，應該沒人能用腿做出這動作，不信可以試試。

肩膀獲得高度活動能力的代價是容易脫臼。髖關節不同，存在的意義是承受體重、保持人體直立，無論活動中或單純站立時都得保持穩定。

膝蓋和手肘的活動範圍很有限，尤其手肘只有一個平面的屈曲與伸展，所以兩者都歸類為樞紐關節（hinge joint）。膝蓋的活動力好一些，我們站著可以微微旋轉股骨與脛骨將膝蓋併攏，這個機制的原始目的是維持平衡，不過如果膝蓋後側被出其不意戳一下會忽然失去重心。

手腕腳踝就大致相同，活動範圍足夠讓手掌腳掌有很多姿勢角度，兩者的主要功能分別為操作及移動。

人類日復一日活動關節導致它們承受巨大壓力，不過現代科技可以做到關節整體或表面的置換，相關手術在英國每年超過二十五萬次。髖關節和膝關節手術為最大宗，肩膀、腳踝、手肘的手術量也逐年增加。關節置換手術會在特定部位皮膚留下典型手術疤痕，且有部分國家對此類手術制訂嚴格規範，植入物必須帶有可追蹤的醫材編號並寫入病歷，一般而言調查不算困難。但人類世界總是不單純。

醫材資訊不存在全球統一制度，加上「醫療旅遊」風氣日漸興盛，相關紀錄未必完整清楚。以關節置換為目的的醫療旅遊國排行前三是印度、巴西、馬來西亞，這些地方動手術的價格便宜、時間也好安排，問題是病人自己出國更換髖關節不會在英國國民保健署留下紀錄，日後想知道施術的醫療單位難上加難。何況這算是新興市場，某些地區法規不嚴謹，製造商根本沒在醫材留下序號，而是同一批貨就同一個號碼，近乎沒有辨識性可言。

辨認人工關節與手術疤痕是現代法醫人類學家的必要技能。大部分解剖相關系所都有一箱人工骨關節，來自捐贈給學術單位的大體，學生要仔細觀察、牢記外觀，以後可能會在腐爛的遺體裡相遇。與骨折或骨骼手術相關的東西還有骨鋼板、骨螺絲、骨墊圈、骨鋼絲、骨桿、骨釘、骨針等等，有時候我們的紀錄本讀起來跟骨科的關係不大，比較像五金行進貨單。

瞭解天生關節與人工關節都很重要。雖然人工關節是外來物，卻能藉此推論死者可能接受過何種治療，而這項資訊或許便能找出身分及死前經歷。

長骨是人類與環境互動的媒介，骨折不是什麼新鮮事，發現骨折癒合的痕跡、骨科手術植入物都代表病歷值得一查。寫到這兒，我正好想起自己父親的人工髖關節、母親的拇趾關節置換可能都被殯儀館收起來了，因為兩人都採火化，但人工關節燒不掉，通常殯葬業人員會取走保存，我先前一直沒想到去問問。兩人往生後，這些曾經是他們各自身體一部分的東西可能進了同一個盒子，想起來也真是奇妙。

前面許多故事已經突顯骨折痕跡在驗屍鑑識上的重要意義，法醫人類學家一定要能判斷骨折發生在生前、死時還是死後。生前骨折一般而言與死亡事件無關，但指向虐待時則另當別論。由於事發在生前，通常會留下病歷。至於生前骨折發生在何時，我們可以透過癒合程度以及骨痂來推估。死後才發生的骨折基本上也就並非死亡事件本身，但有可能提示了凶手拋棄或隱藏遺體的方式。相對來說，死時骨折，也就是發生時間與死亡事件非常接近的骨折，是最具鑑識價值的類型。

什麼樣的傷勢會導致長骨折斷？肱骨（上臂）很少骨折，會骨折多半是摔傷或運動傷害。橈骨與尺骨（前臂）以骨間膜相連，兩邊常一起骨折。橈骨骨折很多時候是摔倒時伸長手臂的結果：手掌拍向地面，衝擊力從手掌根部傳入橈骨，再經過骨間膜傳到尺骨。這個情況稱作柯爾斯骨折，命名淵源為十九世紀初知名愛爾蘭解剖學教授亞伯拉罕・柯爾斯（Abraham Colles），他曾經針對這個主題發表論文。老年人骨頭本來就脆弱，又好發骨質疏鬆，柯爾斯骨折的病歷特別多。

鑑識時還會注意橈骨與尺骨是否有防衛型骨折。頭部遭到攻擊時，大家的正常反應都是舉起單臂或雙臂抵擋，橈骨、尺骨有可能因此骨折。第四章提過遭到父親虐待死亡的哈利小朋友，他手臂上就有這種痕跡。防衛型骨折與摔傷骨折的位置不太一樣，鑑識人員要能分辨意外和遭襲的差異。

橈骨與尺骨的死後骨折最常出現在因火而死的人身上。肌肉遇上高溫會強力收縮，死者呈現所謂的「拳擊手姿勢」，四肢蜷曲、握緊拳頭，肌肉附著點承受這麼強大的力道，加上骨骼可能受到焚燒所以更加脆弱，最終導致腕部骨折。鑑識脆化燒焦的骨片需要高度專業，而且必須先回收遺骨再清理現場以免疏漏。

舉個典型案例：一位老先生死於住家火災。他獨居，喜歡抽菸喝酒，警方認為沒有凶殺嫌疑。

為了安全起見，發生火災的樓房會先斷電。如果沒運發電機過去，警消人員就只能依賴裝電池的照明器具，同時又要佩戴面罩和護目鏡，周圍世界一片黑灰彷彿來到月球表面。地板很可能堆積厚厚一層灰燼，要是天花板和樓上的東西坍塌了更不用說。這種環境下要看見細小的骨頭很不容易。

老先生死在住處客廳的扶手椅上，周圍除了好幾疊報紙還有些威士忌空瓶，其中好幾瓶裝的卻是尿液。天花板塌在他身上，消防隊判斷起火點就在椅子周邊，最有可能的原因當然是香菸。

人體含水量很高，並不是好燃料，常常只是皮膚燒傷，衣服覆蓋的區域更是如此。沒衣物的部位會燒得比較慘，包括頭顱與手掌，腳掌則看場合。本案中老先生腳部情況普通，熔化的拖鞋提供了一定程度的保護。

案發時間是盛夏，他身上大概只有T恤，所以曝露的手腕前臂燒傷情況較嚴重。驗屍發現高溫及肌肉收縮造成老先生的橈骨尺骨斷裂，雖然手掌還與長骨相連卻缺了幾根指骨。我們要負責找出並回收人骨，所以當場就要確認究竟少的是哪幾根手指。

除了解剖學知識，還需要多年實務經驗，否則很難認得骨頭燒焦之後的模樣，其中有些比小指指甲還小。我們得將這些碎片找出來拼湊成完整遺骨，總不能留在地上任人踩踏，或者更糟糕的是隨廢棄物一起清運。

第一步是將遺體從燒熔的扶手椅搬出來送到屋外。說得輕鬆，做起來很麻煩，因為椅子的材料纖維熔化以後就像焊接在人體上，我們得將布料或泡棉這類東西與死者切割開來。火災死者通常全身僵硬並維持拳擊手姿勢，想要抬起來也沒有很好的施力點。再來，屍袋設計時只考慮到仰躺且四肢伸直的狀態，火災遺體連裝進去都是問題。費了九牛二虎之力，搬動死者成功裝袋，接著檢查肢體末端看看有沒有死後骨折，並根據解剖學進行複檢以免遺漏。

清點過後，記清楚目標，開始搜查廢墟尋找缺失部分。我們就靠這種慢工出細活的方式拼好老先生所有手指與前臂長骨末端，一副完整骨骼裝進屍袋送到太平間。

前面章節提到過：股骨骨折最常見成因是膝蓋撞擊汽車儀錶板。除此之外，骨質隨年齡流失，長者要特別留意髖部骨折，只是在床上翻個身都有可能引發。英國每年有七萬到七萬五千位髖骨折病患，其中七成五為女性、平均年齡接近八十，而且髖骨折與死亡有顯著關聯。當事人是髖部骨折導致跌倒，還是跌倒導致髖部骨折？死者上了年紀時真的很難分辨生前骨折與死時骨折。

我父親失智症惡化後住進專門療養院，但在院內發生髖部骨折。護理團隊表示無法確認他是自己跌倒還是被別的病人撞倒或推倒，我知道他們說的沒錯：人活著都很難分辨的事情，人死後想去分辨近乎不可能，沒什麼好奇怪。

膝蓋骨稱作髕骨，是人體最大的籽骨（sesamoid bone，又稱種子骨）。「籽骨」一詞源於拉丁文的「芝麻籽」（sesame seed），是指小而結節狀並嵌入肌腱的骨骼。髕骨形狀完全不像芝麻籽，別被分類名稱誤導了。

同樣在膝關節有可能找到另一塊籽骨叫做豆骨（fabella，語源為 little bean）[5]，位於腓腸肌側面頂端肌腱。根據統計，膝蓋有豆骨的人不到四成，年長男性是最顯著的族群變項。因此檢驗時找到豆骨，我們會考慮利用比對病歷X光片的方式確定死者身分。學界對豆骨功能尚未做出定論，有人認為它是消失又重現的演化特徵，重現原因或許是基因與環境綜合的結果。我個人感覺這個假設滿牽強的，但畢竟我並非遺傳學家。

髕骨的英文 patella 也來自拉丁語，原意是淺碟或平底鍋，位在大腿前側股四頭肌肌腱。幼童到三歲才有髕骨[6]，意義是強化膝蓋的生物力學效率。由於髕骨位置凸

5. 譯按：亦稱作「小豆骨」，與腕關節「豌豆骨」不同。
6. 譯按：由軟骨骨化而成。

出，骨折機率比較高，常見原因是膝蓋直接受撞擊或從高處掉落時壓到骨頭。如果髕骨粉碎成太多塊可以手術取出，不過現在醫師傾向以張力帶和鋼絲做固定復位，所以法醫人類學家會留意有沒有鋼絲，有的話代表接受過骨科治療。

膝蓋骨有許多神經末梢所以十分敏感，是製造痛覺的好目標，也就成為酷刑或懲罰的工具。常見做法是槍擊，少部分以球棒之類武器猛烈敲打。但事實上，不知有心還無意，朝膝蓋動手的案例中很高比例完全沒命中髕骨，擊碎的是股骨下端，再不然就是脛骨或腓骨的上端。

一九七〇到八〇年代的義大利游擊隊赤軍旅（Brigate Rosse）[7]、北愛爾蘭問題[8]期間保皇派與共和派準軍事組織，都以攻擊髕骨作為懲罰手法。文獻記載北愛問題中有大約兩千五百個案例，其中最激烈的做法是「六孔」，也就是兩個手肘、兩個膝蓋、兩個腳踝都被子彈開洞。近年據傳伊斯蘭基本教義派組織哈馬斯[9]和孟加拉警察仍在使用這種手段。

脛骨與腓骨骨折主要發生在運動傷害或遭到移動中的車輛撞擊，因此偶爾被稱為「保險桿骨折」。

長骨骨折，尤其是下肢骨折以後，必須調整到左右長度大致對稱，一側長一側短

7. 譯按：為一極左翼軍事組織，最初由激進派學生和工人組成。
8. 譯按：一九六八到九八年間北愛爾蘭民族主義者與聯合主義者之間持續的暴力衝突。
9. 譯按：全名「伊斯蘭抵抗運動」（Ḥarakat al-Muqāwamah al-'Islāmiyyah），常取其縮寫Ḥamās簡稱為哈馬斯。

會導致代償現象影響全身骨架。譬如兩腿長度不同，除了腿，骨盆脊柱也會隨之歪斜。檢驗時發現下肢骨折後沒調整對稱，幾乎就能肯定死者有段時間走路會跛。

左撇子與右撇子

不過所有人的長骨都並非完美對稱，反而顯示出「偏側性」（laterality），也就是偏好使用身體某一側。只要看平常寫字用左手還是右手就能明白，也反映在用哪隻腳踢球等各式各樣的活動。要注意，即使是左撇子也未必做什麼事情都一定使用左手，可能用餐、演奏、特定運動時會使右手。很多板球球員投球或打擊時不靠慣用手。

人類九成是右撇子。慣用右手的人，極高機率慣用腳也是右腳。偏側性在每個人身上強度不同，可是很少有人真正做到左右開弓，也就是左右手靈巧度毫無分別。右撇子多的原因似乎是運動與感官皮質位於左腦，腦神經具對側性，起點與終點會一左一右。偏側性不僅見於人類，多數靈長類、犬、鳥、齧齒動物都有，是一種普遍的自然現象。

右撇子雖然與基因有關，但很可能也與昔日社會強迫兒童使右手有關。何況日常生活所有物品設施幾乎都是為右撇子服務，左撇子不得不從。

歷史上甚至曾經將右側視為「對」，左手寫字則是心術不正，甚至奸佞邪淫。這種觀念影響了許多古文明神話、宗教、以至於與「左右」有關的語言表達。右就是正確正直合宜，左就是錯誤扭曲軟弱。

後來左撇子與右撇子這個主題得到大量科學研究，涵蓋遺傳影響、胚胎指標、出生體重、兒童智能、長大後的收入水準等各種層面。根據研究，其實四肢骨骼在人一出生就顯現出差異，右邊比左邊長一點、粗一點。如果長大了是右撇子，主要依賴右手右腿的肌肉，兩側差距就會更加顯著。

例如右臂血液較多、肌肉較強，右肱骨多半也就較粗較長。連手指也反映這種現象，通常同一個戒指戴在右手覺得緊一些，戴在左手就會覺得鬆一些。長大以後主要用左手的人並不例外，右側骨骼依舊長一點、寬一點、厚一點，只是差距相對小。

描述左撇子右撇子的時候通常是指「手腳」，但其實真正運作上下肢的肌肉是上臂前臂、大腿小腿，對骨骼影響較多的應該也不是手掌腳掌的肌腱，而是附著於長骨的肌肉。

儘管測量長骨尺寸不是難事，以此為據判斷慣用手卻並不可靠，過去作風不夠謹慎的人類學家才會如此宣稱。從前驗屍時我們也曾經靠手指硬繭多寡推論慣用手，如今大家主要用鍵盤，這招快要沒有參考價值了。

純粹用猜的，猜右撇子當然很容易中，可是實務上能認出較少見的左撇子才更有鑑識意義，但往往也是更高風險的專家意見。

如果遺體腐爛或被翻動過，可想而知要從骨骼得到資訊、推敲何時發生什麼並非易事。長骨富含鈣質、骨髓美味營養，很受食腐動物喜愛，因此曝屍荒野的遺體常常會被咬。從留在骨骼表面的齒痕可以回推出動物類型，例如小型齧齒動物或大型肉食動物。

不是遺體放在野外就一定會吸引動物。有些調查人員發現遺體身上沒齒痕反而覺得怪，如果對動物行為缺乏理解更會有這種反應。思考動物活動時必須考慮牠們的整體生活模式與週期。

以狐狸為例，牠們不是每次看見遺體就一定會去吃。每年特定時節，狐狸能輕鬆捕捉一口吃掉的小生物很多，這時牠們會放過太大的東西，人類屍體就是其一。人體腐爛到液化階段狐狸也不愛吃，有些人以為食腐動物就是越腐敗牠們越喜歡，事實並非如此。狐狸會挑新鮮的遺體，除了肉之外還會咬碎骨頭吸食高熱量的骨髓。過了液化階段也可以，狐狸會為了補充鈣質啃骨頭。處於液化階段的遺體牠們基本上不碰，除非真的找不到別的東西能吃。

有一次警察在蘇格蘭中部某塊農地角落找到遺體。明明有一定的腐爛程度，周圍又有許多野生狐狸，外觀卻沒什麼動物痕跡實在奇怪。他們不禁懷疑死者是死亡了一段時間才被搬過來棄屍，但又找不到證據。

前面提到過：遺體是否引起狐狸注意與遺體出現的時間點有關。是不是食物特別多的季節？狐狸有幼崽要養嗎？警方徵詢我們的意見，我們提出狐狸專家與獵場管理者的經驗為根據，指出無論人類或其他遺體都一樣，並非擺在荒野就必然遭到啃食。因此這具遺體身上沒有動物咬痕和死者是否在此死亡，兩者沒有直接關係。

遺體的手掌不見了。這反而符合狐狸帶走食物藏匿的習性。牠們無法預知何時找到下一餐，所以有機會就把食物埋在別處備用，人類屍體手掌是很好的目標。這是動物的儲藏行為（caching）。

通常順著狐狸足跡尋找牠們挖過的泥土就能找到屍體欠缺的部分。狐狸很寶貝自己的食物儲藏，還懂得狡兔三窟、雞蛋不放同一籃的道理，就怕其他動物過來搶。但無論如何還是有別的動物能找到，最常竊取狐狸儲備的是獾。

後來發現死者是位居無定所的流浪老人，可能他鑽進灌木叢想在裡頭睡一覺，結果就沒醒來了。手掌呢？分別埋在兩個地方，距離遺體都不遠，而且手掌的骨頭上就有狐狸齒痕了。

包覆四肢的皮膚和軟組織就像骨骼一樣能用於鑑識。最常有刺青的部位分別為男性的前臂和女性的肩膀或腰臀，至於刺青設計雖然大家都自稱獨一無二，實際上多數人就是從刺青店的型錄挑選，或請刺青師複製自己見過的某個圖案。

曾經有個年輕男子想加入準軍事組織。為了證明自己的能耐，他拍了一部影片，內容是自己拆裝手槍如何精準俐落。年輕人對槍械或許真在行，但別的方面不行，因為背景是他家廚房，警察很快循線上門。

感覺他大概看過一些講鑑識的電視節目，知道不要露出面孔、不要穿辨識度高的衣服、不要在槍械任何零件留下指紋。於是年輕人打赤膊，拍攝角度只能看見脖子以下，戴著隨處可見的黃色家務手套。然而鏡頭好幾度晃過手套邊緣與裸露的肩膀之間，前臂刺青早就被看清楚了。

我比對影片與警方逮捕的人。他左前臂一上一下分別是流行的「玫瑰聖母」與金盞花圖案，右前臂則是凱爾特十字與顯眼的色素斑（胎記），十字架頂端還有胎記兩部分都露在手套外。換句話說，不但有刺青，還有胎記作為證據，逞英雄的他百口莫辯只能乖乖認罪。

不少人身上有痣、雀斑、肝斑等等，全部總稱為點狀色素沉著，成因是黑色素增加。人類的眼睛、皮膚、頭髮之所以有顏色就是因為黑色素，皮膚的黑色素位於基底層，吸收紫外線或年齡提高會導致皮膚變黑。點狀色素沉著的形成沒有規律，每個人都不一樣，如果有嫌犯或被害者過去的影像就能夠進行比對確認身分。

法醫人類學家會利用相片和影片比對身體特徵的案件多數與性虐有關，也時常涉及兒童。兩個女孩指控小學警衛彼德．萊奧（Peter Ryal）透過手機發送不當訊息，也曾經有過不合適的肢體接觸。警察將其逮捕，查扣手機電腦，發現手機裡面有個短片，拍攝了床鋪上一個女性胸罩被拉起露出乳房。

警方進一步調查彼德．萊奧及其擔任公衛人員的妻子蓋爾，發現一位青春期少女與兩人交好。詢問之下，果然這女孩常到萊奧夫妻家中做客，有時晚上喝多了就睡在他們家客房。她看了影片才察覺自己遭到偷拍，雖然鏡頭沒帶到面部可是她認得自己的胸罩。

萊奧的妻子最初看到影片，告訴警方她也很震驚。但上了法庭她忽然改口，聲稱影片是丈夫拍攝自己，兩人只是玩起角色扮演。

法官知道當下無法解決，決定擇日重審，囑咐警方諮詢能透過生理特徵辨別女孩與蓋爾的專家。

警察找上我。我看了影片，畫質不錯。實驗室團隊將影片切割成靜態影格，擷取女主角肩膀與手臂部分，紀錄痣在皮膚如何分布。再來只要取得兩人同一個部位的照片，三者一做比對自然就有答案。

法庭提出的問題定義明確，不是影中人與女孩或蓋爾符合的百分比，而是被偷拍的究竟是這位還是那位？蓋爾皮膚很多雀斑但沒有痣，肩膀手臂與擷取的畫面不吻合。女孩有痣（但沒有雀斑），肩膀手臂的皮膚完全對應了擷取影像。答案顯而易見。

出庭作證時，彼德．萊奧的辯護律師似乎只有一個戰術，就是攻擊我並非皮膚科醫師，沒資格當眾探討雀斑與痣的區別，可是法官最後失去耐性不讓他說了。畢竟就這個案子的鑑識意義而言，名稱根本不重要，反正就是每個人獨一無二的皮膚色素點排列。

陪審團很快做出結論：彼德・萊奧性侵未成年人，拍攝兒童色情影片。他妻子後來是否也被起訴我不知道，但萊奧本人被判入獄一年半，資料會在性侵犯名單登錄十年。他入獄之後因為堅稱自己無罪，評估過後無法接受性侵犯治療。

還記得我在證人休息室內，女孩和家人也到了。她剛結束證詞，情緒非常低落，不停顫抖哭泣，直說沒辦法再來一回。就算大人也很難承受了，何況是這麼小的孩子？誰願意在陌生人面前高談闊論自己的傷痛，尤其還會有人千方百計設法推翻證詞？不難想像為什麼許多強暴性侵事件根本無法成案或進入審判。

但只要能進進入調查，法醫人類學有很多技術可以將犯人繩之以法。不少人向我提出一個問題：鑑識技術發達，是否會反過來造成犯罪者更細心？答案是：我並沒有觀察到這種現象。此外，我衷心相信人體任何部位都可以用於辨識被害人、起訴罪犯或者證明被告無辜，隨著相關科技和手法更加成熟，證據只會多不會少。

第九章

手

有一種工具不是我們的創造發明卻完美無瑕，它就是人類的手。

——作家胡里歐・拉蒙・利貝羅 Julio Ramón Ribeyro，1929-1994

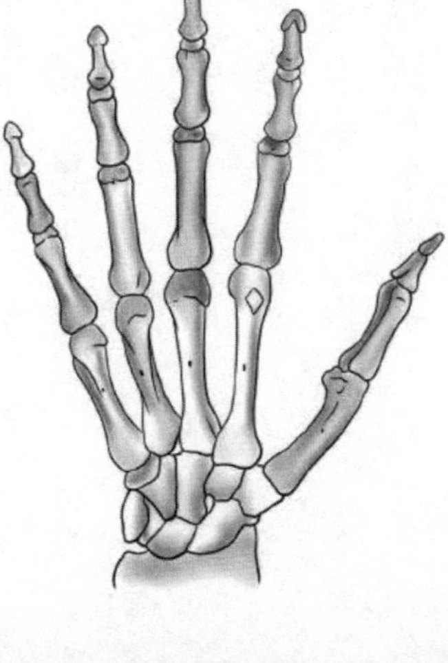

可惜我沒遺傳母親富有女人味的纖纖玉手，自己的兩隻手掌像父親，大而有力，堪比鐵鏟。一定要形容的話就是「粗壯」，這輩子應該沒機會拍護手霜廣告或時尚雜誌封面。我只能接受自己，何況它們完成我託付的所有工作：解剖數百具遺體、打字、抱小孩、擦眼淚擦屁股、在一月隆冬從化糞池裡把屍體拖出來等等。幾十年過去，這雙我信賴珍貴的手終於也開始發牢騷，三不五時疼一下。

人類的手可謂是演化與工程結合而成的奇蹟。美國古生物學家史蒂芬・古爾德（Stephen J. Gould）曾對同儕發出警告，要大家別一股腦兒只想從人類的腦袋裡找出演化證據加以分析，他認為那不是正確方向，真正值得研究的是這雙手。說得很好，人類從何時開始掌控這顆星球的命運？是腦容量和智力提高的那一刻？還是直立行走、騰出雙手，大腦得到發揮潛能的機會，反過來追上四肢的靈巧？

或許總是失去了才懂得珍惜。想像一下少了一邊或兩邊手掌的日子。在某些人的想像中，只有戰亂連年的地區才需要擔心被炮彈火藥炸斷肢體，但事實不然，人不在前線，甚至什麼也不做，仍舊得面對斷肢風險——英國每年約有六千人因罹患第二型糖尿病而接受手或腳的截肢手術。

手除了操作物體還有社交意義，像是握手、擁抱、撫摸、打招呼。手充滿神經末梢，直接將觸覺與溫度傳進大腦。人體的感官處理能力將近四分之一集中在手，將手與眼耳口鼻相提並論並不為過。

科技進步了，現代義肢活動性良好，可以代替真手的最基礎功能，然而目前還沒辦法重現雙手天生的敏感度，也複製不了肢體觸碰之中雙方的情感交流。更何況新型義肢只是比起舊產品厲害很多，實際上到目前為止仍不能做出人類賴以溝通的複雜手勢及細微動作。

多數人講話都會不由自主透過手勢來表意或強調，非常難以克制。沒法用聲音的情況，我們更仰賴手勢與嘴型表達。新科技給了盲人朋友新選擇，但以前他們靠的是「點字」（Braille），也就是用凸起的小點排列字符，盲人透過指尖觸摸進行閱讀和學習。神經末梢集中的人類指尖多麼難能可貴，由點字可見一斑。

手的解剖構造巧妙複雜，而且常要做出各種動作，對藝術家而言很難準確捕捉。達文西的作品很美，但論及手的話還是阿爾布雷希特・杜勒（Albrecht Dürer）畫得更仔細，感覺好像摸得到血管、肌腱和皮膚皺摺一樣。亨利・摩爾（Henry Moore）晚年身體不佳時畫下自己雙手，代表衰老的肉體。「手傳遞出很多訊息，」他這樣說：「乞求或拒絕，奪取或給予，滿足或焦躁。可老可少，可美可醜。」

華麗的動作背後需要複雜的架構

想要瞭解手為何是個工程學奇蹟，研究一個簡單的動作就懂：拿起並握緊筆。就這樣一個動作，人體得符合許多條件才辦得到。

首先人的手必須發展為五趾型（pentadactyl，五根指頭）。人類胚胎在子宮內大約第二十六日時，頸部區域出現成對隆起的肢芽。第三十三日，上肢末端看得出手板，不過此時手指尚未分開，所以外觀呈船槳狀。再過五天，船槳邊緣變成鋸齒狀，這是因為未來指縫位置的細胞死亡，繼續發展下去手指就會越來越清晰。

如果應該死亡的細胞出了問題，指縫開得不夠低，嬰兒的手掌就像長了蹼。更嚴重的情況是手指根本分不開，兩根或更多的手指（腳趾更常見）合為一塊，此時稱作並趾畸形。簡單手術就能治療，還給孩子正常的指頭。

胎兒在子宮內第四十一日，神經與血管深入手板，往後軟組織能夠獲得足夠血液與神經細胞，並生成運作手掌所需的三十四（左右）條肌肉。第四十七日，手掌開始可以旋轉，隔天未骨化的軟骨形成。再接下來八天裡，軟骨特定部位的細胞死亡，騰出空間留給以後的手骨構成關節。沒有關節就沒有靈巧多功能的手，只有一把肉做的鑷子。

第五十六日，拇指（英文平時說 thumb，解剖學則稱為 pollex）旋轉到另一個平面，人類才有了抓握能力。拇指指腹可以和其餘四指指腹接觸，這個特徵叫做「對掌」。對掌是我們和其他動物很大的區別，例如一般的貓、狗、馬、水豚都做不到。約莫同時，末端指腹微微隆起，底下充滿神經末梢，於是手指成為重要的感官探索工具。指紋也位在此處。

沒有意外的話，進入第六週的胎兒已經長出功能齊全的雙手。人類很早就學會從雙手得到慰藉（超音波能看到胎兒吸吮拇指或其他手指），出生之後再經過一小段時間，雙手會變得更靈巧精準。不過新生兒對於「伸手」和「抓握」已經具有良好神經反應力，部分古生物學家認為與太古時代子嗣需要攀附在母親身上有關。

滿足擁有雙手這個先決條件之後，怎樣拿起筆？首先大腦要認知到筆這個物體，並產生拿起它的思考，也就是大腦從中央前迴發出神經脈衝，進入脊柱以後找到通往上肢的路線（位於頸部，上肢開始形成的位置）。這條路徑叫做臂神經叢，在腋窩裡面錯綜複雜。神經訊號分散到完成動作需要的所有肌肉：屈曲三角肌以抬起上臂，屈曲前鋸肌將上臂往前方推，收縮前臂至少六條肌肉來運作手腕和拇指食指關節。為了維持動作順暢，位於腦部下方的小腦監控整個過程，隨時修正可能的偏差。拇指與食指的指尖碰到筆，感覺神經產生訊號，目的地是大腦中央後迴。接收訊號以後，大腦認知到筆在手中，也藉由雙眼視覺確認。我們的觸覺彷彿位在拇指和食指之間，但實際上都發生在大腦裡。

想將筆維持在我們希望的位置，得控制前臂兩條肌肉讓手腕稍微旋前[1]，拇指兩個關節都屈曲，食指則是兩個關節屈曲、第三個關節伸展。其餘三指放鬆但彎曲才不會造成妨礙。

上述所有動作都還只是握筆，發生在思考要寫什麼之前。手活動起來就像一場盛大的芭蕾表演，所有配角在我們出生前就反覆排練。只要器官與神經沒有異常，種種動作無需有意識思考就能完成，人體的精妙由此可見一斑。

華麗的動作背後需要複雜的架構，因此成年人兩百零五塊骨骼中至少有五十四塊都在雙手，比例超過四分之一。想要動作多變和靈活，附著的肌肉就必須分得更短，所以手的骨骼體積都小。人類通常有八塊腕骨、五塊掌骨、十四塊指骨（拇指兩塊，其餘手指各三塊），拇指肌腱部分還有額外的籽骨。

由於體積小，手部骨骼單獨出來會變得很難辨認，孩童的手骨尤其如此，非常容

1. 譯按：「旋前」是指掌心朝下的姿勢，「旋後」則是掌心朝上。

易被誤會成小豆子、穀物或礫石。手骨在遺體腐爛過程中可能脫落，法醫人類學家常常必須仔細搜索。人類比較少遮掩雙手，連袖子也不會擋住手掌，對食腐動物是很好的目標。前面故事提到過，遺體的手不見了未必代表被人砍斷，當然我們仍舊要檢查別的骨頭有沒有切痕以防萬一。多數案例最後找到的是犬科動物齒痕，大部分是狐狸、少部分是獾，偶爾也會有野生貓狗。

遺體缺手不是怪事，但有手沒身體就比較奇怪了些。即便如此，找到手掌不等同於有人死亡，也可能只是斷肢，無論起於凶案或意外。犯罪小說或戲劇常有綁架犯切下肉票手指勒索贖金的情節，現實生活不是沒有，只是相對少。

單獨的手掌或手指出現了，我們怎麼知道是不是人類？我們團隊已經很習慣接到警察來電表示在海灘找到手，習慣到了有點本能反應——請他們傳照片過來之前，我們就忍不住先回答：該不會是海豹的鰭足吧？因為海豹腳腐爛以後與人類手掌真的太像了，畢竟同樣是五趾動物的肢體末端。學術界對五趾型如何演化而來有些爭論，但無論兩棲類、爬蟲類、鳥類還是哺乳類，只要是四足動物都能找到五趾型。

上肢末端很有可能演化自原始魚類成對的鰭，是牠們逐漸朝陸地發展的適應結果。不同物種的肢體末端有不同基礎形狀，主要差異表現在「手」或「腳」骨骼的融合或消失。有蹄類是很好的範例，為了符合移動方式，牠們的五趾演化為蹄，而且有奇蹄目如馬、偶蹄目如駱駝。此外還有「近蹄類」動物，大象為其中一員。

有一天我們又接到警方電話說找到手掌，地點是蘇格蘭西邊某處海岸。依照程序請他們傳照片過來，我們當然也認真研究，但不忘先提醒對方很有可能只是海豹腳，先不要太緊張。警察聽到這句話都會立刻放鬆很多，因為如果真的是人類斷肢代表必須展開大規模搜查，可能需要陸海空三路並進，還要聯絡驗屍官與地方檢察官，茲事體大能免則免。

可惜這次照片我們一看就能肯定不是鰭足而是手——很像人類，但依舊不是人類。雖然腐爛到沒有皮膚了，從比例就能察覺異樣：拇指極短，其餘四指極長，這個特徵屬於人類以外的靈長類，有可能是黑猩猩。骨骼上沒有切痕，不像被刀砍下，同時也沒有其他動物的咬痕。但蘇格蘭的海灘上為什麼會有猿猴的掌骨？

有好幾種可能性，包括野生動物園區、專門救治非人靈長類的團體、寵物墓地等等。黑市也有動物骨骼，賣給相信順勢療法與黑魔法的人，說不定是走私船亂丟骨頭。真相不得而知，但我們也學到一課：別總以為是海豹就不放在心上，至少先看一眼再安撫警察。

火災現場的遺骨

第八章已經提到如果遺體經過焚燒，手、特別是手指往往很容易斷裂分離。手掌的軟組織和脂肪都少，很快就燒得見骨，然後燒成灰燼。火災後搜尋遺體要特別留意前臂末端的四周，以免收集骨灰有所遺漏。因為辨別難度真的高，警方也逐漸意識到火災導致死亡的案件中，採集證物與後續調查最好都能請到法醫人類學家從旁協助。

法醫人類學的解剖知識確實有助於警察和消防隊的火災調查。每次我們拿起一小塊東西說這不是燒焦的木頭或石頭而是指骨或腕骨，他們臉上的表情總是藏不住內心的訝異。

可惜並非每個調查團隊都明白法醫人類學的重要性。或許人類社會就是得先犯錯才能得到進步。下面就有個悲劇案例，警察會來問我意見其實是因為當地法醫病理學家正好出門休假。

一場因電線走火而起的火災無情奪走兩個小男孩的生命。位於蘇格蘭高地的偏僻田園小屋本來就是木造，燃燒起來火勢熊熊一發不可收拾，消防車路途遙遠還得管制蜿蜒的小路才能抵達。等不到消防隊，父母嘗試過自己進去救孩子，但火實在太大，煙霧太濃太黑。談不上安慰的是兩個孩子死在床上，事發時應該睡著了，被黑煙嗆暈之後或許什麼也沒感覺到。我無法想像眼睜睜看著屋子毀於一旦，孩子還困在裡頭，做父母的卻束手無策的絕望感。

等消防隊控制火勢可以安全進入後，他們帶著沉痛心情搜索孩子遺體。屋頂塌了，椽桁和瓦片掉下來，粗重的木條都得靠人力搬開堆到屋外，否則沒辦法逐室仔細檢查。男孩就在床鋪上，被屋瓦和木頭壓住，清乾淨以後遺體送到太平間。

弟弟遺體完整，但哥哥的部分缺了不少。他們給雙親的解釋是可能火太大，燒得連灰也不剩，所以只能找回這麼多。兄弟倆裝在白色小棺材下葬，他們父母失去一切依舊堅強面對，讓人為之鼻酸。

後來夫妻常回去小屋舊址，一方面沉澱心情，另一方面試著找找沒燒掉的東西，也許有些往昔日子的紀念。距離火災兩週後，他們一如既往在廢墟擺上鮮花，卻忽然看到花園草地有一小堆骨頭。

兩人聯絡警方，一名警官過去看了看，說應該是野生動物。他是當地人，鄉下長大，判斷是貓骨頭，叫那對夫妻別多想，然後自己將骨頭裝進證物袋送到太平間。病理學家休假，警方請我過去看看貓骨頭，算是給夫妻倆一個交代。

大家都主觀預期了檢驗結果，認為只是個形式所以不認真，太平間裡沒什麼支援。不巧的是又遇上來拆臺的人了，我說出他們難以置信的一句話：「那些所謂的貓骨頭毫無疑問其實是人骨，而且還是四到六歲的兒童。」

那堆骨頭裡有一些脊柱，也有小片的肋骨與腕骨，其中不少被咬過。在警察眼中，象牙色的一塊塊東西哪知道是什麼，最簡單的解決辦法就是質疑面前的專家，畢竟我說了不中聽的話。

警察問我到底確不確定，我說非常確定。緊接著他們立刻逼問，我憑什麼如此肯定？我回答：因為我寫過辨識未成年人骨骼的教科書呀。我不但說得出骨頭來自身體什麼部分，甚至連是左是右都能分辨，當場一塊一塊唸出名字並估算年齡。

室內溫度像是瞬間降了十度。看樣子大家都寧可專家出錯，若是給出正確但令人難堪的意見就免了。警察留我自己繼續做紀錄，我問要不要提報告，他們居然說不必，意思是等病理學家休假結束再說。

我檢查完也只能回家，但心裡不舒坦，自己明明有把握的事情被人家質疑成那樣子卻又無能為力，思緒一直兜著孩子、雙親、那把火，想像骨頭怎麼跑到花園裡頭。

這些想法或許無處可說但其實很有意義，最後我決定即便只是安自己的心也該寫成報告。我之前就有過經驗，知道別過分仰賴自己的記性，很多事情不當場留下文字紀錄不行，沒多少時日細節就會淡出腦海了。而且不轉換為書面形式，連事情發生過的證據也不復存在。

幾個星期過去，純粹機緣湊巧，那對夫妻的委任律師聯絡了我。病理學家回到崗位以後檢查了遺骨，認為我沒說錯，警察無可奈何必須告訴孩子的爸媽：花園裡找到的骨頭其實屬於大兒子。夫妻倆希望透過律師找到其他專家做確認，而律師正好認識我，所以問我能不能幫忙，結果我說我連報告書都寫好了。可以想見對方聽見這話有多詫異。

律師壓根兒不知道我看過那堆骨頭，因為我進過太平間這件事情完全被警方排除在官方紀錄外。既然沒有呈交報告，這種情況不算意外。如果當時他們要了我的報告，自然也就必須在公文裡記上一筆。於是我代表家屬回到太平間，再次確認遺骨沒有還錯對象：骨頭正好是當初沒找到的部位（包括背、胸、手腕），不僅屬於人類，還正好是幼童，上面有動物齧咬的痕跡。全部條件都吻合，我補上二度進入太平間的附註，將之前寫好的報告發給律師。

案件本身告一段落，然而過一陣子南方別地區的警隊打電話過來。原來他們接手內部調查的任務，想瞭解當初那批警察在什麼環節上有失誤、警方如何從中檢討改進。負責的警官表示他住得離我家不遠，不如直接過來拜訪，氣氛可以緩和也輕鬆些。當天他帶了部屬，三個人坐在我家餐廳，邊喝咖啡吃餅乾邊聊天。儘管環境是不拘謹了，但依舊挺花時間的，他與我的對話由部屬全程記錄。

那天警察為什麼說我不必交報告？我不知道，這該問他們。為什麼我還是寫了？因為他們詢問我的專業意見，我也完成檢驗，即使做這份報告不影響服務費用，我有責任為鑑識結果留下紀錄。

當時我怎麼判斷遺體是人類？還好後來做了ＤＮＡ鑑定，可以肯定那些骨頭是男孩的，總算不會再有人質疑我有沒有能力辨認幼兒遺體。警官問我這題，用意在於分析警方沒有立刻認同的癥結點。

律師怎麼會正好找我諮詢？答案很簡單，純粹就是巧合。他確實跟我在工作與私下都有往來，卻完全不知道我早就參與過本案。

接著是我等了很久的問題：火災過了兩週，男孩的骨頭怎麼會出現在花園？當然這件事情我沒有百分之百的把握，一來沒見過災後現場，二來無論屋內或花園的遺骨收集我都沒有經手。

所以我只能臆測。我問警官是否要聽我單憑想像的推論，他說好。其實這件事我自己思考了好幾遍，確實想出了一個理論，但是命中與否、命中多少程度永遠沒人能知道，就只是能夠解釋眼前的情境。

起火以後，屋頂坍塌，砸在兩個男孩睡覺的房間。他們被埋在瓦礫下，警方紀錄就記載著木椽壓住兒童床。換言之，長子的遺體可能與燃燒的木條有接觸。

點燃的木頭可以黏住人類皮膚，黏上去以後會對那個部位多多少少提供一些保護。如果木條自身沒有燒乾淨，被搬動的時候體組織或許還沾黏在上面。

滅火以後，消防隊員急著清除瓦礫搜尋遺體。抬起木條很費勁，他們很可能沒想到翻面看看木頭底下有什麼，於是孩子的一部分就這麼跟著木條被挪到外頭，與其他廢棄物堆一塊兒。

體組織逐漸腐化。貓和狐狸嗅覺敏銳，發現了就會過來覓食。牠們將遺體拖走，來到花園，也就是後來發現骨頭的地方，所以才會在上面找到齒痕。

警官又問我為什麼沒在太平間將這番假設說出來。答案不是很明顯嗎——沒人問過我。

警隊記性很好，後來我至少十年沒再接到同一個單位的工作。火災距今三十年，時過境遷，警方的辦事程序也有了很多改變，越來越細膩周到。法醫人類學在住宅火警有人身亡時能貢獻一分力量，可惜還需要更多宣傳和教育。

為火災死亡的成年人收集遺骨時，我們會記住：碎片拼起來以後總共二十七塊，公式是八、五、十四，也就是八塊腕骨、五塊掌骨、十四塊指骨。但其實不是每個人的手都符合規律，一根拇指四根手指乖乖就定位。有些案子裡，死者的手部結構不大一樣，原因有先天也有後天。

手指畸形

之前提到人類的手部外觀在胚胎的第四到第六週已經確定，這個階段發育受阻就會導致手部異常，不過最重要的因素仍是遺傳基因。最常見的先天問題應該就是手指數目不對。

科學上將手指腳趾的數目與排列稱作「趾型」，數量過多叫做多指畸形，常見形態是小指旁邊多了一根，透過簡單手術就能去除。多出來的手指通常只有軟組織，偶爾會長出骨骼。多指畸形是不會危及生命的基因突變，但可能遺傳給後代，比例並不低，大約每一千新生兒中會有一個案例。

二〇一六年，中國一位本身為多指畸形的孕婦（兩手都是六指）產下情況更特殊的寶寶：孩子左右手都有兩片手掌肉，右手七指、左手八指，雖然加起來十五根指頭卻完全沒拇指，此外兩腳也各有八根腳趾。這麼一算總共三十一，其中十一是多的。這樣都還沒打破世界紀錄，因為紀錄保持人有三十四根指頭，是二〇一〇年的印度男孩，兩腳各十根腳趾，兩手各七根手指。但是這兩個男孩都接受手術了，所以世界上指頭最多的人目前仍舊是印度的德凡卓・蘇薩（Devendra Suthar），手腳都是七指，合計二十八。他是個木匠，還說鋸木頭特別小心，怕把指頭給鋸掉了。

相反的情況就叫做少指畸形，手指或腳趾數量低於常態，常伴隨其他症狀。裂手裂足症患者少了掌部中央一根以上手指腳趾，導致趾數為偶數（二或四），外觀如爪子。只有兩趾的情況大半也同時是併指畸形，也就是指頭合併了。

巨趾症很罕見，如其名是手指腳趾體積異常大，多半發作在單手，最常見於食指，成因目前尚不明瞭。短趾症則是手指腳趾特別小，原因通常是骨頭也短。短趾症屬遺傳，一般而言出生即發作，但可能得等到某些指頭長大、某些指頭沒長大的時候才看出差異。

有些狀況比較特殊，例如中間指多趾畸形，會多出一根完整手指。湯瑪斯・哈里斯（Thomas Harris）的著名小說《沉默的羔羊》（*The Silence of the Lambs*）裡，筆下角色人魔漢尼拔醫生左手有兩根中指，但拍成電影和電視劇集時略去這個設定。指序錯亂也很罕見，有一天晚上我在酒吧講課（真的……這活動叫做「一品脫科學節」A Pint of Science），主題正好是鑑識手部，一個年輕小姐在課後過來和我聊天，問我要不要給她的手拍張照，因為她就是天生中指和無名指顛倒的案例。前陣子還有另一位小姐也讓我拍了手，她的小指上多了一條明顯橫紋卻沒有關節，她自己覺得奇怪，我則是覺得挺有趣，發生率不到百分之一。手真的很有特色，我喜歡這個器官。

當然手部也有後天變化。截肢最為常見，原因可能是意外、儀式、手術，某些地區還以此懲罰罪犯。自殘截肢非常罕見，多半是受困時為了脫險保命不得不為。比較特殊的情況是身體認同障礙患者，他們會認為身體某部分不屬於自己，可能是其他生物假扮，壓抑不住衝動的話就會自殘。

胎兒還在子宮內，若肢體被羊膜帶纏住也可能造成斷肢。雖然同樣是罕見情況，但剛當上爸爸媽媽的人聽了會嚇一大跳。

法醫人類學家必須留意上面提到的各種情況。以截肢為例，觀察骨骼末端，如果有癒合痕跡代表斷肢發生在死亡前，如果切口銳利則指向是死時或死後事件，而且通常能根據切口形狀判斷截肢工具為何。

古時候勞工健康和安全不受重視，手指被截斷是常見的職業傷害。前陣子有個很特別的展覽，展品是約九百張舊照片，都是囚犯，男女比大概二比一。十九世紀時，犯人服刑結束離開伯斯監獄前必須接受警察拍攝照片，如此一來執法單位便能追蹤他們在蘇格蘭的移動遷徙。攝影範圍包括正面全身，以及利用鏡子巧妙反射的側臉，但有意思的是許多人雙手也被拍了。顯而易見，用意是記錄他們手指齊全或缺損，因為當時有太多人在工作中慘遭斷指，這個特徵的辨識度不下於顏面。

現在有個流行風潮，缺了手指或整個手掌的人以「截肢刺青」表達自我。比方說原本是八個指節刺上Good Luck（好運），但L那根指頭沒了所以變成「Good uck」。我還看過另一個是某位男士右手指節刺了「Love」（愛），左手截肢了根本沒有手指，巧妙傳達出「仇恨（hate）無處容身」的涵義。

大家應該都見過假手指當道具的整人玩笑，萬聖節前後特別多。我小時候學校會供應米布丁，每到十月，倒霉的人點心上就會擺上一根假手指。現在有些人覺得橡膠手指不過癮，於是網路上有人買賣以老骨頭為材料製作的歌德風裝飾品。看看那些打算花十五美元買真人指骨的買家留言，應該就能想像都是些什麼樣的性格，例如：「骨頭很乾淨，有一件看起來是骨質疏鬆或關節炎吧。買來送朋友很合適。」或者問答區有這樣的對話：「請問這三塊骨頭是同一根手指嗎？」「來自三個不同人，不過經過篩選，看起來彼此匹配。」

什麼時候買賣往生者骸骨竟然這麼公開了？是我跟不上時代嗎？

有一天我在辦公室，助理將警方的電話轉過來。

「有個奇怪的東西想請妳鑑定，方便送過去嗎？」

聽得出來不會是海豹鰭。兩名警官帶證物袋來到辦公室。畢竟是蘇格蘭，打獵都是兩人行動，大家先喝杯茶再談公事。

袋子裡是一枚銀色鑰匙圈，有人遛狗（每次都是遛狗）時在林間小徑的灌木叢裡發現的。雖說是鑰匙圈，但掛的不是鑰匙，定睛一看才意識到懸在那兒的是三塊指骨。指骨結構完整，以銀線穿過關節固定。我望向兩位警官，兩位警官望向我。他們眼神裡帶著哀求，希望我說這只是造型逼真的新玩具，可是沒辦法，我註定要讓他們失望。

掛在鑰匙圈上的是年輕成人男性的左手食指，遠中近三節都在，不過靠手掌的近節指骨不完整。骨頭經過清洗（可能是煮沸與漂白），嗅不到腐爛氣味，由此可推測已經離開手掌頗長時間。近節指骨連接手掌這一側有切痕，是鋸斷的，從痕跡間隔與整齊程度判斷應當不是手動鋸而是電動鋸。

警方必須調查。他們在找到鑰匙圈的地區挨家挨戶打聽。既然知道骨頭來自失去左手食指的年輕男性（很高機率還活著），如果是當地人應該不難找到才對。的確，警察很快就聯絡到他。

鑰匙圈的主人就是斷了手指的大衛。他自幼隨父親做木工，有一天鋸木材時貪快，沒做好安全防護，帶鋸機硬生生削下手指。儘管立刻送醫，手指接不回去。他問醫院能不能留下骨頭，醫院答應了。

其實法律有規範被截斷的肢體如何處理，多數當然是作為醫療廢棄物燒毀，然而若病人想當作紀念，結石或牙齒這類物體容有商量空間。每家醫院可以有內規，但法律沒禁止大家保留自己的體組織，只要不會危害公共衛生就好，截肢的人也不例外。英國政府單位人體組織管理局（Human Tissue Authority）指出醫療機構若將這類物體歸還病人，應當留下紀錄以便追蹤。

有些人基於宗教或自身理念認為死也要有全屍，他們無論土葬火葬都希望將截下的肢體一起帶走。歷史上則有相反例子：人和肢體分開，後來各有各的墳墓，例如阿克斯布里奇勳爵（Lord Uxbridge）的腿被炮彈打斷以後直接埋在滑鐵盧，據說「一腳進了墳墓」（one foot in the grave）這句話是他開始的。近年類似風俗又興起，英格蘭北部一所穆斯林醫院的神職人員設置公共墓地，專門用來安葬被截的四肢。

有點諷刺的是：在英國，如果你截肢了，只要人還在世，便不能要求將截斷的部位火化。二〇〇八年《火葬法》規定活人體組織不可火化，但話說回來若當事人自己生火燒掉其實也沒辦法阻止。

少數人對截斷的肢體會有奇思妙想，常發生在捐給學術研究卻被拒絕之後。美國有位女士截了腿，自己花錢清理到只剩骨頭，然後幫腿骨開了 Instagram 拍寫真集。我實在不知道該下什麼評論。

然而我認為旁人怎麼想無所謂。當事人已經承受了截肢的苦痛，如果保留肢體有助他們跨越悲傷，別人能不能理解沒那麼重要。至於法律是否該賦予人類對身體百分之百的所有權，分割出來的部位也包括在內？這一點容有討論空間，但我始終認為以別人的骨骼做裝飾品而買賣流通太不尊重人，社會針對這種產業應該拿出更明確的態度。

大衛對斷指的處理也是令人匪夷所思。他將手指帶回家，泡熱水讓軟組織剝落。根據本人說法，是因為看過母親熬湯時這樣處理排骨，覺得可以如法炮製。大衛丟了軟組織，骨頭放進漂白劑，變色後取出，卻發現骨頭還在滲脂肪，於是又煮沸一遍，還加入酵素清潔劑。這招也是學他母親清洗桌布油垢的做法。我必須強調這是真人真事。煮乾淨之後，大衛用紙巾墊著指骨，放在臥室窗臺曬乾，等到沒臭味也不滴東西了才裝進小玻璃罐，後來先供在書架上。

他想留著骨頭是覺得「酷」，但日子久了其實不知道有什麼用，除了偶爾帶去酒吧秀給朋友看，尤其萬聖節特別應景。那時候他就開玩笑說乾脆做成裝飾，後來決定付諸行動。

大衛在每節指骨鑿了縱孔，以銀絲穿過後在遠節指骨末端打結固定。接著他自己做一個護蓋套住近節指骨的切面，完工之後整根指骨掛在鑰匙圈上。如果這樣還不夠詭異，他竟異想天開將這鑰匙圈當作情人節禮物送給女朋友，以為能表達出內心至死不渝的愛。

但人家想要的是玫瑰花束和巧克力，送骨頭手指做什麼，要送就送鑽石戒指啊。總之女孩子嫌噁心，居然隨手扔進灌木叢。大衛心頭一驚但為時已晚，不但賠掉感情，費了好幾個鐘頭還是沒找回鑰匙圈。就警察的立場，禮物沒品味也算不上犯法。聽起來很像傳了好幾手越傳越誇張的瞎掰故事，但告訴我們事情經過的就是找到九指羅密歐的警官本人。

如何得知指骨的主人已成年但年齡不大，而且是男性？同樣與骨骼成長階段有關。先前提到手是在胚胎時期就開始發育，所以出生時已經有十九塊具特徵的骨骼，寶寶兩個月開始生出指骨，其中最後一塊豌豆骨（語源是「豌豆狀」）會在女孩八歲、男孩十歲左右成形。接下來七年手會繼續長大，直到每塊骨頭末端的生長板被融合為止。

大衛是個運氣不怎麼好的木匠，鋸斷自己手指的時候才十六歲。從X光片看鑰匙圈，遠節與中節指骨底部已經融合，但仔細觀察又能找到隱隱約約的生長線，可見融合過程尚未完全結束，是近期事件。人類進入青春期，血液內類固醇濃度會波動並影響手骨發育，睪固酮（testosterone）[2]使骨骼更粗大。男孩手部停止發育的年齡比女孩晚兩歲，受激素影響程度更高，所以常態而言手掌是男比女大。我們據此告知警方骨頭的主人應該會是男性。

問題是X光片只呈現出斷指當時的年紀，至於斷指發生於何年何月無法推估。大

2. 譯按：睪固酮為一種類固醇激素。

衛的指骨先是裝在玻璃罐，後來掛上鑰匙圈，永遠停留在青澀十六歲。警方找上門時距離斷指當時都已經過了八年，但這孩子做事情還是有些糊塗。

以指紋作為犯罪偵查工具

由於手的骨頭很多，而且成長與成熟速度各有不同，這個部位的X光片適合用於研判年輕人的年紀。

無親屬同行的未成年人逃難至英國尋求庇護[3]需接受年齡評估。這類人或因為故鄉體制不健全所以不知道自己歲數，又或文件沒帶出門、在途中遺失等等，總之即使他們自報年齡也無法盡信。

社工通常是根據難民的外表、言行舉止、對提問的反應來判斷年紀。如果結論是未滿十八歲，就會挑選適合的年分並且以一月一日當作他們新的生日。由於事涉兒少保護，而且英國參與了聯合國的《兒童權利公約》，必須就居住、教育、營養、保護和照顧等各方面保障未滿十八歲者，政府必須承擔責任直到他們成年，所以評估年齡很重要。

3. 譯按：此處原文為 asylum-seeker（尋求庇護者），與 refugee（難民）不同。前者為提出庇護申請但尚未獲准的暫時身分，後者代表正式獲得庇護。然而兩個詞彙在中英文皆有混用現象，後文依據中文媒體習慣統一以難民稱之。

可惜許多社福制度都有同樣問題：有心人既想要也有機會能夠鑽漏洞。以年齡評估而言，部分成年難民自恃外表不顯老，刻意不帶身分文件來到英國，謊稱是未成年人就可以享受兒少福利。倘若社工真的將其登記為未滿十八，難民行事低調不違法，真相或許一輩子沒人發現。

英國法律體系有幾個年齡門檻，比方說十歲以下不具刑事責任，青少年（十歲到十七歲）犯罪的審判與處置方式與成年人不同。滿十八歲視為成年，但滿二十一歲才可以關進普通監獄。十八歲以上但未滿二十一歲的人被求處徒刑時仍送至青少年矯治機構。

如果無法確定被告年齡導致難以歸類，法庭自然需要實際證據，不能僅憑社工機構的說法做判決，最常見的情況就是年輕難民遭到起訴。這時候法醫人類學就能派上用場。

馬濟德是阿富汗難民，進入英國時，社工判斷為十六歲。他接受公立育幼院照顧直到成年，但在院內已經有騷擾女性的前科。獨立生活兩年後，他因為強暴與謀殺女友的閨蜜而出庭受審。

官方紀錄上馬濟德是二十歲，可是女友對偵辦人員表示：他私下自稱二十四，還很得意自己連英國政府都騙過去了。如果所言屬實，馬濟德就並非十六歲住進育幼院，而是二十歲的大人別有居心瞞天過海，對院內其餘孩童構成很大威脅。

法院想知道他的真實年齡，至少盡量貼近真相，於是請我們協助調查。首先我們給馬濟德的手拍了X光，可以清楚看到所有手骨都融合完畢，代表他絕對不小於十七歲。接著對鎖骨做斷層掃描，發現他年齡應該接近二十五。

所以馬濟德不僅有罪，而且該進的不是少年監獄而是普通監獄。他來到英國那年就已經不是青少年，犯案的時候更不可能是，出獄之後會遣送出境。

由這個案子可以理解年齡評估十分重要，不僅保護當事人，也是保護其他人。既然如此，年齡評估不該採取自由心證的模式，科學才是正途。以當前科技，觀察手骨就可以得到答案，因此我強烈主張修改行政程序：醫學影像是最可靠的年齡指標，應該開放第一線實務更頻繁運用。有些人擔心X光的放射線危害，然而這點早就能夠迴避——採用非游離輻射的磁振造影即可。如果馬濟德一到英國就伸手接受掃描，相關單位早就察覺他撒了彌天大謊。

除了骨骼，手的其餘部分也在鑑識科學發揮重要作用，提供的資訊量很大，例如表面靜脈的枝狀分叉、指節處的皮膚皺摺、疤痕的位置方向大小形狀，還有痣、雀斑、肝斑的數量和分布。尤其手指留下的指紋是人類社會運用超過千年的身分標誌，古代陶土板以指紋代替簽名，中國歷史上也有商家以指紋簽訂契約。關於指紋較為清楚的文字描述，最早可見於一六八六年義大利解剖學家馬爾切洛・馬爾皮吉（Marcello Malpighi）的著作，將近一世紀之後才由德國解剖學家安德烈亞斯・梅耶（Johann Christoph Andreas Mayer）明確指出指紋具獨特性，每個人的指紋都不一樣。十九世紀，蘇格蘭的醫師傳教士亨利・福爾茲（Henry Faulds）發表論文，討論以指紋作為犯罪偵查工具的可能性。過了不久，既是探險家也精通人類學的法蘭西斯・高爾頓（Francis Galton）接棒，於一八九二年再次探討指紋的運用，之後這方面研究一直延續到今天。

稍微接觸過生物學大概就會讀過或聽過這樣的敘述：每個人的掌紋和指紋都不同，同卵雙胞胎也不例外。然而現實狀況其實無法證明這點，因此作為證據時我們也不會斬釘截鐵，只能說某個指紋來自某人與否的統計學機率有多高。社會大眾將指紋視為理所當然、絕對不會出錯，直到一九九七年蘇格蘭刑警雪莉・麥基（Shirley McKie）被起訴才略有改觀，原因是她曾經出現在發生命案的房屋。

為了避免偵查過程中的證據混淆，警察和鑑識人員都必須主動提交自己的指紋與

DNA，麥基警官的檔案也在資料庫內。命案發生之後，一枚浴室門框上的拇指指紋被拿去比對，系統判定屬於雪莉．麥基。她否認自己去過現場，但還是被停職、解職、逮捕、審判，最後卻認定她確實沒進入那間屋子而無罪釋放。

此事件導致社會質疑蘇格蘭犯罪紀錄署（Scottish Criminal Records Office）處理不當，二〇〇八年蘇格蘭政府成立「指紋調查」專案，結論令人震驚，大大撼動鑑識科學界——指紋本身或許獨一無二不會出錯，但不代表比對指紋的方法永遠正確。專案報告提醒相關人員：儘管目前尚無理由懷疑指紋比對缺乏證據力，調查人員和鑑識人員應當意識到技術有其局限。

這是一記當頭棒喝。我們該牢記所有鑑識技術並非完美無瑕。鑑識結果不是絕對，而是機率，所有科學人員都要熟悉統計學基本原則。

由於人遭到襲擊多半會以手來抵禦，因此試圖還原死亡情境時也會檢驗手部。如果手部有防禦留下的傷痕，就該懷疑死前出了什麼事，下面就有一個案例，被害女子身分至今成謎。

她半裸的遺體被登山客發現，面朝下趴在約克郡某處偏僻山谷的溪流中。不遠處找到一件T恤，但沒有鞋子、手提包或其他物品。女子死亡時間才一兩週，溪水冰冷延緩了腐敗。

驗屍未能判斷死因，遺體置入冷凍櫃避免腐壞及昆蟲活動。警方繼續調查，幾週後才決定請法醫人類學家協助。我們申請二次驗屍，南下至約克郡嘗試從遺體得到更多線索，若能找到初次驗屍遺漏或記錄失準的項目最好，再不濟也至少能幫警方確認初次檢驗的各種結論。

女子在二十五到三十五歲之間，身高約四英呎十一英吋（一百五十公分），根據面部輪廓、髮質髮色和牙齒排列推測是東亞到南亞血統（比較可能的包括南韓、臺灣、越南、柬埔寨、馬來西亞、泰國、菲律賓以及印尼）。她穿十二號牛仔褲和十號T恤，鞋子以英國尺碼是一號或二號，兩邊耳垂都有耳洞。此外，左手的黃金材質婚戒也是東南亞風格。

只找到兩處傷勢，都在右手。首先是第五掌骨[4]有骨折。掌骨碎裂十分常見，占急診室百分之五到百分之十病患，年輕男性為主，成因多半是摔倒、交通事故、鈍器傷或鬥毆，打人的和被打的都有。掌骨前端與前半截裂開通常是出拳導致，末端破裂較罕見，通常是受到大力道衝擊。某些案例中，單從骨折無法判斷手究竟是被動遭到攻擊，還是主動打了其他物體。

4. 譯按：掌骨共五根，從拇指往小指方向依序命名。

另一處是中指近端指間關節脫臼，有可能與小指骨折源自同一事件，也可以用摔倒或自衛來解釋，兩者都說得通。

沒有失蹤人口檔案符合女子特徵，DNA與指紋在犯罪資料庫裡也找不到吻合。透過骨骼同位素分析，我們瞭解她的飲食與飲用水源，認為她住處就在陳屍地點附近，應該居住了滿長的時間。警方又請法醫藝術家製作面部肖像發布在當地報紙，但沒有任何人聯繫。

最後只能將女子以無名氏身分下葬在農村小墓園內。當地民眾籌錢為她辦喪事，像照顧同胞一樣照顧她的墳，期待將來會有親戚朋友出面幫她找回自己的名字，墓碑就暫時以「山中之女」稱之。

遺體辨識失敗，調查變得極度困難，警方沒有死者最後行蹤的任何線索，比方說銀行帳戶、通聯紀錄、電腦、親屬朋友同事等等。即使無能為力，也不代表警方就這麼放棄了，而是定期進行懸案檢討。解決懸案最大希望在於仰賴科學分析找出新的可能性，因此討論時多半著重當年尚未發展出的新技術或新設備。

「山中之女」死於新千禧年之初，網路社群平臺起步不久，但後來網路蓬勃發展，所以負責警官想試試在東南亞社群媒體大量發送死者資訊與面部畫像，覺得或許能引出一些新線索。沒想到真的有效，儘管她過世已經十五年，卻有人從泰國聯繫英國警方，表示山中之女說不定是他們的親人。

得到這種線索就能重啟調查。有了名字，警方重新組織調查小組，成員親自前往泰國詢問可能的親屬並採取DNA樣本、從當地戶政單位得到死者指紋，最後兩者都符合，終於為她找回姓名。

故鄉的親人大約在蘭緞[5]亡故那時與她失去聯繫，他們得到的消息是蘭緞拋夫棄子，還為此覺得丟臉。前後對照並不矛盾，正是因為如此才沒有人想報警，所有人信了她丈夫的說法，以為蘭緞另結新歡與人私奔，於是無論英國還是泰國所有親友都對她的失蹤毫無警覺。

蘭緞的死因至今仍未查明也尚未結案，畢竟證據只有右手手骨兩處傷，無法斷定她為何趴在荒郊野外的溪流裡死亡，衣衫不整且連鞋子與包包都沒了。是從高處跌落，還是遇襲自衛？被人推下來的嗎？當時誰和她在一起？我們只能繼續等待，或許將來某一天有辦法找到答案。

辨認遺體時，手部佩戴的裝飾品也能引導出特定方向，蘭緞的婚戒是個例子，第二章也提到過一位愛爾蘭小姐的克拉達（Claddagh）戒指。所以我們檢驗時都會記得

5. 譯按：全名 Lamduan Armitage née Seekanya（née 的前面為夫家姓氏，後面為娘家姓氏）。

確認珠寶首飾或它們留下的痕跡。

手掌刺青很普通，穿孔則較少，但似乎漸漸流行，多半是在拇指食指或其他指縫間的指蹼裝上飾釘。偶爾也會看到皮膚上的單點穿孔，通常在手腕或手指，不過實際上手部任何一處都能做。

未來法醫人類學家的檢查備忘錄上會有更多項目。已有報告指出某些人將晶片植入手中，平日便無需翻找身分證、金融卡、鑰匙卡等雜物，也方便自由進出辦公室等等，甚至可以存取個人病歷資訊。

等到所有資訊都能直接放進手或身體其他部位，我們不必帶護照也能出國。一旦這種技術問世，法醫人類學家可能會失業。幸好我這輩子應該沒機會見識到才對。

第十章

腳

無人不知無人不曉，人沒腳趾過得更好。[1]

——詩人愛德華・利爾 Edward Lear，1813-1888

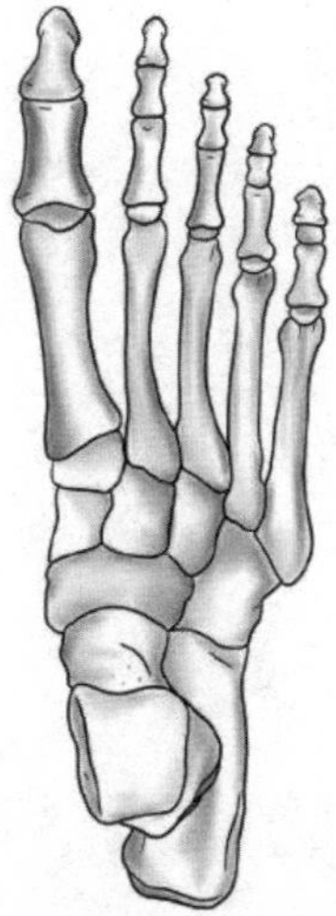

我討厭腳，活的死的都一樣。我不想解剖腳，不想知道一團團瘤似的腳骨上出了什麼事，管他是拇趾外翻、雞眼、繭、痛風還是亂七八糟各種疣。人類的腳每天最多能排出半品脫的汗，都可以做乳酪了。如果遺體腐爛嚴重，檢驗的時候還得把人家襪子翻面，在黃褐色黏糊糊的東西裡面挑出骨頭。這鍋湯裡頭很可能還漂著腳趾甲，外形就是歪七扭八黴菌滿布的石片，看得人頭皮發麻。關於腳，可討厭的地方太多了。

實務上驗屍也常常忽略腳。有點諷刺，因為在虛構的《CSI犯罪現場》劇集中，腳可是個大明星——每次遺體都蓋著白布，只露出一雙腳掌，腳上還掛著名牌。再怎麼不情願也得承認略過雙腳不是好事，畢竟從腳能調查出來的資訊也挺多的。

要瞭解腳，就從雙腳的功能開始說起。現代人的腳掌主要功能有二：直立時支撐身體重量，以及移動時作為推進工具。除此之外的功能就沒那麼重要了。

二十世紀初的自然主義者兼解剖學家費德列克．伍德．瓊斯（Frederic Wood Jones）對腳的看法比較詩情畫意：「人類的雙腳在世上絕無僅有，與其他動物都不同，是人體結構裡最獨特的部分。無論我們知不知道，腳都是人類最大的特點。腳是人的象徵，從我們成為人類開始，直到我們不再是人類那天為止，人類與其他動物最大的差別就在這雙腳。」

1. 譯按：此句引言出自所謂的打油詩、胡話詩，以韻律和逗趣為主，無特殊含義。句中「人」的原文是Pobble，出自曼島語（為凱爾特語分支、中古愛爾蘭語的後裔）。

他說得沒錯，自然界確實沒其他物種擁有與人類相仿的雙腳，所以古生物學家挖到史前人類的腳骨會特別興奮。根據衣索比亞哈達爾區（Hadar）的化石樣本推論，大約三千兩百萬年前，現代人類的祖先已經是雙足行走，腳掌與我們差不多。其他許多考古發現也支持這個理論，最重要者為「阿法南方古猿AL333-160」，生物學分類為靈長目人科南方古猿屬，是現代人類的直系祖先。這塊標本是第四蹠骨，看得出弧度，而弧度正是現代人類腳掌的獨特之處。

受孕後大約第二十八天，胚胎開始形成下肢，而上肢要晚兩天才會出現。第三十七天，下肢末端長出形狀如船槳的腳板，之後四天內能夠分辨五趾。第二個月快結束時腳骨開始逐漸形成。出生當下，前足和中足共計十九塊骨骼，後足則有腳跟的踵骨，以及其上方構成腳踝的距骨。然而成人的完整腳部則通常有二十六塊骨骼之多。

以X光片來看，腳骨中最早的是踵骨，孕期第五到第六個月之間出現，再來則是第六到第七個月之間成形的距骨。跗骨[2]之中最外側的骰骨要到出生前夕，或者出生後一兩個月才開始生長。技術不夠發達的年代曾以這三塊骨骼的發育情況推論胎兒幾個月，病理學家也據此解釋早產或墮胎的孩子若有醫療介入是否有存活機會，而其結論會影響檢方是否起訴母親。現在當然就會運用更精確的方法。

2. 譯按：tarsal bone，中足與後足骨骼的統稱，共計七塊。

人類的腳形特殊，腳印也與其他動物有明顯區別。腳後跟、外側邊緣、蹠球、腳趾會留下印記或凹陷，完整程度取決於赤腳踩在什麼狀態與材質的表面。內側不留痕跡是因為此部位骨骼結構微微拱起，增加了靈活度與穩定性，是人類足部一大特徵。

由於嬰兒的腳印特別完整，以前一度認為足弓結構要到大約兩歲才成形。實際上骨骼結構早就存在，只是幼兒腳掌有一大塊軟組織才造成腳印看來較平整。

透過遺跡保存的先人腳印，考古學家與古生物學家能夠確認當時當地的人類是否已經雙足行走。三百六十多萬年前，三個南方古猿在地面留下自身存在的證據。坦尚尼亞境內的雷托利（Laetoli）地區火山灰土壤層留有七十個左右的腳印，但被後續的火山爆發隱沒，直到一九七六年由英國知名古生物學者瑪麗．李奇（Mary Leakey）挖掘出來。

南方古猿走路和現代人一樣腳尖抬起、腳跟著地，但步伐較短，可以想像體型比現代人矮小，骨骼化石也印證這個猜測。由於南方古猿的足跡極其「人類」，我們得知先祖從何時開始偏好雙足行走，同時化解了以往學界的困惑：是腦容量變大在前，還是雙足行走在前？針對南方古猿顱骨與四肢進行研究之後，學者能夠肯定雙足行走並騰出雙手探索世界才是演化為人類的關鍵轉變，或許正因這種能力才導致腦部發達。直立改變了物種命運，進而影響所有生物以及整個地球。正如費德列克・伍德・瓊斯所言，我們現在的一切是雙腳在幕後默默走出來的。

論及古生物遺跡總量，其他國家或許無法與非洲相提並論，但目前非洲大陸之外最古老的人科物種腳印之一就在英國。二〇一三年，諾福克郡黑斯堡（Happisburgh）歷史悠久的河口灘出土一組化石足跡，其中有老有少，距今八十五萬到九十五萬年。這處遺跡是科學家無意間發現的，他們原本要做另一項研究，但該年秋季聖朱德（St. Jude）風暴恰巧掀開覆蓋腳印的沙土。

由於沉積層比潮水線低，研究人員知道自己得與時間賽跑，一旦漲潮這些痕跡會永遠損毀。後來英國自然歷史博物館展出他們拍下的照片，也榮獲那一年的救援挖掘獎（Rescue Dig of the Year Award）。黑斯堡足跡重見天日不到兩週就被海水抹去。

腳印以及腳印透露的訊息勾起不同領域專家的興趣。臨床醫師想知道的是怎麼治療病人，法醫足病學家（forensic podiatrist）研究腳印則是為了搜集呈堂證供，沾血的腳印、窗外泥土上的腳印都有可能用於指認犯人。可想而知，多數人赤腳行走的情境比較容易有腳印，低溫或者室外通常會找到鞋印。

鞋印一樣有用，也可以與目標對象做比對，常不穿襪子或褲襪的案例更合適。觀察自己的鞋子，應該會發現裡面隱約留有像腳印的痕跡。法醫足病學家得到這類線索就能判斷鞋印與鞋子、鞋子與人的對應機率有多高。

從腳印可以推論出很多資訊，比方說步伐長度與身高有關，這點在前面南方古猿的研究已經提過。針對現代人，我們能知道當事人的鞋子尺碼、現場有過多少人、他們是單純站著還是行走奔跑。

赤腳的腳印足夠清晰的話就能採取，與採指紋是一樣意思。二〇〇四年亞洲海嘯後靠這個方式辨認了一部分孩童遺體，他們之前可能在住家內外或因為攀爬家具而留下腳印與腳趾紋。近年日本政府正在研議指紋是否還不夠，或許該為腳印設置資料庫。乍聽或許奇怪，實際上合乎邏輯：腳通常受到鞋襪保護，大量死亡的情境中留存狀態多半較佳。其實部分空軍人員就要提交赤腳腳印檔案，若真的發生墜機事件便會派上用場。

步態分析與法醫足病學家

與腳印有關又能勾起某些人回憶的事件，是二〇〇七年義大利佩魯賈（Perugia）

省的凶殺案。二十一歲的英國女留學生梅若迪絲・柯契爾（Meredith Kercher）與三人合租公寓，卻陳屍住處臥室地板。最初涉嫌的是室友阿曼達・諾克斯（Amanda Knox）及其男友拉斐爾・索雷西托（Rafaele Sollecito），後來常出入隔壁公寓的魯迪・蓋德（Rudy Guede）也遭到逮捕。

被告多達三人，供詞真假難辨，偏偏這案子鑑識證據不足，其中一項是公寓內的浴室地墊上面有個不完整的血腳印。血液部分經過DNA比對確定屬於梅若迪絲，但腳是誰的就很難斷定。

檢方宣稱腳印「近乎完美」對應了索雷西托的右腳，與諾克斯或蓋德並不吻合。然而辯護律師請到的專家證人指出檢方的專家證詞有根本性錯誤，拿出新證據說腳印應該是蓋德留下。檢察官找去的證人是物理學家而不是解剖學家，畢竟術業有專攻，其他領域的學者解釋解剖方面的事情總是難以服眾。

用於比對的腳印以墨水留在紙張上。第一個問題在於靜態腳印與動作中的腳印如何區別，第二個問題則是墨水紙張和現場證據在材質上截然不同，沒人想到應該要模擬血液的稠度、地墊纖維的厚實及吸水力。

後來蓋德申請快速審判，因性侵和謀殺被判罪，求刑三十年，之後減為十六年。

諾克斯與索雷西托也因為謀殺坐了將近四年牢，上訴後無罪釋放，但上訴結果被撤回，兩人二度被判刑，然後新的判決結果卻又遭到義大利最高法院基於合理懷疑而撤銷。總而言之，他們不必回監獄。

從腳印外觀可以判斷當事人是站著還是動腳行走。人類能藉由走路姿勢辨認彼此，不過大腦常態是多工處理不同資訊。像我眼力不好，但觀察站立與走路的動作仍能判斷遠處某個身影是不是自己丈夫，同時間捕捉的線索還包括體格、體態、衣著，通常還包括他是否處於我預期的坐標周邊。即使影像朦朧，我們也能利用多種條件比對出結果。

步態分析（gait analysis）是一門分析生物移動模式的學問，和日常生活辨別他人不能相提並論。有些案件線索不足，只有監視攝影機從很差的角度、以很差的畫質拍攝到犯人，但步態分析專家自稱能以這種影像與看守所內的嫌犯做出精確比對。假設嫌犯並非真凶，兩人衣著不同，而專家並不認識他們，理論上就是單純靠步態來得出結論。只不過有個問題：時空環境的差異可能會影響目標的姿態。犯案時犯人不會特別意識到鏡頭，但接受比對的嫌犯很明顯是被盯著看。

有個理論認為世界上每個人的走路姿勢都不同，但其實並沒有實質證據支持這種說法。如果目標對象是個動作風格特殊的人，步態分析當然比較可靠，但問題是同一個人也並非隨時隨地動作都相同。穿的是高跟鞋或平底鞋、舒服的鞋或卡腳的鞋？再來，單肩背著沉重包袱或兩手提袋子、走的是礫石上坡路或平整下坡路呢？太多因素會造成動作變化，現階段沒有足夠文獻能解釋各種條件的交互作用如何影響人類的移動步態。

步態分析已經進入法庭用於指證被告，不過既是一門相對新穎的學術，對於證據是否可靠就要謹慎小心。資深主審法官布萊恩・李維森勛爵（**Rt Hon Sir Brian Leveson**）針對法醫步態分析言簡意賅地表示，必須提高警戒，因為那是「起步不久、科學資料較不發達的領域」。目前英國法官都會拿到一本「法庭釋疑」（**judicial primer**）手冊，釐清步態分析中已經得到驗證和需要更多研究的部分。

二〇一三年有位謀殺犯提出上訴，辯方針對法醫足病學家是否具有證人資格提出質疑。事情要追溯到二〇〇六年，二十五歲的死者與人在威森肖（**Wythenshawe**）區某家麥當勞外發生爭執後遭槍擊死亡，檢方起訴持槍者但沒能成案而無罪釋放。可是一樁槍擊案並非只有扣扳機的人才會被起訴，當時開車載走持槍者的艾洛伊・奧特威（**Elroy Otway**）也成為被告。二〇〇九年法院認定他是「共謀」，判決有罪，處以最低二十七年徒刑。

檢方當作證據的監視攝影畫面裡，一個男子在命案發生前去給犯案車輛加油。他們請來法醫足病學家，以加油站影片比對看守所監視器鏡頭下的奧特威。

上訴時，辯方律師主張步態分析的方法學發展不成熟，證據力不夠充分，同時也不認為足病學家有對此發表意見的專業能力。換言之，影片比對不構成直接證據。然而倫敦上訴法庭的三位法官駁回上訴，他們認為刑案證據有全面性，先前的審判庭法官有權決定是否採用，而足病學家出庭陳述意見，法醫學步態分析是否可作為證據已經通過法庭辯論。不過三位法官又補充：駁回上訴並不代表他們為所有足病學證據背書。科學界與司法界攜手合作很重要，目的是確保進入法庭與陪審員耳中的資訊奠基於可驗證的科學，所謂可驗證的意思是可重複、可再現，具有精準度和證據效力。

人類跑步、走路與站立留下的腳印各有不同特點。站立時兩隻腳都會接觸地面，行走時則會雙腳輪流離地。跑步速度夠快時，會有短暫瞬間雙腳不觸地，技術上而言人是真的騰在半空中。走路與跑步的區隔是競走（speedwalking）比賽的核心，顧名思義競走時不可跑步，參賽者姿勢有些奇怪是為了維持一腳觸地還能夠加速。

人類走路時一腿站立、另一腿擺動，如兩個鐘擺來來回回，這個現象稱作步態週期（gait cycle）。整個週期之中，站立期約六成，其餘四成為擺盪期。步態是站立期與擺盪期裡的連續動作，任一時間點上必然有一腳處於以下某一個狀態：腳跟觸地，腳掌放平；站立中期，腳跟離地，拇趾離地，擺盪。大家試試看慢動作走路並注意左右腳進入什麼階段，很容易就能體會。

站立期始於腳跟觸地，擺盪期始於拇趾離地。從後面的腳跟到前面的拇趾，腳的所有部位都參與行走動作。由於出力，腳跟觸地與拇趾離地留下的腳印最深。相對起來，單純站著的話這兩個部位不會留下類似「挖開」泥土的痕跡。

儘管腳只有站立與移動兩個主要功能，若有必要並加以訓練也能變得極為靈巧。十九世紀伯明罕市精通解剖的外科醫師盧瑟．賀頓（Luther Holden）將腳描述為*pes altera manus*，直譯就是「另一種手」的意思。腳骨與手骨可以類比，七塊附骨對應八塊腕骨，五塊蹠骨對應五塊掌骨，一手共計十四塊的指骨也對應到趾骨，指節與趾節採取相同命名方式分為遠節、中節、近節。然而只有拇趾和小趾勉強算是有名字，專業上直接用一（拇指）到五（小趾）這種數字代號稱呼。

不可否認，腳的靈活程度追不上手。腳拇趾與手拇指結構位置不同，且不具備對掌拇肌，因此拇趾趾心無法與另外四趾趾心夾合，手的拇指與其餘四指卻辦得到。除此之外的肌肉骨骼則能夠對應，所以若有需要我們天生就懂得以腳代手。

歷史上有許多人因疾病、意外或先天因素失去雙手，卻不因此受限，仍然展現出藝術創作能力。十四世紀德國藝術家暨書法家湯瑪斯・施魏克（Thomas Schweicker）為了追求仕女與人決鬥被砍斷雙臂，但其創作力最終得到神聖羅馬帝國皇帝馬克西米利安二世（Maximilian II）青睞並進入宮廷。施魏克死於一六〇二年，作品中的自畫像被複製在墓碑，畫裡他用右腳拇趾與第二趾夾住畫筆，左腳作為輔助。

一九五七年，英國口足畫藝協會推動互助小組，由英國團體及八位歐洲其他地方的藝術家組成，一直活躍至今。早期成員之一克里斯蒂・布朗（Christy Brown）因自傳《我的左腳》（*My Left Foot*）成名，後來改編為電影並榮獲奧斯卡獎。目前英國最知名的口足畫家或許是湯姆・顏德爾（Tom Yendell），他就是沙利竇邁的受害者，生下來即沒有手臂，他本人輕描淡寫地說：「我學會適應。」簡單一句話突顯出人類強大的韌性與創造力。一個物種能利用身體適應環境到這種地步，可謂奇蹟。

對好手好腳的幸運兒來說，手拇指還是比腳拇趾方便。失去手拇指對生活造成的衝擊遠遠大過失去腳拇趾，於是以腳拇趾取代斷掉的手拇指成了常規手術。

第一次移植手術在一九六八年由英國完成。病人是個木工，手的拇指、食指、中指因圓鋸操作意外被截斷。以腳拇趾取代之後，他的手回復部分功能。手術醫師通常至少會接合兩條神經與對應的血管、肌肉、肌腱和皮膚。接起來的指頭有人稱為「手拇趾」（thoe）[3]，與義肢相比效果很好，畢竟真正的皮膚和骨骼還是更靈活，而且會有觸覺。

失去腳拇趾的病人也要學著適應，但某些人似乎無法忍受。目前已知最早的腳拇趾義肢是以鉸鏈串起三塊木頭，外面包裹著皮革，前端凹刻出趾甲。它是公元前一〇六九至六六四之間的古文物，別名「開羅腳拇趾」（Cairo Toe），與塔芭珂坦姆（Tabaketenmut）的木乃伊一起從盧克索西方史前墓地出土。三個零件都是為她量身訂製，不過隨著年齡增長應該調整過數次。

塔芭珂坦姆是古代祭司的女兒，推測過世時在五十到六十歲之間，各種跡象顯示她很早就截斷右腳拇趾，有些理論認為病因是壞疽或糖尿病。雖然傷口癒合很好，但她不知為了什麼原因想隱藏缺了拇趾這件事。也許是虛榮，也有人猜想是為了平衡重心，可是其實缺了腳拇趾對平衡感影響不大，即使全腳趾關節截斷術（失去所有腳趾）也不會對站立或走路造成太大妨礙，只有快速移動如跑步時會覺得吃力。塔芭珂坦姆出身祭司家庭，很難想像她需要那種速度。

3. 譯按：拇指 thumb 和拇趾 toe 的組合。

當然眾所周知古埃及木乃伊有各式各樣陪葬品，很多是替來生準備的，因此義肢說不定純粹只為了葬禮準備，以免塔芭珂坦姆以後身體殘缺。只不過義肢上有磨損痕跡，看上去也可能調整不只一次，所以僅止於陪葬品的機率較低，反而有可能是為了涼鞋能合腳才裝上假拇趾。

後來古埃及又出現另一隻右腳拇趾義肢，一八八一年收藏家葛瑞維爾·切斯特取得後送給大英博物館，因此便稱作葛瑞維爾·切斯特腳拇趾（Greville Chester toe）。這個義肢早於公元前六百年，材質為複合纖維板——疊合數層亞麻或莎草紙之後以動物性膠水黏著。這個材料平常用來製作木乃伊盒。葛瑞維爾·切斯特腳拇趾沒有可彎曲的關節，所以純粹作為裝飾的可能性較大。前端又可以嵌入趾甲的凹槽，不知道趾甲以什麼材料製作，有可能試圖仿真，也有可能故意做得璀璨奪目來炫富。

腳斷掉不代表死亡

新生兒的腳步平均長度為三英吋（七點六公分），由於需要盡快發揮功能，頭五年會快速增長。滿一歲時，嬰兒的腳掌已經有成人一半大。滿五歲時大約六英吋（十五點二公分）。

多數嬰兒在十到十六個月間開始跌跌撞撞學走路，然而要到六歲左右才能真正走得穩定。腳持續成長，直到女孩十三歲、男孩十五歲才停止。很有趣的一點是，胚胎較早發育出上肢，然而下肢卻先達到成人尺寸，因為保持平衡更優先。

許多家長愛護孩子，在寶寶第一次邁步後六到八週內就給他們買鞋子，但其實大家都知道盡量光腳丫對腳部生長更有幫助。每年約有百分之五的人會求助於足病學家或手足科醫生，但多數人腳部不適的源頭就只是鞋子不合腳，其中女性居多，因為女性挑鞋子的標準常常擺在美觀或搭配，而不是健康或舒適。厚底鞋、楔形鞋、尖頭鞋、細高跟鞋等等流行款式基本上就是腳的拷問室。

穿著尺碼或形狀不合腳的鞋，或從事超越腳步原始功能的活動，長期累積下來後果很嚴重。我女兒看醫生時詢問對方見過最慘的腳是什麼情況，醫生毫不猶豫告訴她：是一位年長的女芭蕾舞者，兩隻腳變得像兩盤米布丁。

鞋子尺碼與身高有關，通常越高的人腳越大，所以世界上最大的一雙腳屬於委內瑞拉很活躍的籃球球星傑森．赫南德茲（Jeison Hernandez）。他身高七呎三吋（兩百二十公分），二〇一八年二十二歲時，經過測量左腳為四十點四七公分、右腳為四十點五五公分（將近十六英吋），穿美國尺碼二十六號（英國尺碼二十四號）鞋。最小的成人腳則是印度年輕女孩喬蒂．阿姆奇（Jyoti Amge），她身高僅二十四點七英吋（六十二點八公分），腳才三點五英吋（九公分），和一歲嬰兒相仿。

腳小就是美的觀念在中國曾以裹小腳的形式做到極致，從公元十世紀一直持續到二十世紀初。此風俗形成是因為將裹腳視為地位象徵與美感理想的體現，衍生出「蓮花腳」[4]的形容與「蓮花鞋」的設計，還有人將腳當作女人最私密又性感的部位。上流社會女性為了增添魅力會以香皂清潔雙腳、修剪腳趾甲，然後將腳趾用力朝足跟扳，以布條纏緊。裹腳走動導致體重壓在內彎的腳趾以及腳骨骨折，癒合以後會保持這個不正常形態。

裹小腳是為了使蹠骨球和腳跟靠攏，中間腳骨因而隆起。過程中通常每日解開去除壞死組織，若骨骼不符合審美觀就要調整矯正，處理完畢再重新纏緊。牢牢裹住的腳步循環不良，持續疼痛還有感染風險，有時候需要將趾甲都拔光，然而腳趾壞死消失卻更吸引喜歡小腳的人。完美的蓮花腳長度不到四英吋（十公分），跟剛學步的娃娃一樣大。

可想而知，裹小腳的女子走路極為艱苦，其實連站立都很費力。普通人正常的雙

4. 譯按：成語「三寸金蓮」為最小，四寸稱為銀蓮，大於四寸稱作鐵蓮。

腳站太久也會不舒服，維持平衡仰賴肌肉骨骼系統精密分工。針對職場，醫學指出站立比坐著多消耗兩成體力，建議每次站著不動的時間應低於八分鐘。

試試看單腳站立，就能瞭解平衡身體其實是很複雜的行為。酒精會影響維持平衡所需的協調能力，造成我們更容易重心不穩。身體平衡時，重心線從脊椎前側連接到臀部，再來是膝蓋和腳踝連接到雙腳。

以鞋襪保護雙腳或禦寒也是非常「人類」的特徵，而且這些外物對人類學家的工作很有幫助。無論羊毛與皮革之類傳統材質或現代的人工合成纖維都能保持腳掌完整、狀態良好，相較之下身體其餘部位就容易遭到破壞分解。穿了鞋子，動物比較難叼咬，若遺體落水還會因此漂浮。

分隔加拿大與美國的喬治亞海峽於二〇〇七至二〇一二發生一連串怪事。這五、六年內，有二十隻穿著鞋的腳被沖上海灘。截斷的腳可以漂流千里，並因為低溫下的厭氧細菌水解導致脂肪轉換為屍蠟，不僅將軟組織保存得更好也增加了浮力。經過比對，有幾隻腳是登記在案的失蹤人口，隨之而起的想像與故事在網路掀起風暴。

討論達到高潮，一群學生動起惡作劇的念頭，為其他動物已經腐敗的腳掌套襪子、穿運動鞋，外面包些海藻就丟在岸邊等著被人發現。本章說過很多次：人的腳與其他動物差異很大，所以人類學家很快就能看穿騙局。

造成人在海洋失蹤的事件類型很多，包括船隻意外、墜機或其他大規模死亡事件。有時候則是故意將死者丟進海中，遺體在海水中腐爛自然而然會分成好幾塊。腳因為包著東西能夠漂浮，隨波逐流後被沖上海岸不奇怪。

英國主要海岸線約七千七百二十三英里（不算外島的話），其中只有大概一半是私人土地。由於範圍大，在英國的海灘、河岸、河口、湖畔、運河等等地方找到漂流的腳機率並不低。

有人在英格蘭東海岸河口找到穿著運動鞋的右腳，過了不久又在同一條河上游處找到左腳，可是左腳穿的是褐色靴子。經過調查，靴子左腳來自同年失蹤的男子，運動鞋右腳卻屬於兩年前失蹤的另一個人。一段日子過去，後者的左腳漂到荷蘭北海岸西弗里西亞群島的泰爾斯海靈島（Terschelling of the West Frisian islands），也就是說它橫渡了北海。

法醫人類學家從類似情況的腳可以判斷性別（根據大小和體毛等等）、年齡、身高、尺碼，有時候這些訊息構成的條件組合起來能協助警方縮小調查範圍。然而單憑一隻腳很難確切指向特定的姓名與身分。

值得注意的另一點是：找到單獨的腳，通常不足以請驗屍官開啟調查，因為腳斷掉不代表死亡。雖然能造成斷腳的事件很可能導致死亡，但終究不是絕對。

腳骨很少是偵辦時唯一的證據，不過很久以前還在倫敦工作時，一位劍橋的警官聯絡上我，表示沼澤地區可能有一具二次世界大戰時波蘭籍飛官的遺體與軍機殘骸。如果沒記錯，這名飛官是一九四四年在北海突圍後返回英國，可惜他駕駛的噴火戰鬥機（Spitfire）遭敵方直接命中引擎，穿越東海岸之後失去動力。飛官來不及彈射逃生，戰鬥機的兩片機翼就折斷，機首朝下撞入濕地，剩下中間金屬機艙像雪茄套戳進泥濘。

墜機事件留有詳細紀錄，政府掌握了多數地點。由於農地開發年年翻土，偶爾會找到部分飛機殘骸，甚至駕駛員遺體。印象中事情就發生在二、三月交替之際，每年農民準備播種的時節。

找到戰鬥機殘骸是大事，尤其二戰飛機古物價值不菲，警方早已察覺有人在那一帶搜索好幾年，軍方資料顯示他們確實找到過一些小東西。沼澤土或許能夠完整保存噴火戰鬥機的機身，正因如此才有尋寶隊伍前仆後繼，在乎的不是歷史意義或追悼先人，單純想賣錢而已。

通知警方的正是其中一支尋寶隊。他們認為自己找到戰機墜毀地點，在附近走動時發現可能是人類的骨頭，基於其重要性不敢挪動，插了棋子作為標記。

警方聽了有點懷疑，因為以前接觸過這個組織，知道對方曾經找到飛官靴，裡頭正好有腳骨。他們提醒我：尋寶隊聲稱的骨頭（如果真的是骨頭）有可能是從靴子拿出來的，與飛機機身沒有直接關係。尋寶隊可能設局，因為發現人骨就必須請考古學和人類學團隊過去大規模挖掘，對他們而言是找到古物的好機會。

寒風刺骨的清晨，我搭警車前往剛犁過的農地，隨搜查警官沿著田地周邊移動。遠處一根橘色旗幟是尋寶隊聲稱找到骨頭的地方，也是我們最初的目標，確認是人類骨骸以後其餘調查才有意義。

實際看過以後可以肯定是人骨，精確地說是左腳第五蹠骨，位於小指底部。但我懷疑的是骨頭並非半掩在土裡，而是直接落在地面，周圍泥巴都沒沾上。太乾淨了，沒有任何塵土痕跡，彷彿被誰特地擱在這兒。我們拍了照片，夾起骨頭裝入證物袋，從農地邊緣往內搜索，整片田看了一遍也沒發現靴子鞋子或飛機殘骸，連動物骨頭都找不著。

然而距離旗子不到八英呎的地方還有四塊小人骨，同樣是左腳。與第一塊做比較，大小、色澤、外觀像是來自同一人，而且正好都掉在犁出來的田壟上，沒有任何一塊埋在泥土裡或沾上泥巴。我覺得根本是想引人注意。

尋寶隊自然不承認知情，表示無法解釋那幾塊骨頭的來歷。無論如何，如果想引誘政府派人挖掘，他們失敗了。軍方警方都贊成我的意見，認為骨頭是刻意設下的陷阱，沒有勞民傷財的充分理由。

我同時也建議警方對骨頭做DNA鑑定，或許能與飛官的親屬做比對。可惜當時技術尚未成熟，幾塊骨頭保存不佳，無法採出足夠的遺傳物質。就我所知骨頭以無名氏身分安葬，噴火戰鬥機與駕駛員遺體截至目前為止仍靜靜沉睡在濕地下。

《席爾瓦報告》

能夠透露生活軌跡的不只是腳骨，還有我個人的噩夢——可怕的腳趾甲。腳趾甲生長速率大約每個月一毫米（比手指甲慢很多），完整新生需要十二到十八個月。正因如此，從趾甲可以看出一個人最後一兩年的生活狀態，甲床的資訊最為接近當下，甲尖的資訊距離當下最遠。瞭解其中科學，就可以藉由趾甲判斷一個人住在哪兒、飲食內容有什麼。

沃夫朗・麥爾・奧根斯坦教授（Wolfram Meier-Augenstein）率領的研究團隊將穩定同位素分析（stable isotope analysis）在人類識別和法醫應用方面帶入新境界。仰仗他的專業能力，一樁男童命案才得以起訴亡者父親。

來自某個地址的報案，急救員趕到時發現男童瘦得可憐而且奄奄一息沒有反應，後來注意到樓梯扶手有血漬，灰泥牆面有凹陷，於是通知警方進行調查。送醫之後男童不治身亡，驗屍報告指出他的腦部與內臟多處受創，列出許多舊傷。男童生父否認毆打兒子、與死亡事件毫無關係，他自稱是個好爸爸。

送交分析的組織樣本包括幾塊骨頭、腳拇趾趾甲、手拇指指甲與一些肌肉纖維。從腳趾甲可以觀察到之前九個月內男童的營養攝取情況。

奧根斯坦教授成功鑑識出死者飲食史分為三階段，找出兩個重大的生活與營養轉變點。距離死亡最遠的第一階段距離案發時間四到十二個月，當時男童營養穩定、飲食均衡。到了案發前三個月，食物變成以C_3類植物為主（例如稻米、小麥、大麥、黑麥），但缺乏C_4類（玉米、小米、甘蔗），一種解釋是從溫熱潮濕地區遷徙到溫帶氣候導致。男童生前最後兩個月飲食很極端，完全找不到動物性蛋白質。

警方多番詢問後得知四個月之前男童與母親住在巴基斯坦，與父親沒有接觸，來到英國以後名義上是父親撫養，但頭兩個月交給祖父母，後兩個月才是父親獨力照顧。祖父母聽男童父親說那些瘀青和外傷是意外就沒有多心，但最後生父坦承是自己動了手，被求處十九年徒刑。

身體不會說謊，可是有時真相藏在腳趾甲這種地方，專家才找得出答案。

腳還藏著關於生活形態的訊息，例如法醫人類學家看見針孔就會朝靜脈注射毒品思考。當然一般而言，手臂而非腳掌才是打針首選，但毒癮持續大概四年就會造成靜脈萎陷難以注入，成癮者常常轉向腿和腳，尤其腳背軟組織特別少，很容易找到靜脈位置，平時又可以靠鞋襪遮掩針孔痕跡。

許多毒癮者選擇第一和第二趾之間的靜脈，然而注射此處風險較高，包括癒合慢、容易感染化膿、靜脈萎陷、血栓、潰瘍等等。腳掌靜脈細，承受注射壓力有可能爆裂。施打海洛因的人常以刺青遮掩注射痕跡，所以我們看到腳掌刺青，尤其在拇趾與第二趾之間，就會特別仔細檢查。

腳有很多神經末梢（想想看搔癢的感覺），所以痛覺強烈，足以癱瘓一個人。正因如此，腳也是用刑的目標部位，已經被歐洲人權法院列為酷刑的鞭打腳底其實自古有之，以中東、遠東國家為主，但世界各地皆有記載，後遺症是行走障礙，有時會造成腳骨骨折。

二〇一四年，總部位於倫敦的國際法律事務所忽然與我聯繫，表示正在組織獨立調查團隊，成員有國際訴訟律師與法醫領域專家，問我願不願意飛一趟卡達，協助他們分析影像？所需時間不超過一週，所有費用他們負擔，指定日期會有一張機票在希斯洛機場等我領取。然而對方並未解釋影像內容和其他成員的身分。

我性格比較謹慎，先查詢了事務所資料，看來十分正常，直接與我對話那位是地位崇高的國際律師。但我還是透過人脈向外交部確認，他們表示並無不妥。

得到的資訊僅此而已，不親自過去便無從得知，這一走會碰上什麼事很難預料。事務所後來沒有繼續聯絡，我決定順其自然，反正人就在倫敦，就到希斯洛機場問問，如果什麼機票根本不存在那就作罷。假如真的有機票……人生有時就是冒險。

結果不僅有機票，還是頭等艙。我不知道該因此感到安心還是更加憂心，不過登機後能向左轉確實令人雀躍。以前有坐過幾次商務艙，但進了頭等艙才知道真是另一個境界。

不湊巧的是前一個月我內耳發炎頗嚴重，才剛開始好轉，所以對搭機有點顧慮。

由於還在服藥，也不敢飲用酒類以免干擾藥性，吃的也得挑剔以免引發暈眩。於是我第一次恐怕也是最後一次的頭等艙體驗（我走勤儉持家路線）就是在寬敞座位上婉拒所有香檳美酒干貝牛排巧克力，只要了麵包和白開水。但還是開心，床很舒服、空服員十分體貼，小禮物都是精品。問題就是我總覺得自己像是混進來的，隨時可能露出馬腳。

飛機降落在杜哈的哈馬德國際機場，廣播請所有頭等艙旅客先坐著等，原來還有轎車將旅客一個一個載到航站。我在心裡對自己說，一定能習慣上流社會生活的。可是後來卻特地通知，請我留到最後。我心想完蛋了，航空公司發現這票不是我買的，只有我得自己走過去，真丟臉。

還好故事不是這麼發展。我的車子比較特別，一位上了年紀的官員親自送我離開機場去酒店，連通關都是他拿我的護照去代辦、領行李，全程要我在車裡休息。其實我坐得忐忑，對方代表政府又如此周到，不可能沒代價，必須步步為營。所謂天下沒有白吃的午餐，至少以我的身分而言，這高規格待遇異乎尋常。

轎車開到超高級酒店，我有個人豪華套房，同時得知整層樓都被調查團隊包下，確保工作進度不受干擾。從這些細節，我明白整件事情背後是卡達政府推動。團隊總共六人，其中三位是全球知名的國際刑法律師，再來是當初與我接洽的律師，人非常英俊。另外一位是病理學家，也來自英國，而且我們原本就認識，見了面我心裡踏實許多。加上我就到齊了，政府代表開始進行簡報。

二〇一一年阿拉伯之春社會運動導致敘利亞情勢動盪，示威者走上街頭反對總統巴沙爾．阿塞德（Bashar alAssad）及其政府。一部分抗議遭到武力鎮壓，很多男性失蹤或被捕。根據《金融時報》（*The Financial Times*）報導，敘利亞的抗爭背後得到卡達支援，內戰前兩年就投入「高達三十億美元」。後來卡達進一步成立專案，提供敘利亞反抗軍及其親屬每年五萬美元的照顧。接受專案的其中一人與此案有關，我們只知道他的代號是「凱撒」（Caesar）。

凱撒本人給調查團隊的說法是：他原本也是鑑識從業人員，敘利亞動亂之後被憲兵隊徵召，工作是在大馬士革兩所軍醫院內「拍攝死亡囚犯照片」，將死在敘利亞軍方監牢的遺體記錄下來。他表示自己未曾親眼目睹處死或用刑場面，但描述了相當系統化的遺體紀錄制度。

據他所言，遺體被送進醫院之後會得到兩個號碼，一個是入院編號，另一個是集中營內的囚犯編號。凱撒拍攝死者面孔時旁邊會標示入院編號，而這張照片隨信件送達家屬，告知其子、夫或父在院內因自然因素死亡，可持照片中請死亡證明。

凱撒從未在死者面孔找到酷刑傷痕，所有施暴證據都在下顎以下。他也給那些傷勢拍照，旁邊標註集中營編號，證明軍方確實下令對囚犯施暴。

看得越多越心慌，凱撒聽聞卡達提供的難民專案也心動了，偷偷與反抗軍取得聯繫，後來被說服冒著極大風險備分照片作為證據。他每天將USB隨身碟藏在襪子內腳拇趾前方，離開醫院後設法轉交給接口人。

反抗軍成功將隨身碟送出國境。之後，二〇一三年八月，凱撒因交通意外「死亡」，家人為他辦了葬禮。實際上他被偷渡出國，而二〇一四年一月我們在杜哈見到他時，凱撒全家人都已經平安脫險。

他備分了超過五萬五千張照片，共計一萬一千具以上的遺體，從中可以看到飢餓、暴打、勒頸等刑罰與殺戮手段。調查團隊的律師負責詢問凱撒以確保他是可靠證人，病理學家和我則要分析大量圖片的真偽，確認並非合成或造假。

團隊對此次行動戒慎恐懼，不希望淪為特定政治勢力的打手，特別提防外界干預，務必保持調查結論的獨立及客觀。

離開酒店以後，轎車載著我和病理學家繞來繞去才抵達杜哈某處住宅區。我們一共拜訪這裡三次，每次過來的路線都不同，而且都察覺到周圍有卡達特種部隊隨行，嚴防凱撒行蹤走漏。

所以我們得在車裡待到檢查完畢才下去。公寓門口也有守衛，搜身確認我們沒帶武器才放行。客廳裡家具不多，我們兩個等了好一會兒才見到凱撒進來。雙方先自我介紹，感覺他話不多但挺親切。有人送了筆電進來，我們照指示啟動，開啟資料夾，裡面是好幾萬張死亡男性照片。頭一個小時我們就只是不停翻閱，先熟悉接下來要分析的材料，順便判斷有沒有各種作假跡象。

凱撒起初頗為防備，這也是應該的。聊了一陣子，他看出我們並非別有居心，逐漸放鬆下來。我們詢問照片是不是全部由他一個人拍攝，他說不是。我們又問他是否親眼見證囚犯被殺害，他回答沒有。從這些反應能感覺到凱撒沒有刻意誇大。

一張照片能清楚看見攝影師的拇指。因為我坐在凱撒旁邊，已經觀察過他的手部特徵，但我還是開口詢問，而他也表示那張不是自己拍的。我們變換說詞反覆提問，凱撒的答覆始終清楚明白前後一致，不知道不確定的情況也願意承認。

接著話題進入要撰寫的報告，但當時我並不知道調查最終目的是什麼。周圍保護凱撒的那些人最初堅持不可將照片用於報告內容，我請他們三思，因為千言萬語不如幾張圖片來得直接有效。我也示範如何處理圖片能遮蔽遺體顏面與號碼，而且無法以任何方式復原。漫長的討論和辯論之後他們終於同意，但限制在十張內，而且要做到無法辨識死者。就報告書的效果與價值而言，我們算是邁出很大一步。

很明顯我們不會有時間一張一張照片仔細看，所以決定對各資料夾做隨機抽樣，盡可能將各種傷勢類型包含在內。後來選出五千五百張圖，再進一步分類。

如凱撒所言，死者下顎之上都沒有用刑證據，然而挑出的樣本中有一成六的頸部呈現橫向勒痕。這種痕跡有別於絞刑，因為人被懸吊起來的勒痕應該朝後朝上彎曲。單純施暴可能性較高，而且其中一張照片裡汽車的風扇皮帶還纏在死者脖子上。部分人的手腕腳踝也有勒痕，一例之中塑膠束線帶也被拍攝下來。

樣本裡百分之五找得到稱為「軌道瘀」（tramline bruises）的特殊瘀青。人的皮肉遭到鐵棍甚至塑膠棍這類長條圓柱狀物體毆打後，皮膚表面會爆裂並形成兩條平行的瘀痕。除了軀幹，某些死者的四肢也有軌道瘀。其中一人傷勢實在誇張，軀幹上上下下超過五十條，想必當時遭到捆綁，否則本能反應必然是蜷曲自保。

六成死者身形憔悴，許多人的狀況實在太糟，我們差點以為自己看的是二戰集中營照片。他們瘦骨嶙峋，一根根肋條形狀清晰，兩頰深深凹陷。

分析發現還有一個類別的外傷，部位是下肢，主要在小腿及腳掌。超過百分之五十五的死者這兩個區域有大面積潰瘍，成因不詳。凱撒只看到酷刑的結果而非過程所以無法提供線索。可能的解釋包括壓力（壓瘡，即褥瘡）、血管功能不全、外物如高溫或低溫物體造成傷害，或者營養不良的組織壞死。基於發生潰瘍的樣本都是年輕男性，自然因素的機率微乎其微。

最有可能的原因仍然是刑罰造成靜脈功能失靈。將膝蓋緊緊捆住不僅痛苦難耐，也限制了下肢血液流動，累積壓力之後血管破裂於是皮膚潰爛。樣本中有潰瘍的人超過半數是兩腳皆有，更加指向系統性手段的折磨。

就法醫鑑識想精準判斷全身受刑狀況而言，有些照片採用的視角並不好，結論是無法排除囚犯被鞭打腳底的可能性，畢竟原本就有消息傳出敘利亞仍存在這種刑罰。用刑時瞄準的並非蹠球或足跟，而是足弓中間最柔軟那塊，而且需要有人幫忙，或以某種方式固定囚犯——當然很多照片已經提供了線索。

我們認為凱撒的證詞可信，照片也沒有造假的問題。《席爾瓦報告》（*De Silva Report*）在卡達完成，隔週便登上世界各國的報紙與電視，包含英國《衛報》在內許多媒體全文轉載，時間對準聯合國訴求終結敘利亞內戰而舉辦的第二次日內瓦國際和平會議。會談前夕這樣一份報告曝光，殺得阿塞德政權措手不及，國際輿論猛烈抨擊敘利亞政府簡直將殺人當作產業經營。即便如此，當地動盪依舊仍未徹底落幕。

感覺結尾應該留給凱撒。他對時任美國總統的歐巴馬說：「我賭上自己和家人的性命，害親戚承受這麼大的危險，是為了阻止那個政府繼續系統化虐殺囚犯。」

後記

誰會想得到，有一天櫃子裡那堆骨頭竟然被人發現了。[1]

——美國職棒選馬克・馬奎爾 Mark McGwire

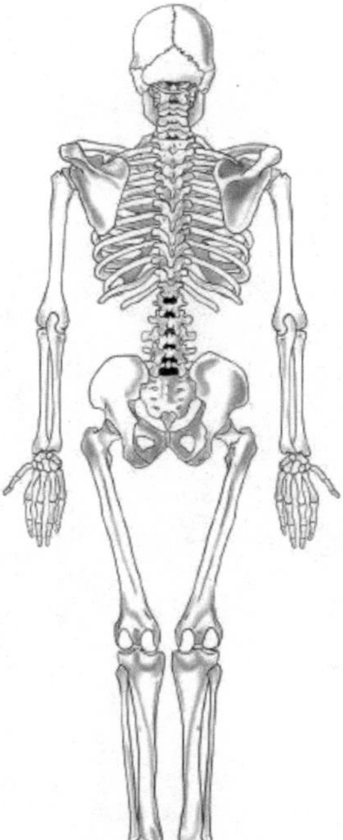

自我、身體與世界之間息息相關。關於這一點，美國流行病學家南希・克里格（Nancy Krieger）能夠解釋得比我更清楚。她在著作中提醒大家：我們身體訴說的故事，無法脫離我們生存的整體脈絡。這些故事大致符合自己與別人的敘述，但又不盡然。身體的故事中有他人不想或不能瞭解的部分，個體差異、文化禁忌、價值觀都會造成隔閡。

《解開死亡謎團的206塊拼圖》二〇一八年發行初版，許多讀者寫信給我，想知道他們自己的身體怎麼了，包括多年痼疾、奇妙獨特的生理特徵，也有人想知道自己嚥氣以後遺體會是什麼模樣。所有故事一筆一筆為人類物種解剖圖增添繽紛多變的美麗色彩，也顯示了我們其實很願意無私分享。

本書按人體部位分區說明，因為實務上法醫人類學也如此進行。我們無法事先知道自己要鑑識什麼部位，以及骨頭保存狀態與碎裂程度是好是壞。前面各種案例故事中，法醫人類學家無論拿到什麼樣的證物都會盡己所能，務必榨出所有可能的線索，因為這攸關一個人的身分，甚至生命。

法醫人類學這門專業緣起於歷史有名的大案，彰顯這門學術與司法體系相輔相成。所有警官、法官、律師、解剖學家、法醫病理學家以及法醫人類學家應該都熟悉

1. 譯按：此為英語俗諺 skeleton in the closet，意指不想被外人知道的祕密。馬克・馬奎爾曾經是全壘打王，但爆出使用類固醇的爭議，多年後正式承認並道歉，但仍堅稱使用類固醇不是為了增加力量及全壘打數，而是受傷後想快速復原以重返球場。

這個故事。事件恰巧與我目前居住和工作的地點蘭卡斯特（Lancaster）、我的故鄉蘇格蘭都有關，偵辦過程中警方和解剖學專家配合密切，在辦案與法醫技術上做出諸多劃時代突破，不僅為我這一輩科學家和調查人員鋪好前進的道路，也提醒大家保持開放心態、接受各種可能，持續精進自我和發展探求真相的新方法。

透過這個故事，我們也能體會辦案與分析要耗費多龐大的時間心力，為的是查清楚一個人類同胞身上究竟出了什麼事，每一樁命案都必須還原真相伸張正義。留意故事細節，會發現身體每個單獨部位提供的線索都很重要。其實這是個有趣的練習，大家都可以試試：你自己身上有什麼資訊，能幫助別人識別你的身分，回溯你生前有過的經歷？如同本書章節順序，從頭到腳一個一個想，應該會發現許許多多小地方，加總之後能夠還原出近似你的形象與人生，而你的親人朋友會認得出來。

第一位現代殺人犯

事件中心人物是巴克提爾・魯斯托姆吉・拉坦吉・哈金（Bukhtyar Rustomji Ratanji Hakim），一八九九年生於富裕的法籍印度中產家庭。取得醫學與外科學的學位後，他先在孟買醫院工作一段時間，後來進入政府醫療單位。一九二六年，為了增長見聞他決定前往倫敦。那時候的他雄心壯志，卻發覺倫敦太多想出頭的醫生，自己彷彿大湖裡不起眼的小魚。於是他換了地點，來到醫學與外科研究也很發達的愛丁堡，在此努力鑽研想要取得皇家外科學院的證照，卻三度參加考核都沒有通過。[2]

他生出一個念頭，認為是印度姓名讓別人有偏見，以改名契（deed poll）[3]換了個自認像英國人的名字。接著溫文儒雅的巴克・魯克斯頓（Buck Ruxton）醫生遇見了當地餐館女經理伊莎貝拉・克爾（Isabella Kerr）。伊莎貝拉前一段婚姻草草收尾，她覺得面前這位帶有異國風情還體貼的醫生能帶給自己更好的下半生。

伊莎貝拉懷孕了，為避免醜聞外揚[4]，兩人遷居倫敦，宣稱已經結為夫妻並產下一女。然而魯克斯頓依舊覺得在首都很難生存，進一步認為外科醫生不是適合自己的職業，想要找競爭少的地方開普通診所賺小錢就好。

一九三〇年，一家三口搬到蘭卡斯特。北方城市還在起步，醫生數量不敷當地所需。他貸款買下道頓廣場二號（2 Dalton Square）喬治亞風格宅子入住及執業，新診所很受民眾信任，魯克斯頓輕輕鬆鬆有了大筆收入。

診所病人多，魯克斯頓成為當地知名且風評優異的醫師，其接生技術尤其為人津

2. 譯按：由於魯克斯頓具有孟買的醫師資格，仍然獲准可以在英國行醫。
3. 譯按：英國的改名文件。
4. 譯按：伊莎貝拉與魯克斯頓交往時，名義上仍與一個荷蘭人是夫妻。

津樂道，在孕婦及新生兒死亡率仍居高不下的年代是一大賣點。而且當時英國並沒有公家健保，所有診療及藥物費用都由病人自己負擔，魯克斯頓卻願意為付不出錢的窮人義診。

由於魯克斯頓風度翩翩又才德兼備，伊莎貝拉則八面玲瓏善於交際，兩人很快得到當地上流社會接納。五年內他們又添了兩個孩子，一家五口看似幸福快樂，不僅屋子裝潢漂亮還買得起車，一九三〇年代有車就是身分地位的象徵。此外，他們請得起廚子、清潔工和住進家裡隨伺的女傭瑪麗・羅傑森（Mary Rogerson），她來自臨近的濱海小鎮摩甘比（Morecambe）。

光鮮亮麗外表下，兩人感情並非真的和睦。伊莎貝拉好大喜功，不甘淪為醫生丈夫的附庸，開始自己做生意賺錢。魯克斯頓則控制慾望強烈，不肯放妻子自由，他們常常大吵是人盡皆知的事情。其實伊莎貝拉好幾次報警控訴家暴，其中一回脖子有很多瘀青。她也幾度氣得帶孩子離家出走，卻總又回到魯克斯頓身邊。那個年代社會還普遍認為丈夫是一家之主，家裡與妻小的事情如何處理他自己決定，就算動手也不容旁人置喙。

交往時魯克斯頓沒摸透伊莎貝拉的真實性情，後來變得心生猜忌疑神疑鬼，看不得她自立自強、賺錢花在自己身上。伊莎貝拉或許不是大美人，但相處起來很有魅力，連年輕男子也會為之傾倒，導致魯克斯頓更是嫉妒。他認定伊莎貝拉紅杏出牆，打算遠走高飛。

種種情緒在一九三五年九月十四日達到高潮。伊莎貝拉安排週六晚間出遊黑潭區探望住在那兒的兩個姊妹，順便見識名聞遐邇的燈節。魯克斯頓得知以後十分不高興，伊莎貝拉懶得爭執，就放棄在黑潭過夜的計畫，當天開車返回蘭卡斯特。沒想到在魯克斯頓眼裡，她超過夜間一點才到家，就已經是偷情的鐵證。

九月十五日凌晨夜裡，伊莎貝拉走進家中。當時魯克斯頓應該等很久了，事後推論他可能是用勒的，因為有過前科；另一個可能是拿起火鉗當武器，但沒有目擊證人所以永遠無法釐清。總而言之，伊莎貝拉遭到殺害。女傭瑪麗可能因為聽見聲響走下樓梯平臺窺看，結果也在天色未明時便身亡。後來警方在樓梯找到血液，從分量判斷兩女至少一人是被利器刺死。

魯克斯頓是蓄意謀害枕邊人和自家僕役嗎？未必，但死都死了，他當然得設法隱瞞。要俯首認罪毀掉難得的榮華富貴？還是收拾行囊逃之夭夭？或者粉飾太平裝作什麼也沒發生？魯克斯頓選擇了最後這個做法。他是個聰明人，不過恐怕自視過高又太低估警察的能耐，要編故事也該想得更周到，而且最要緊的應該是處理兩個死者，以及被屍體流出的血和各種體液弄髒了的樓梯地毯。

當下魯克斯頓一定認為肢解是合乎邏輯的手段。他懂得解剖與法醫鑑識，家裡也有外科器具。但事實上光靠這些並不能順利隱藏遺體，還需要詳盡的後續計畫，尤其得想好丟棄地點以及如何清理現場跡證。所以順序是處理屍體、打掃環境、捏造說詞，然後繼續經營診所，自己照顧三個孩子，畢竟沒有女僕幫忙了。

他將屍體從樓梯平臺拖進浴室。多數凶手進行肢解時都選擇浴室，因為裡面有裝得下人的容器，還配置了排水孔能沖掉所有液體。魯克斯頓明白首先要放血，否則會在屋內留下明顯的血痕，而且動作得快，不然血液凝固更棘手。再來得毀容死者避免被人認出，等腐爛到一定程度就更難查明身分。

有了工具與技術，分解屍體不會太花時間。他從同居人伊莎貝拉先開刀，遺體放進浴缸後解開衣服，切下軀幹皮膚、乳房與咽喉。之所以切割喉部，原因是魯克斯頓知道法醫會根據喉結斷定性別。接著他又摘除死者的內外生殖器、嘴唇、耳朵、眼球、頭皮及頭髮，最後將頭顱整個砍下，在面部亂劃，拔掉門牙假牙及填補過的牙齒避免成為線索。然後魯克斯頓將整個骨盆分離出來，考慮到伊莎貝拉腳踝特別粗厚好認又剝離下肢肌肉，手指末端都切下阻礙指紋鑑定。對於關節，魯克斯頓憑外科技術可以精準切割，但還是碰上一個難題：伊莎貝拉右腳拇趾有個囊腫，割除時他不慎重傷自己的手，所以後來動作變慢，對瑪麗的遺體也沒那麼仔細了。

處理完第一具屍體之後，魯克斯頓可能已經精疲力盡，行動初始的腎上腺素到達頂峰後逐漸減少，何況自己受了傷、工具大概也鈍了。他仍舊毀了瑪麗許多面部特徵、有胎記的大腿皮膚，但沒有處理手掌腳掌。軀幹部分下場如何不得而知，一直沒有找到。

單就破壞死者可識別特徵這點，魯克斯頓做得很棒，應該說棒得過分了，也就是聰明反被聰明誤。他卸開瑪麗肩膀的手法太老練，很容易看出來動刀的人有解剖知識、外科專業和實務經驗，磨滅證據的部位也太具有針對性，顯然掌握了當代法醫鑑識的門路。

手術完畢，魯克斯頓鎖上浴室，盡力清理樓梯平臺，或許連牆壁也刷過，換下血跡斑斑的衣物。早上他和孩子們用餐，之後出門告知清潔工放假一天，把孩子交代給朋友照顧，自己回家繼續未完的犯罪。

魯克斯頓將較大的屍塊塞進舊衣物混合舊報紙，成品是許多人體包裹。死者的衣物、可辨識的部位與殘餘組織可以先處理，他買了汽油，東西裝進一個大桶子，搬到自家後院燒了好幾夜。

為了解釋伊莎貝拉和瑪麗的行蹤，他捏造好幾種版本的故事。一開始對瑪麗的父母說她懷孕了，由伊莎貝拉帶去找密醫墮胎。當時墮胎是違法的，他以為這樣就能阻卻雙親報警。事實上魯克斯頓的確拖延了所有人一段時間，足夠他思考那些大包裹怎麼辦才好。然而，診所員工與病人開始察覺異狀：屋內環境愈發惡劣、瀰漫怪異臭味，而且地毯都不見了，再加上醫師本人面容枯槁儀容不整。魯克斯頓對外聲稱要裝修，偏偏此時妻子離家出走，自己為此心煩意亂。至於手上為什麼纏著繃帶，他解釋是被門給夾了。其實想當高明的騙子有個先決條件——謊話應該前後一致。

魯克斯頓知道鄰里大多認得出他家轎車，所以花錢找當地商家租了輛不起眼但行李廂很大的車，特地遠行至北方蘇格蘭棄屍。他的打算顯而易見，賭的是離開英格蘭，兩邊警察很可能不過問彼此業務。長年居住愛丁堡，他當然也很熟悉路線。

於是九月十七日星期二早上，他帶著小兒子開車超過一百英里朝著邊界小鎮莫法特（Moffat）前進。現代無論道路或車輛都更好，同一段路程花不到兩小時，但在一九三五年可沒這麼輕鬆。過了位於鄧弗里斯郡（Dumfriesshire）的莫法特鎮，魯克斯頓多行駛兩英里，停在嘉爾登荷姆林溪（Gardenholme Linn）的一座古老石橋。之前下過暴雨，水勢特別湍急，他將行李廂內的東西搬上石橋矮牆，往外推入滾滾洪流。

中午十二點二十五分，一位單車騎士報案，表示自己在肯德爾鎮（Kendal）被超速的南下車輛撞倒，而且記住了對方車牌。消息立刻透過電話傳到汽車即將經過的米爾索普區（Milnthorpe）警局，警員直接守在路上攔截魯克斯頓。由於單車騎士沒大礙，魯克斯頓又半真半假地解釋自己是住在蘭卡斯特的醫師，開太快是急著回去給人看病，警察也就沒當回事放他離去。可惜這個插曲成了整個局的巨大破綻，魯克斯頓心裡也有數——自己與租來的車現身於坎布里亞郡（Cumbria）邊境道路上，日期時間都留有官方紀錄。

兩天後他同路線又往返一趟，丟棄剩餘的人體包裹。這次他小心多了，沒被人發現，還將東西分散扔進安南河（Annan river）的主流及支流。

九月二十五日，瑪麗．羅傑森家人遲遲沒見著她，心裡一急直接報警。警察前去盤問僱主魯克斯頓，他拿出預先準備的說詞搪塞。

九月二十九日星期日，伊莎貝拉和瑪麗遇害過了十四天，莫法特鎮一個年輕小姐外出散步，經過嘉爾登荷姆林溪的石橋看風景，就這麼剛好看見一隻手伸出水面。她找了幾個當地男性一起過去確認，發現有包東西卡在石塊中，裡頭有人頭與上肢。鄧弗里斯郡警局立刻出動，大批警察騎車趕到。

仔細搜尋現場、附近其他溪流山澗以及安南河之後，警方收集到數十個屍塊，其中有另一顆人頭。有些屍塊用碎布或衣服裹好，有些只套著泡水的報紙。那個年代當然沒有專業的現場調查團隊，也沒有DNA比對，連鑑識攝影或夜裡打探照燈的發電機都免談。幸好警察行動迅速確實也高效率，盡力搜查每吋土地並留下大量紀錄，保存非常多細節。屍塊送到莫法特鎮的停屍間等醫生檢驗。

翌日醫生記下辨識出的部位，做法與現代法醫差不多。他們判斷有兩隻手臂、兩條上臂骨、兩條大腿骨、兩條小腿骨，還有一副軀幹上半截，兩條小腿下半截包含腳掌，再來是一個骨盆與兩顆毀容的頭顱，加上額外七十片破碎屍塊。外面的布料衣物和報紙取下後經過小心的清洗及風乾。

毫無疑問並非自然死亡，而且死者至少兩人。肢解手法專業熟練，警方不禁懷疑是否經過醫師之手，抑或其實是個惡作劇，例如醫學院學生亂丟解剖完的大體。首先得知道這些屍塊是當地人，還是從外地送到莫法特鎮，想捉拿犯人、查明案情就必須先確認被害者身分。

根據部位清單能知道遺體尚未拼湊完成。警察帶著警犬多搜了幾回，最終仍無法收集齊全。一開始醫生推測死者是年長男性和年輕女性，這個失誤導致調查方向排除了兩個失蹤女子。當地失蹤人口條件都不吻合，只好擴大偵辦，由於遺體在蘇格蘭境內發現，朝南邊要聯絡英格蘭，往北延伸相對容易，於是格拉斯哥警隊也參與進來。

格拉斯哥和愛丁堡兩所大學都歷史悠久，培養出許多解剖學者與法醫。協助調查的專家裡，最主要有愛丁堡大學教授暨解剖學家詹姆斯·布瑞許，另外兩位分別是愛丁堡大學法醫學教授席尼·史密斯（Sydney Smith），以及格拉斯哥大學法醫學教授約翰·格雷斯特。三位都在全球學術界享有盛名，諷刺的是這種身分地位也正是魯克斯頓崇拜的對象，尤其當年他在外科學院上課時，很可能接受過布瑞許、史密斯兩位教授的指導。

他們直接將死者稱為一號遺體、二號遺體，然後開始組合，也已經察覺犯人有外科或解剖學背景，某些部位被割下顯然是為了刻意抹去被害人身分特徵。不過即便已經意識到犯罪意圖，此時尚未跳脫既定印象，仍認為面前分別是年長男子與年輕女性。他們準備兩大缸防腐劑，屍塊放進裡面避免繼續腐敗。

九月三十日，報紙刊出莫法特鎮棄屍案，報導內容點出被害人是一男一女。魯克斯頓此時應該放下心中大石，萬萬沒想到報紙也是警察後來破案的關鍵。

包覆屍塊的報紙其中一份為《週日圖像報》（*Sunday Graphic*），日期是一九三五年九月十五日，流水號一〇六七。換言之棄屍時間不可能晚於這天。再來，這份報紙不但只在蘭卡斯特周邊發行，還是地方特別版[5]，只在蘭卡斯特以及摩甘比鎮少量販售。

發現報紙這條線索，調查方向從格拉斯哥轉往蘭卡斯特和摩甘比進行。兩地同樣沒有一男一女且符合遺體特徵的失蹤報告，但他們留意到有兩女失蹤的情況。想必當下真的就是腦海中靈光一閃——警方更進一步查到失蹤女子之一的丈夫正巧是有外科背景的職業醫師，暗忖過去十二天都在死胡同裡打轉。這案例十足突顯出早期資訊對偵辦的重大意義。

儘管三位學者名聲卓著，卻很乾脆地承認自己失誤。又是重要的一課：別執著於自尊心害調查陷入更深的泥沼。瑪麗的家屬認出包裹屍塊的部分衣物為死者所有。十月十三日星期日，魯克斯頓因涉嫌謀殺遭到起訴。

接著是鑑識科學的里程碑。伊莎貝拉被切掉指尖且沒有尋回，不過瑪麗的手指沒斷。一號遺體雙手因為泡在水中太長時間像是被剝了一層皮，通常將這種症狀稱為「洗衣女工手」，但真皮指紋依舊可見。指紋專家從遺體採取指紋，再從道頓廣場二號

5. 譯按：只有第一張正反面和最後一張正反面針對當地做更換的版本。

瑪麗住過的房間、她清掃過的地方採取指紋，尤其家裡還有玻璃器皿。

雖然真皮指紋細微模糊卻與表皮指紋相同，因此可用於鑑識。這是英國首次在刑案中運用真皮指紋並當作呈堂證供。

專家以橡膠製作一號遺體的手掌和腳掌模型，套上瑪麗的手套鞋子剛剛好，但與伊莎貝拉的衣物則不合。瑪麗腿部被割除的皮膚上長了胎記，構成反面證據，雖然無法直接證明身分，卻突顯出凶手湮滅證據的意圖。遺體特定部位遭到破壞，通常都會懷疑是否刻意隱藏某種線索。

證據證實了一號遺體的性別、年齡、身高、衣著、指紋，關鍵部位被扒皮，手模腳模符合死者的手套鞋子。專家判斷她是女性，年紀在十八到二十五之間，頭部受到多次鈍器打擊，因此魯克斯頓第一項罪名就是謀殺瑪麗。二號遺體也是女性，年紀在三十五到四十五之間，胸部有五個利器刺出的傷口，舌骨骨折。魯克斯頓花了很多工夫抹消伊莎貝拉的生理特徵，要證明她的身分難度很高。

又一次的靈光乍現，加上攝影師的決心毅力——疊影技巧用在瑪麗身上並不成功，卻強而有力證明了另一個死者正是伊莎貝拉。那張疊影圖片直到今天仍是鑑識科學的標竿。

十一月五日，魯克斯頓又因涉嫌殺害同居人而被起訴。檢方的任務是證明此事已經「超越合理懷疑」，他們覺得能做的都做了，但事實上沒有目擊者、沒有凶器、更沒有凶手認罪的自白，一切都建構在間接證據上。因此檢察官、警方和科學家決定採用前所未見、尚未經過驗證的嶄新鑑識技巧，只是不知道法院是否能夠接受。

審判開始以後，檢方先放棄瑪麗的命案，以伊莎貝拉死亡的證據為主。有時候為了確保指控成立會做出不得已的選擇。瑪麗的雙親得知魯克斯頓殺害女兒卻不必面對法律制裁當然很傷心。

同時魯克斯頓還是自稱無罪。檢方找了十一位證人，準備兩百零九件證物。一九三六年三月二日星期日，曼徹斯特法院開庭。儘管偵辦主力的警隊和專家都來自蘇格蘭，遺體也是在蘇格蘭發現，但犯案地點在英格蘭，所以審判也得在英格蘭進行。原本應該在蘭卡斯特堡開庭，但考慮到當地只是個小城鎮、被告屬於名人階層，為避免審判不公所以移到曼徹斯特。

整個過程長達十一天，是英格蘭歷史上耗時最久的謀殺案審判。鑑識證據得到法官認可，證詞則針對凶案前後幾日及隨之而起的種種變化。三月十三日星期五，魯克斯頓醫師的命運揭曉。下午四點陪審團完成一小時的討論，一致認定他有罪，法官約翰・辛格頓（John Singleton）求處死刑。魯克斯頓被送至史川吉威（Strangeways）監獄準備接受絞刑。

魯克斯頓當然會上訴，四月二十七日開庭，審理者為首席法官、後來的修瓦特男爵（Baron Hewart of Bury）。上訴並未成功，蘭卡斯特居民又收集超過一萬份連署為醫師求情，還是遭到拒絕。一九三六年五月十二日行刑，魯克斯頓時年三十六，兩歲、四歲、六歲的兒女頓時無依無靠。

慘案總是會引發一連串效應。伊莎貝拉和瑪麗的遺體下葬，頭骨卻留在愛丁堡大學。一些騙子謊稱通靈聽見她們的怨恨，酒吧和校園裡有人用這故事編些不入流的歌謠。道頓廣場二號那棟宅子成了科學家的實驗室，尤其兩女被放血肢解的浴缸是重點觀察項目。再後來很多年，那裡成為蘭卡斯特騎警隊赫頓（Hutton）分隊的飼馬場。

死了以後想要成為骨骸標本

現代辦案會像一九三〇年代那麼積極嗎？我相信會的。當年的調查團隊滴水不漏徹底搜索，悉心保存證物，運用創新的疊影與真皮指紋鑑定技術。除此之外，他們還請了格拉斯哥大學的昆蟲學家亞歷山大・彌恩斯博士（Alexander Mearns）擔任證人，藉由分析遺體上的蟲蛹進一步縮小可能的死亡時間間隔，這在當時也是剛起步的科學證據。這個案子能說的實在太多了，建議有興趣的人可以讀一讀湯姆・霍蘭（Tom Holland）的書《第一位現代殺人犯：魯克斯頓》（*Ruxton: The First Modern Murder*），裡面說得更仔細。

如果真的現在偵辦，首先能從遺體取得DNA，與瑪麗的父母、伊莎貝拉的姊妹及小孩比對後很快能夠確認身分。然而另一方面，我們或許需要強調核心技能的重要，畢竟誰也不知道何時會派上用場。新科技未必每次都能解答疑惑。

我們太依賴DNA，檢測敏感度也太高，已經漸漸在法庭上面臨檢體受汙染的判斷問題。實際上DNA還存在人類尚未理解的機制，例如它在不同物質間如何轉移、會停留多久？它有多高機率會沾黏到另一個平面？若樣本是多人DNA混雜，目前要分離出來也非常困難。

再者，DNA可以識別身分，卻不一定足以在法庭證明一個人有罪無罪，因此必須和其他證據搭配使用。若案情到了DNA也無濟於事的程度，我們仍要尋求各種領域的科學知識與技術，唯有檢警和科學家攜手合作相輔相成才能成大事。

能快速破案當然好，也有很多時候正確答案就擺在眼前。然而簡單的案子不會如鯁在喉，困難重重需要集思廣益的懸案才會。我們時時提醒自己：每一具遺體都曾經是個活生生的人，他們有父母，或許還有手足、兒女及許多朋友同事等著案情水落石出的一天。

走完這趟人體旅程，應該能理解法醫人類學並非創作他人的生命故事。故事早已經寫在骨骼、肌肉、皮膚、肌腱以及全身一條條纖維內，我們只是負責閱讀與詮釋，在殘酷或悲劇的致命事件與留存的遺體之間搭起橋樑，讓亡者和親友都能得到安寧。

即使有時被包裝得引人入勝，鑑識科學真的談不上所謂尖端科技，反倒對從業者的思考與情緒是沉重負荷。但能為檢警調查貢獻一分心力，知道自己的工作幫助了某個地方的某個人，我們深感榮幸與喜悅。

再過幾年，我的位子也得交給下一代優秀人才，畢竟調查工作有很多環節挺需要體力的。以前我沒想過自己當上外婆了還會繼續留在崗位，但事情不知不覺中悄悄發生了。最近電視播出我接受犯罪學家大衛．威爾森（David Wilson）的訪談，畫面呈現出不少生理特徵。我自己當然早就留意過，可是將螢幕上那個女性身體從「我」抽離，當作陌生人看待，似乎會找到更多值得注意的地方。

面部兼具我父親母親兩邊的特點，但說起話來又是另一回事，神情和口音都不同。遇上提問，可能會說個故事而非直接回應，這點倒是承襲了我爸的風格。我腦子動得比嘴快，觀察得到自己的思緒比嘴裡說的話快了兩步。每當我心裡不舒坦，情緒會反映在肢體語言和聲調上，放鬆的時候則有種腳踏實地穩若泰山的感受。我的微笑有兩種，一種是真心的笑，另一種是皮笑肉不笑。這些都是我的生命元素，可惜任何法醫人類學家檢查我的器官骨骼都不可能還原出來。

畢竟調查遺體的人並不認識死者，大家對於能得出的資訊、資訊本身的意義不該抱持超乎現實的期望。以我而言，如果死後遺體由一個程度不差的法醫人類學家觀察，我認為能合理判斷的包括性別女、死亡時的年紀、身高（五英呎六英吋，一百六十七公分）。頭髮是紅色，當然或許到時候就白了，但能夠從基因看出來才對。驗基因的話，還會知道我的膚色和有無雀斑（答案是有）。檢驗者應該也要可以推論出族裔血統，我是白人，而且是標準的凱爾特人。

再來會發現我身上沒有刺青，沒有先天異常（至少我自己不知道），沒有缺損（屆時未必就是了），沒有整形，也很幸運地沒有截肢或重傷過。意外造成的疤痕還是有幾條，比方說右手戒指底下是十幾歲那時候開醃牛肉罐頭時割出來的。目前手術疤痕只有一道，因為我做了輸卵管結紮，但後來決定靠手術再接回去。從骨盆應該看得出來我生了三個漂亮的娃兒。牙齒填補的部分比天生的部分還要多，有些拔掉了，也是十分蘇格蘭的特徵。我沒有扁桃體，頸部、背部、臀部、拇趾已有關節炎早期症狀；幾年前騎機車在冰上摔倒，右鎖骨斷過。

我體內沒有植入物，也從未遭到槍擊或利器穿刺，沒有吸食或施打非法藥物（至少我沒意識到過）。藥物檢測應該看得出來我沒有長期服用任何藥物。種種條件加起來，應該是很無聊毫無可看之處的遺體。先對被迫檢查我的人說聲抱歉，恐怕真的找不到能讓眼睛為之一亮的東西。

之前提過，我打算將自己的遺體交給丹地大學作為解剖教材，最好能以發源於英國的泰爾法（Thiel method）保存。這具身體平凡無奇，但反而因此成為絕佳的大體老師。請別交給醫學系或牙醫系，我希望自己的學生來自更專注於解剖結構知識的課堂及院所。上完課之後可以將骨頭收集起來，煮沸以除去內部油脂，重組為完整骷髏掛在我參與設計的解剖室，這樣來世我還能繼續給後輩們上課。

燒成灰或埋入土就可惜了。身為鑽研解剖的法醫人類學家，死了之後想要變成骨骸標本應該很正常吧？

致謝

致謝其實很難，因為要感謝的人實在太多。這本書是許多人共同努力的結晶，作者只是其中一員。請大家容我將丈夫和寶貝女兒擺在開頭，因為我寫書時會躲在閣樓房間，一次好幾個鐘頭，甚至幾天幾週，他們不停給我送茶水、承受我克制不住的自怨自艾很久了。而且有他們在，我的人生才有意義。

再來是可愛又瘋癲的 Susanna Wadeson 以及處變不驚又能言善道的 Michael Alcock。受了兩位多年關照，感覺彷彿自己多了個家，這分感激難以言喻，尤其三個人一起去 Wellcome 喝茶吃蛋糕真享受。我還是不懂自己怎麼會聽你們的，但總而言之謝謝兩位。

也要感謝自稱為我背後「灰衣主教」[1] 的 Caroline North McIlvanney，但美女妳想躲也躲不了，每一頁都有妳的痕跡，我佩服得五體投地。

雖然比較像客串，但 Steph Duncan 也參與了一段歡樂時光，感謝你當舵手給我們指引了正確方向。

1. 譯按：比喻擁有很大權力但藏身幕後的智囊團或決策者。

接著是我的大家族，有些人雖然只見到一兩次面，但沒有大家的幕後付出就不會有這本書：Kate Samano、Sharika Teelwah、Katrina Whone、Cat Hillerton、Tabitha Pelly、Emma Burton 以及 Transworld 出版團隊。也感謝不敗傳奇 Patsy Irwin 一直以來的穩健指導，還有 Richard Shailer 驚人的美術功力。我打從心底謝謝各位。

我也想藉此機會感謝另一群很重要的人，也就是傳授我知識、與我一同闖蕩多年的解剖學家和法醫人類學家。

當年最早的老師已經走了，但他們在我心中點燃的那把火仍未熄滅。感謝 John Clegg 與 Michael Day 兩位教授給了我信心。

再來是 Louise Scheuer 教授和 Roger Soames 教授，能與你們共事真幸運，我學到很多，雖然偶爾不聽話，抱歉！

最後要感謝長年的夥伴，我心中最特別的法醫人類學家，我們兩個人一同經歷過太多太好笑卻不能寫在書裡的事情。每個人都值得一個 Lucina Hackman。還是我最幸運，因為我不但認識本人，還跟她是同事。謝謝妳，我的好朋友、好同事、對抗犯罪的好搭檔。

專有名詞中英對照

（根據中文筆畫排列）

上矢狀竇 superior sagittal sinus
上頷骨 maxilla bone
中腦膜 middle meningeal
五趾型 pentadactyl
尺骨 ulna
主動脈瘤 aortic aneurysm
卡特林印記 Catlin mark
甲狀軟骨 thyroid cartilage
石胎 lithopaedion
羊膜帶症候群 amniotic banding
耳軟骨囊 otic capsule
耳殼 pinna
肋下溝 subcostal groove
肋軟骨 costal cartilage
肋間肌 ntercostal
舌骨 hyoid
囪門 fontanelle
杏仁核 amygdala
坐骨 ischium
坐骨結節 ischial tuberosity
步態分析 gait analysis
豆骨 fabella
乳突 mastoid process
拇指 pollex
拇囊炎、拇趾外翻 bunion
板障 diploic bone
枕外隆凸 external occipital protuberance
法醫人類學 forensic anthropology
法醫口腔學 forensic odontology
法醫生物學 forensic biology
法醫足病學 forensic podiatry
法醫昆蟲學 forensic entomology
法醫毒理學 forensic toxicology
法醫孢粉學 forensic palynology
法醫病理學 forensic pathology
股骨 femur
肩胛骨 scapulae
肩峰 acromion
肱骨 humeri
長骨 long bone
指骨 phalanx bone
氟斑牙 fluorosis
籽骨 sesamoid bone

面顱 viscerocranium
面部識別能力缺乏症 prosopagnosia
恥骨 pubis
砧骨 incus
框板 orbital plate
海馬迴 hippocampus
海豹肢症 Phocomelia
胸板 plastron
胸骨柄 manubrium
胸骨體、中胸骨 mesosternum
胸帶 pectoral girdle
胸椎 thorax
胸廓 thoracic cage
胸鎖乳突肌 sternocleidomastoid muscle
脊柱裂 spina bifida
脊椎 vertebral column
脊椎滑脫症 spondylolisthesis
脊髓管 spinal canal
骨化 ossification
骨盆帶 pelvic girdle
骨痂 callous
骨間膜 interosseous membrane
骨贅 osteophyte
骨關節炎 osteoarthritis
骨骺 epiphysis
假體修復 anaplastology
淚骨 lacrimal bone
脛骨 tibia
趾型 dactyly
頂骨 parietal bone
割截齒 carnassial tooth
喉頭 larynx
掌骨 metacarpal bone
棘孔 foramina
椎胸肋骨 vertebrosternal rib
椎關節病變 spondylolysis
無腦畸形 anencephaly
絞首骨折 hangman's fracture
腓骨 fibula
腕骨 carpal bone
蛛網膜顆粒 arachnoid granulation
跗骨 tarsus
距骨 talus
項韌帶 ligamentum nuchae
嗅上皮 olfactory epithelium
感覺異常 paraesthesia
新生線 neonatal line
滑液關節 synovial joint
腦回 gyri
腦溝 sulci
腦顱 neurocranium
腮腺 parotid gland

骰骨 cuboid
鼻甲 turbinate
劍突 xiphoid process
樞椎 axis
樞紐關節 hinge joint
錘骨 malleus
緻密骨 compact bone
蝶枕軟骨聯合 spheno-occipital synchondrosis
蝶骨 sphenoid bone
骶骨 sacrum
橈骨 radius
橫向大靜脈竇 large transverse venous sinus
篩板 cribriform plate
篩骨 ethmoid bone
踵骨 calcaneus
頭部穿孔 trepanation
頜骨 mandible
嬰兒猝死症 sudden infant death syndrome
嬰兒搖晃症候群 shaken baby syndrome
彌漫性特異性過度骨化 diffuse idiopathic skeletal hyperostosis
環狀軟骨 cricoid cartilage
縫間骨 wormian bone
薦骼關節 sacroiliac joint
鎖骨 clavicle
雞胸症 pectus carinatum
額骨 frontal bone
額竇 frontal air sinuses
顎骨 jawbone
鬆質骨 cancellous bone
穩定同位素分析 stable isotope analysis
髂骨 ilium
鐙骨 stapes
懸雍垂 uvula
顫痕 chatter mark
體質人類學 biological anthropology
髕骨 patella
齶骨 palatine bone
顱後中軸骨 postcranial axial bone
顱後附肢骨 postcranial appendicular bone
髖骨 hip bone
髖關節 hip joint
顳骨 temporal bone
顳骨岩狀部 petrous part of the temporal bone
顳頜關節 temporomandibular joint
顴骨 zygomatic bone

國家圖書館出版品預行編目資料

人骨檔案：法醫人類學家的鑑識筆記，解開隱藏在屍骸中的死亡密碼 / 蘇・布萊克Sue Black 著；陳岳辰 譯. -- 初版. -- 臺北市：商周出版：英屬蓋曼群島商家庭傳媒股份有限公司城邦分公司發行, 2021.07
面： 公分
譯自：Written in Bone:hidden stories in what we leave behind
ISBN 978-986-0734-79-9（平裝）
1.法醫學 2.法醫人類學
586.66 110008592

人骨檔案

原著書名 / Written in Bone:hidden stories in what we leave behind
作者 / 蘇・布萊克Sue Black
譯者 / 陳岳辰
責任編輯 / 陳玳妮

版權 / 黃淑敏、劉鎔慈
行銷業務 / 周丹蘋、賴晏汝
總編輯 / 楊如玉
總經理 / 彭之琬
事業群總經理 / 黃淑貞
發行人 / 何飛鵬
法律顧問 / 元禾法律事務所 王子文律師
出版 / 商周出版
臺北市中山區民生東路二段141號9樓
電話：(02) 2500-7008 傳眞：(02) 2500-7759
E-mail：bwp.service@cite.com.tw
發行 / 英屬蓋曼群島商家庭傳媒股份有限公司城邦分公司
臺北市中山區民生東路二段141號2樓
書虫客服服務專線：(02) 2500-7718・(02) 2500-7719
24小時傳眞服務：(02) 2500-1990・(02) 2500-1991
服務時間：週一至週五09:30-12:00・13:30-17:00
郵撥帳號：19863813 戶名：書虫股份有限公司
E-mail：service@readingclub.com.tw
歡迎光臨城邦讀書花園 網址：www.cite.com.tw
香港發行所 / 城邦（香港）出版集團有限公司
香港灣仔駱克道193號東超商業中心1樓
電話：(852) 2508-6231 傳眞：(852) 2578-9337
E-mail：hkcite@biznetvigator.com
馬新發行所 / 城邦(馬新)出版集團 Cité (M) Sdn. Bhd.
41, Jalan Radin Anum, Bandar Baru Sri Petaling,
57000 Kuala Lumpur, Malaysia
電話：(603) 9057-8822 傳眞：(603) 9057-6622
E-mail：cite@cite.com.my

封面設計 / 李東記
排版 / 新鑫電腦排版工作室
印刷 / 韋懋印刷有限公司
經銷商 / 聯合發行股份有限公司
電話：(02) 2917-8022 傳眞：(02) 2911-0053
地址：新北市231新店區寶橋路235巷6弄6號2樓

■2021年（民110）7月1日初版
定價 520元

Printed in Taiwan
城邦讀書花園
www.cite.com.tw

ISBN 978-986-0734-79-9

請於此處用膠水黏貼

商周出版

讀者回函卡

感謝您購買我們出版的書籍！請費心填寫此回函卡，我們將不定期寄上城邦集團最新的出版訊息。

不定期好禮相贈！
立即加入：商周出版
Facebook 粉絲團

姓名：＿＿＿＿＿＿＿＿＿＿ 性別：☐男 ☐女

生日：西元＿＿＿＿＿年＿＿＿＿＿月＿＿＿＿＿日

地址：＿＿＿＿＿＿＿＿＿＿

聯絡電話：＿＿＿＿＿＿＿＿ 傳真：＿＿＿＿＿＿＿＿

E-mail ：

學歷：☐ 1. 小學 ☐ 2. 國中 ☐ 3. 高中 ☐ 4. 大學 ☐ 5. 研究所以上

職業：☐ 1. 學生 ☐ 2. 軍公教 ☐ 3. 服務 ☐ 4. 金融 ☐ 5. 製造 ☐ 6. 資訊
☐ 7. 傳播 ☐ 8. 自由業 ☐ 9. 農漁牧 ☐ 10. 家管 ☐ 11. 退休
☐ 12. 其他＿＿＿＿＿＿＿＿

您從何種方式得知本書消息？

☐ 1. 書店 ☐ 2. 網路 ☐ 3. 報紙 ☐ 4. 雜誌 ☐ 5. 廣播 ☐ 6. 電視
☐ 7. 親友推薦 ☐ 8. 其他＿＿＿＿＿＿＿＿

您通常以何種方式購書？

☐ 1. 書店 ☐ 2. 網路 ☐ 3. 傳真訂購 ☐ 4. 郵局劃撥 ☐ 5. 其他＿＿＿

您喜歡閱讀那些類別的書籍？

☐ 1. 財經商業 ☐ 2. 自然科學 ☐ 3. 歷史 ☐ 4. 法律 ☐ 5. 文學
☐ 6. 休閒旅遊 ☐ 7. 小說 ☐ 8. 人物傳記 ☐ 9. 生活、勵志 ☐ 10. 其他

對我們的建議：＿＿＿＿＿＿＿＿＿＿

請於此處用膠水黏貼